Jochen Steffen

Kuddl Schnööf – ***Vonnas Leben***

Noieste un olle Gedankens

W0332639

Jochen Steffen

Kuddl Schnööf –

Vonnas Leben

Noieste un olle Gedankens

Herausgegeben von Jens-Peter Steffen

Mit einem Vorwort von
SIEGFRIED LENZ

agimos

Die Deutsche Bibliothek – CIP-Einheitsaufnahme

Steffen, Jochen:
Kuddl Schnööf – Vonnas Leben : noieste un olle Gedankens / Jochen Steffen. Mit einem Vorw. von Siegfried Lenz. (Mit Karikaturen von Liz Crossley). – Kiel : Agimos, 1997

© by agimos verlag, Kiel 1998

2. Auflage
Mit einem Vorwort von Siegfried Lenz und
Karikaturen von Liz Crossley
im Innenteil und auf dem Umschlag

ISBN 3-931903-11-7

Vorwort

Sokrates in Kiel
von Siegfried Lenz

Siegfried Lenz

Sokrates in Kiel

Was Jochen Steffen mit den hier vorliegenden Kuddl-Schnööf-Geschichten anbietet, ist politische Aufklärungsliteratur in klassischem Sinne. Es ist der Versuch, Politik in ihren Konsequenzen leibhaftig und sichtbar zu machen, und zwar nicht dort, wo sie formuliert, sondern wo sie ertragen wird, sagen wir: unten. Damit ist gleich die Perspektive benannt und der Standpunkt des Autors. Der nimmt sich nun zur Bebilderung seines Manifests zwei Demonstrationspersonen, nennt sie Kuddl und Natalje Schnööf, läßt ihn Werftarbeiter sein und sie eine liebe aber tutige deutsche Mutti, weist beiden eine Adresse in Kiel an, stattet sie mit Verwandtschaft und Freunden aus: schon sind sie im epischen Sinne lebensfähig! Und es zeigt sich: auch wenn beide den Traum vom verschonten Glück auf ererbter Couch träumen – Politik erreicht sie überall, fädelt sich in ihr braves Leben ein, gibt Nüsse zu knakken und läßt sie ausbaden, was sie selbst nicht verursacht haben. Man wundert sich, auf wie vielerlei Weise Politik so ein Leben bedrängen kann; es ist ja nicht nur die Wirtschaft allein. Die Landsleute, ihr Präsident, die Kieler Wochen, die Tradition und das Verhältnis zu ihr, die Natur und die Weltbank, das Fernsehen und die Gammler: alles hat seinen politischen Aspekt, und der bleibt nicht ohne Folgen für die Familie.

Wer daran zweifelt, daß Überzeugen Schwerarbeit ist oder doch eine Art von Schwerathletik –, der tut gut daran, den Politiker Jochen Steffen am Rednerpult zu erleben. Allein wie dieser Mann zum Pult hinaufsteigt und es in Besitz nimmt: schwerfällig und gesammelt, rot vor Überdruck, zag und ein bißchen säuerlich lächelnd: so tritt der Gewichtheber beim letzten Rekordversuch vor sein Gerät hin, um es mit Kraft und Ausfalltechnik zu meistern. Und meistern: das heißt, etwas in doppeltem Sinn zur Strecke zu bringen. Kraft oder Lautstärke sind nun mal keine annehmbaren Mittel politischer Beweisführung; wer nicht nur überreden sondern überzeugen will, der muß mehr einsetzen können. Und Jochen Steffen, leicht schwankend vor dem Pult, häufig das Standbein wechselnd, führt vor, welche Mittel es sein können, und wie er über sie verfügt.

Zunächst ist man nur erstaunt, wie schnell dieser Mann sich seine private Sauna bereitet und in feuchtem Glanz steht; das mag vom Druck herkommen und vom erkannten Gewicht verharrender Ignoranz, das geschafft werden muß. Das größere Erstaunen aber gilt der ersten Sprachebene, die dieser Politiker wählt, um den Prozeß des Überzeugens einzuleiten: da werden, in hochwissenschaftlicher Terminologie, Einsichten und Tatsachen angeboten, ein mühloser Spaziergang zwischen den Disziplinen findet statt, Soziologie und Politologie bestätigen, Geschichte belichtet die Ökonomie, und das alles in dünner Höhenluft, in der Luft eines Seminars, schließlich sollen die Angebote wissenschaftlich gesicherte sein. Auf einzelne Rückfragen antwortet der Politiker immer noch im Vorlesungsstil, tischt großräumige Denkfiguren auf; einem aufmüpfigen Muttchen entwickelt er glatt zwei ganze Gesellschaftstheorien, ehe er es mit einem abschließenden Aphorismus erschlägt. Doch je länger Jochen Steffen mit wissenschaftlicher Sprache hantiert, desto öfter schickt er seinen Sätzen ein ziemlich starres, womöglich verlegenes Lächeln hinterher, das bleibt mitunter eine Viertelminute auf seinem Gesicht stehen. Man kann das für die ersten Anzeichen von Zweifel halten, und zwar für einen Zweifel an der ausreichenden Beweisfähigkeit von wissenschaftlicher Terminologie. In diesem Augenblick empfiehlt sich gesteigerte Aufmerksamkeit: denn wie, sagen wir, ein Artist von einem fahrenden D-Zug auf ein Milchauto hinüberspringt, so springt dieser Politiker plötzlich von einer Sprachebene auf die andere, kühn, halsbrecherisch, wechselt da von öffentlicher zur höchst privaten Sprache hinüber, statt des politischen Dozenten erhebt der Macker sein Wort, der Kumpel, den du von irgendwoher kennst. War das Ungenügen? Waren es Mißtrauen oder nur Zweifel, die diesen Stilwechsel nahelegten? Jetzt lassen die Hände das Pult los, jetzt flattert ein extra breites Taschentuch über Nacken und Stirn und bremst den Saunafluß, jetzt werden, nach all der wissenschaftlichen Beweislast, persönliche Bekenntnisse verabreicht. War die Sprache eben noch von der Wissenstaft sozusagen dienstverpflichtet, wurde sie gerade noch in schön ausgeblutetem Zustand benutzt, so wird sie jetzt laxer und traulicher, setzt Flickensegel, möchte selbst Person werden und ihren Zustand durch persönliche Erfahrungen belegen, etwa mit solch einer Feststellung: Auch ich, Macker, war im Krieg, und Krieg ist Scheiße! Mackersprache: das ist die Sprache von Betroffenen, es gibt mehr Verluste als Gewinne zu besichtigen, man stimmt sich ab, um die Möglichkeiten zur Solidarität zu erkunden. Wenn Jochen Steffen auf dieser Sprachebene wirksam ist, dann wird gestoßen und geklopft, sogar gerempelt, wenn es sein muß; immerhin soll die Gleichartigkeit der Lage bewußt gemacht werden, und um, nur zum Beispiel, einem von der Insel Pellworm beizubringen, auf wie viele Arten er verschaukelt werden kann, muß die Sprache aus der Distanz herausgehen. Sie wird uneigennützig, sie gibt alles preis. Spätestens hier merkt jeder, der es wissen will, welch ein Fanatiker der Aufrichtigkeit da vorn seine politischen Überzeugungen vertritt.

Aber kaum hat man sich eingehört, kaum beginnt man kulinarisch zu reagieren auf volkstümlich bebilderte Begrifflichkeit und auspeitschenden Witz, da wechselt dieser Mann, ganz unvermutet, zum zweiten Mal sein Sprachmuster, um nicht zu sagen: seinen Sprachuntersatz. Jetzt erlebt man gewissermaßen, wie er von einem fahrenden Milchauto auf einen Traktor hinüberspringt, und das heißt: die Sprache wird behäbiger, dickfälliger, benutzt Sprichwort und plattdeutsches Zitat, jetzt meldet sich der Einheimische zum Wort, der mit allen regionalen Problemen Vertraute, der eine wissenschaftliche Konsequenz im Dialekt erläutert, etwa so: Dat löpt sech nech t'recht, dat löpt sech fast. Die Beweisführung wird genießerisch umständlich. Von der Annahme ausgehend, daß die Fähigkeiten des Menschen zur Selbsterkenntnis nur geweckt zu werden brauchen, demonstriert Jochen Steffen sokratische Erweckungskunst auf schleswig-holsteinisch. Und wenn er gut konditioniert ist und er ist es fast immer –, dann mischt er kühn die Sprachmuster, dann läßt er wissenschaftlichem Dünnschliff-Argument breitärschige Redensart folgen, springt und hangelt zwischen souverän beherrschten Sprachebenen hin und her: ein Schwerathlet der Worte, der die Mühseligkeit eines politischen Überzeugungsprozesses unentwegt deutlich macht.

Diese sokratische Erweckungslust ist allerdings nicht nur für den Redner Jochen Steffen bezeichnend. Sie trifft auch auf den Autor zu, der in seinen Publikationen für politische Überzeugungen, Einsichten und Programme zu werben versucht. Als geduldiger Aufklärer weiß er natürlich, daß man politische Vernunft nicht gewaltsam eintrichtern oder von oben applizieren kann. Sie muß vielmehr zu sich selbst gebracht werden mit den Mitteln überzeugender Demonstration. Der Mitbürger, der Leser, der Zeitgenosse: sie müssen am Erkenntnisprozeß so beteiligt werden, daß sie am Schluß sagen können, das Resultat selbst gefunden zu haben. Politische Erfahrung und politisches Ergebnis müssen also derart zur Anschauung gebracht werden, daß man auf eine entsprechende Frage nur antworten kann: so ist es, mein Sokrates, beziehungsweise mein Jochen!

Was die beiden, Kuddl und seine Natalje, listig und treuherzig vorführen, das sind politische Überzeugungsversuche auf Gegenseitigkeit, Akte der Augenöffnung, bei denen es darauf ankommt, einander zu erklären, warum es so ist, wie es ist. Mich stört es nicht, wenn die plietsche Werftarbeiterfamilie bei ihren erzieherischen Bemühungen Freud und Pestalozzi zitiert, Goethe und Schopenhauer. Man ist schnell bereit, das in Kiel für möglich zu halten, und außerdem behält das Ganze immer den Charakter der Demonstration, was in diesem Fall die unerwartete „Büldung“ rechtfertigt. Worauf es Jochen Steffen dabei ankommt, merkt man alsbald: er spielt das Große gegen das Kleine aus, er mißt das Aufgeblähte am Unscheinbaren, er stellt das Kolossale durch das Schlichte in Frage. Die Unterschiedlichkeit der Perspektiven läßt schnell Komik aufkommen, oder doch zwangsläufig Ironie. Wenn sich weltpolitisches Geschehen in einer Kieler Werftarbeiterfamilie bricht, die noch dazu unter dem Namen Schnööf eingetragen ist, dann muß man sich einfach auf Entlarvungen gefaßt machen, auf klärende Bloßstellung. Hier wird Politik heruntergezogen auf ein ziviles, auf ein menschliches Maß. Dabei wird deutlich, wie viele Leidtragende es gibt. Auch Kuddl und seine Natalje sind es, doch die beiden begnügen sich nicht damit, die Leidensursache festzustellen, sie suchen oft genug nach einer Alternative. Teils Sokrates, teils Schwejk, teils Jozef Filser, arbeitet Kuddl Schnööf eindrucksvoll mit dem Mittel der Verstellung: hier nimmt er Politik auf fatale Weise wörtlich, dort wendet er sie in listiger, dialektischer Konsequenz auf sein eigenes Leben an, und beide Male sieht die Politik nicht gut aus. Die Betroffenen wehren sich erfolgreich.

Und sie tun es in einer Sprache, die, strotzend vor Bildhaftigkeit und stilisierter Drastik, das ganze aufklärerische Unternehmen zu einem Vergnügen macht. Hier wird Missingsch geredet, und das heißt: es wird genau so, nämlich phonetisch, geschrieben. Welch ein Reichtum der Ausdrucksweisen! Das tröpfelt, das schnackt sich breit aus, das kombiniert und parodiert, das lästert und läutert, verstellt und verschluckt sich, und dabei entstehen Wort- und Gedankenschöpfungen von nicht nur komischer, sondern auch blitzhaft erhellender Qualität. Was den besonderen Genuß hervorruft, das ist die Unangemessenheit von politischem Inhalt und sprachlicher Darstellung. Da büßen Rang und Größe sofort alles Pompöse ein, sie schrumpfen auf erträglichen Umfang oder begeben sich, gewissermaßen, von alpiner Höhe zu Tal. Oder wirkt der Name „Mäcknamara", so geschrieben, nicht viel zutraulicher als der Name des Weltbankpräsidenten? Und wären wir nicht bereit, hinter einem so geschriebenen Herrn de Gohl viel weniger staatserhaltende Einsamkeit anzunehmen als hinter einem Herrn de Gaulle, der dauernd der Geschichte Rechenschaft geben muß? Mit Hilfe der Sprache läßt Kuddl Schnööf die Luft aus allzu aufgepumpter Bedeutsamkeit heraus, nimmt dem Überlebensgroßen seine Distanz und macht schlechterdings alles verhandlungsfähig.

Doch es kann sein, daß mancher Leser hier schon ungeduldig geworden ist vor zuviel Kommentar, und deshalb möchte ich nur wiederholen, was Kuddl Schnööf sach, sobald er baff ist und nach Luft ringt, nämlich:

Nu komms du!

Schleswig-Holstein

1. Vonnie fehlende Sensatschon
2. Vonnie Landsloite
3. Von uns Art un Rasse
4. Vonnen Schtaat un annere Räubers

Vonnie fehlende Sensatschon

Die diesjährige Kieler Woche fehlte eine echte Sensatschon. Keinen Prominenten ins Wasser gefalln, keine große Hauerei annie Küste, keine leeren Bierfässers innie Kneipen, sölps die Preise blieben stabil. Wascha an sich 'ne Sensatschon is, abers nich as sochche emfunnen wird, indem dassie Instabilität das Kennzeichen von ihre Stabilität is. Mein Natalje meinte allerdings: „Kanns sagen, was du wiß", sach sie, „dassie Oper Fauß drei nich mit Pauken un Trompeten einen Durchfall geworn is, das is für mich 'ne Sensatschon. Abers das wird da an liegen, dassie Kieler meinen, dasses was Klassisches von Schiller wa, un Klassik bleip ehm Klassik."

Ich wollte nu 'ne Sensatschon schaffen. Ich wollte as Volk auf einen Emfank erschein. Das tat ich auch. Indem da die Loite mit ein Seckglas innie Hänne rumstannen und auffenanner loskwasselten, schoß 'ne Olle auf mir los, die sich as Dame verkleidet hatte. Sie sach: „Endlich ein noies Gesich", sach sie, „ich wa auf alle Emfänge un kenne deshalb alle Loite, die sich hieä die Beine in Bauch stehn. Ein Wunner, daß wir nich schon alle Plattfüße ham. Ich weiß, wer wie heiß und wer mit wen noch aussie Zeit des Führers Krach hat. Abers von Sie weiß ich nich, wer Sie sünd." Nu komms du! Ich sah meine Sensatschon reifen.

Ich sach: „Gestatten", sach ich, „Schnööf vonnie Werf." Ich denk, nu wird was passiern. Die Olle sach: „Ach, wie intressant", sach sie, „Sie komm wohl aussen Ossen? Auch alles verlorn, wie? Lehm Sie hieä bei Ihre Verwandschaff auffen Gut innie Nächde? Die Zeiten wern scha auch ümmer schwerer. Aber da drühm steht den Hään, der Mittel aussen Grünen Plan veteilt, denn von Lassenausgleich wern Sie sche auch nix übrich behalten ham. Reichte auch nich hin und nich her. Abers da den Hään, den da mittie Dame mit den unech wirkenden Schmuck steht, den kann Sie vielleich mit ein Kredit unner die Ahme greifen."

Ich sah die Sensatschon schon wieder vertrocknen. Ich sach: „Ich bin kein vonnie Werf“, sach ich, „ich ahbeite auffie sölbe. Abers davon abgeschnitten, wäre mich sonn Ahmgriff außerorntlich angenehm.“ Sie lachte, was so klingen tat, as wenn das letzte Wasser aussie Badewanne läuft. „Wie intressant“, sach sie, „Sie ham also die Landwirtschaff den Rücken gekehrt. Richchich, sage ich immer, richchich. Ich sage auch immer zu mein Mann: Eduard, sach ich, laß die Finger davon. Wenn das so weitergeht, wird man innie Landwirtschaff noch ahbeiten müssen. Und wenn man das soll, denn kann man scha auch woanners hingehn.“ Nu komms du!

Ich sach: „Meine Beste“, sach ich, „Sie befinnen sich immer noch in einen Irrtum in. Ich krich nich bloß Geld auffie Werf. Ich muß auch dafür ahbeiten.“ – „Klah“, sach sie, „in so ein Betriep fällt scha immer mal was an.“ Ich sach: „Ich steh in Stunnenlohn mit Akkordzuschlach“, sach ich, „ich bün Ahbeiter auffie selbe.“ Ich denk, nu is die Sensatschon perfeck.

Sie sach: „Wie intressant“, sach sie, „Ahbeiter sünd Sie. Sünd Sie auch ein richchigen Kieler?“ – „Tschewoll“, sach ich. Da bölk sie: „Topsi“, bölk sie, „komm doch ma her. Hieä is einen richchigen Ahbeiter und dennoch aus Kiel. Stell dich ma vor! Is das nich 'ne süße Ideh vonnas Kieler-Woche-Fessbüro? Wie originell und intressant. Dassie da nich schon früher mal auf gekomm sind.“ Nu komms du!

Ich wa ech vergräzz. Die hielt mir nich ma für 'ne Sensatschon. Die hielt mir für 'ne geplante Überraschung un Scherzahtikel. Nu frag ich dich: Was soll denn auffie Kieler Woche 'ne Sensatschon billen, wenn nich ma einen echchen Werktätschen auf einen Emfank as sochche emfunnen wird? Denn bis machlos. Eher halten die 'ne Mitteilung, daß Fauß von Goethe und nich von ein dänschen Komponissen is, für 'ne Sensatschon.

Vonnie Landsloite

Asso, Macker, ich un mein Natalje, wir stamm je noch aussie Zeit, wo wir inne Gewähkschaffsschugend gelähnt ham, dikke Büchers zu lesen. Du hascha dein Kopp nich dafüä, daß Akzel Zesah seine fixen Jungs inne Bild sich *deinen* Kopp zerbrechen. Nich?

Un so, Kollege, bün ich auffie Frage as sochche gestoßen, wieso einklich ein bayrischen Pollitiker – den sein Name mich grade nich einfällt –, asso, wie grade den un ausgerechent auf den Trichter kam: „Wir sünd die Deppen der Welt!"

Nee, nee, da komms nich so leich von ab, as mein Natalje. Ihr mach sich das leich. Natalje sach: „Gleiches kann nur von Gleiches erkannt wern!" Nu komms du!

Abers, Macker, wenna sochche Frage – die scha as sochche keine Frage is, sonnern 'ne Tatsache –, wenn die in Raum steht, denn kanns das nich machen as in Pallament. Da komms scha von so was ab, indem du sachs: „Sie? Sie wissen scha gah nich, was Sie wolln. Sie mit Ihr einäugiges Weltbild. Wir wissen auch nich, was wir wolln. Abers das mit alle Kraff un Geschlossenheit."

Macker, die Frage bei düsse Tatsache ischa, wieso mußte ein Bayer da auf komm? Un nich ein Schleswig-Holsteiner? Wo wir doch 'ne Hochleissunksrasse sünd! Da gip das nix zu grienen bei, Kollege! Wir Schleswig-Holsteiner, wir wern vekannt! Wir sünd die Spanier des Nohdens. Weil wir so höflich sünd! Das weiß abers kein Aas. Nich ma du! Wa'um?

Kuck, übäall innie Welt, da sagen sie, wenn sie in 'ne richchich tollerante Diskuschon sünd: „Ich hau diä ein innie Fresse!" Oder so. Bei uns sagen sie: „Wiss du vielleich een an't Muul hemm?"

Kuck, wir fragen ihr vorher!

So wern wir vekannt. Un das ischa das Schickzal vonnie Schenies! Wir sünd Schenies, weil wir vekannt wern. Abers kein Aas weiß es!

Dabei steht das alles in Büchers übä Heimatgeschichche. Asso, düsse Büchers, nich, die damalige Zeit die Dörpschullehrers geschriehm ham, wenn sie mittas Kinnerverhaun fertich wahn. Hoite komm sie da auch nich mehr so richchich zu. Hoite müssen sie die Öllern an Nachmiddach düsses noimodsche Rechnen beibringen. Damit die das ihre Kinners beibiegen könn.

Wir Schleswich-Holsteiner sünd eine Hochleissunksrasse. Un as sochche eine bannich gemischte Gesellschaff. Das is, as wie bei die Hunne. Bei die sünd je auch die Promenadenmischungen die Schlausten. In uns meerumschlungene Heimat, da sünd bannich viele Stämme un Rassen in rumpromeniät. Nee, nich die Flüchlinge! Viel früher! So ganz damalige Zeit. Das wahn, asso, die Holsten, die Schlawen, die Jüten un – Macker, was das Faß die Krone ins Gesich sezz – die Friesen. Die Holsten, Macker, das wa seit eh un scheh uns pollitische Klasse. Sie sizzen mang Eider un Elbe. Sie wern nach Ossen begrenz vonne Lienje Kiäl-Hamborch. Südlich stoßen sie, asso, auf die Hamborger. Da könn die Holsten nix füä. Nich daß wir was gegen die Hamborger ham. Wir könn sie bloß nich vegessen, daß sie unsere besse Loite – as den Seeräuber Klaus Störtebeker – die Rübe abgehaun ham. So is düsses, was ich auffen Kopp hap, auch keine Helmut den Erssen-Müzze. Ihn trächt Elbsechler. Die hat'n hoogen Rand, mach'n hoogen Kopp. Düsses is 'ne Eckernföhder Sprottenfischer-Müzze. Ohne Rand. Wir tragen unsen Dööz ehm so flach, asser nu ma is.

Die Holsten stelln uns ähfolchreichse Krieger, Pollitiker un Beampe. So wa uns Gauleiter Hinnerk Lohse damalige Zeit den Erfinner vonnas Agrahpregramm vonnie Enessdeapeh. Brechunk der Zinsknechschaff. Blut un Boden, un steigende staatliche Fesspreise füä'n steigenne Produkschon. Bloß mit die tausend Schahre ham sie sich 'n büschen verrechent. Relligjohn gut, Kopprechchen schwach. Weischa Bescheid, nich?

Aber, allns was rech is, es geht nix velorn. Alle Loite aus seinen Stab Führunkspollitikers ham ja 'n Stab, nich, da sie nich alle die

Fehlers sölps machen könn, asso, alle düsse Loite, Holsten, die kam denn innie Landeskanzlei. Da wa nix mehr mit Blut un Boden. Da ham sie uns füä die Bodenpreise bluten lassen.

Tschä, un denn die Schlawen. Die saßen össlich von die Lienje Kiäl-Hamborch. Die Schlawen sünd so was as die Pollacken. Sie galten je ma 'ne Zeit lang as rassisch minnerwertich. Bis die da ohm da achter kam inne tausend Schahre, dassie doitsche Fußballnazzenalmannschaff die von Schalke 04 wa. Un das wa sche einklich die polnische Nazzenalmannschaff. Hoite ham wir nix mehr gegen die Polen. Hoite ham wir scha die Türken.

Unnie Holsten, die ham denn die Schlawen in längere Kriege as sochche befreit. Sie ham sie befreit, von ihrn Glaum, von ihr Geld un von ihrn Boden. Die Holsten ham die Schlawen so lange apgemurks, bis die glaubten, daß Gott die Liebe is, un as Leipeigene ohne Lohn auffe Gütä vonnie Holsten ahbeiteten. Seit damalige Zeit ham wir da Großgrundbesizz. Die Gegend vonnie Großgrund- un Kleinhirnbesizzer. Da hatte den Kahssens auch sein Wahlkreis.

Das zu uns pollitische Begabunk. Uns standhaften Karackter, modähne Alterssicherunk und Staatsgesinnunk ham wir vonnie Jüten. Das sünd Nohdgermanen. Sie sizzen vonnie Eider bis nach Kap Skagen.

Eigentlich sünd das Dänen. Abers das dahfs nich sagen, indem das den Volkstumskamf vonnie vekehrte Seite is. Wir müssen so tun, als ob das Doitsche sünd. Is doch so ähnlich, as wie bei Schalke 04. Damalige Zeit.

Abers dascha hoite allns vohbei. Hoite sünd wir alle nohdische Oiropäers. Füä ihre Einheit wa schon Hinnerk Lohse. Den Holsten.

Die Jüten spahten sich ihre Alterssicherunk nich zusamm. Nee, du, dascha 'n böses Stück Ahbeit. Sie sezzen sich auf ihre Schiffe un nahm die Engländer un Iren die ihr Äspahtes ab. Sie wahn, asso, auch schon damalige Zeit Entwicklunkshelfers. Von Schtaat hielten die Jüten rein gah nix. Sie sachten: „Was brauchen wir 'n Schtaat? 'Ne Räuberbande sünd wir sölps." Un, rechlich gesehn, regelten sie allens auffas Thing. Wassa nich zu regeln wa, wurde in Zweikamf ausgestoßen. Wen dabei dood ging, hatte ehm Unrech. Auch hieä, ganz modähn. Was übäblieb, wa 'ne Leissunkselite, hervorgegangen aussen Kamf ummas Dasein.

Un Loite, die das denn mit ein sittlichen Anstrich vesehn, die gab das auch bei die Jüten. Außerorntlich wichtich is die Jüten ihrn Beitrach zu uns schleswich-holsteinischen Karackter. Ihm billet, gewissermaßen, den Binnestrich in das ganze Duchenein.

Die Jüten, Macker, sünd standhaff. Du glaubs gah nich, wie! Asso, die Dänen, nich, die Dänen sagen vonnie Jüten: „Ers wenn innie Stuämflut das Wasser mit 'ne Woge übä die Schwelle getreten is, denn tritt den Jüten vor die Tüä!" Nu komms du!

Un wenn schon keinen weiß, was den Schleswich-Holsteiner füän Schenie is, so weiß ers rech keinen, was die Friesen füä 'n doitsche Karackterrolle spieln. Macker, da kanns an sehn, wie das zugeht innie Welt. Die Friesen wahn jümmer die Süschtemerfinners der Doitschen. Abers keinein weiß das. Dafüä erzähln sie übä die Ossfriesen so dösige Wizze, daß sölps die Bayern da übä lachen könn. Debei hatten die Friesen den *Kapptalismus* schon erfunnen, bevor es ihn richchich gehm tat. Sie wahn ihre Zeit ümmer Schahrende voraus. So auch hieä. Wa'um? Weil die Friesen zwei Tatsachens seit eh un scheh klah innie troidoitsche Pupille gekuck ham.

Erssens: Fremmes Geld in eichne Taschen is besser als eichnes Geld in fremme Taschen.

Zweitens: Eichne Ahbeit bring an meissen ein, wennu dich damit die Ahbeitsergebnisse von annere Loite aneichnen tus. Da 'um ham sie sich schon in frühesse Zeiten auf Seeräuberei un freien Strandgang geschmissen. Un innie Kirchen ham sie gebetet: Gott sechne dem Strand! Das heiß: Laß Schiffe scheitän!

Asso, auf Sylt, so bei Hörnum, machen sie ab Windstähke siehm bis ach verkehrte Foiers an. Die Kapptäne dachchen, sie solln sich danach richten. Abers wenn sie das taten, wahn sie in Mors. Indem sie strandeten. Kam denn sonnen brüchigen Schiffer angepaddelt, holten die Friesen ihm raus, nahm ihn sein gollene Uhr ab, hauten ihn ein vorn Dööz un schmissen ihn wieder rein. Un alles, was ankam, hörte die Friesen zu. Frie is de Himmel, frie is de See, frie is de Strandgang annie Hörnumer Ree!

Das wa bei Hörnum, Macker! Da, wo Akzel Zesah Springer hoite sein Willah hat. Von die Gegend sünd damalige Zeit schon falsche Signale von ausgegangen.

Da siehs an, Macker mit das Gebet: Gott sechne dem Strand! ham die Friesen drüttens schon lange voä die Modähne 'ne Räuberwirtschaff in krissliche Gewänners vepackt.

Un as den Bismarck, den pommerschen Pomuchelskopp den, düsses Gebet unnie Prackzis veboten hatte, nich, du, da ham die Friesen viertens den aufgeklärten Kapptalismus erfunnen. Kenns ihm schon, nich, den aufgeklärten Kapptalismus sezz die froidige Zustimmunk des Ausgeboiteten bei die Ausboitunk voraus. Da 'um ham die Friesen sich auffen Fremmvekeä geschmissen. So is, asso, Fremmvekeä un aufgeklärten Kapptalismus die Fohtsezzunk vonnie Seeräuberei unnen frein Strandgang mit annere Mittels.

Düsses friesische Süschtem hääscht hoite übäall innie Welt. Du denks, du räubers mit. Dabei wirste beräubert.

Nu komms du!

Vonnen Schtaat un annere Räubers

Du, ich hap sche ümmer geglaub, dassas bloß die Bauän von uns meerumschlungene Heimat sünd, die vonnen Schtaat gah nix halten, abers viel von ihn erhalten wolln. Nu kriech ich so langsam un bei lütten den Eindruck, daß uns Bauän nich bloß mit Ossentungen hanneln, sonnän auch mit Üdologie. Zu mein Natalje habbich gleich gesacht, dassas nix mit Nazzenalsozalismus un so zu kriegen hat. Den seine Stimm sünd bei uns je bloß gestiegen, as die Schweinepreise so doll fielen. Un denn brauchs olle Seeräubers un Strandgängers nich klahmachen, dassu auf leichesse Aht zu Geld komms, wenn annere Loite sie ihr Geld wechnehm tus. Das wussten wir schon längs vor Hitler. Da brauchten wir Hitler nich zu as Schrumpfgermanen, damalige Zeit. Un hoite brauchen wir ihm dazu ers rech nich, denn wir sünd auf Seeräuberei un freien Strandgang nich mehr auf angewiesen, indem daß wir den Fremmenvekeä ham. Un falsche Richfoiers, damit die Schiffe auf Grund laufen, da brauchen wir auch nich mehr beikomm un stecken ihr an, indem dassie Fremmen freiwillich zu uns komm, damit wir ihr das Geld abnehm.

Nee, um alle sonne diesbezüchlichen Sachen geht es es nich. Es geht scha da 'um, dass uns den Schtaat Steuän abnehm tut, damit ihn all den Schiet reperiern kann, den ihm sölps angerichchet hat. Annere Loite, so as mein Natalje auch, die sagen scha, dassen von Kapp-talismus komp. Indem, dassu ersma so viel kaputt machen muss, dasses ein großes Geschäff wird, un komm bei zu repariern all das Kaputte. Abers, Macker, auffen Kapptalismus soss hoitigen Tachs nich so doll auf los. Denn kriss es auch mit den Schtaat, Springer unnen Bunnestachspräsidenten Kahssens zu kriegen. Kuck, das sünd gleich drei Gechner. Wennu bloß auffen Schtaat as sochchen auf losgehs, denn has nich bloß zwei Gechners weniger, nee, du has zwei Verbünnete mehr. Denn den Springer mit all' seine Güter is dafüä, dassie Landwirtschaff möchlichs weit keine Steuän auf sie ihr Vemögen bezahln soll, indem sie nu seit knapp hunnert Schahre vonnie Subschtanz lehm muss, nich, un den Kahssens is dafüä, daß den Schtaat die Gestüte zubventschenián tut, indem daß ihm ein Häänreiter is.

Un süh, auf sonne Tuä komms denn die ollen Seeräubäs wieder näher, nich. Nix ausgehm, abers viel kassiän. Bloß mein Natalje sach, dassie sonn Gefühl dabei hat, as wenn ihr den künßlichen Schiffbrüchigen spielen tut. So, as damalige Zeit. Ers lassen die Strandgängers diä scheitän, denn holn sie diä aus Wasser, haun diä ein vorn Kopp, machen dich die Taschen leerich, nehm dich deine Uäh ab un denn schmeißen sie diä wieder rein innie tossene See as sochche. Abers, Macker, das habbich mein Natalje auch gesacht, ganz so dahfs das hoite nich sehn. Hoite, Natalje, habbich gesacht, muss du Freiheit un Ohdnunk zusamm un auf ein Dutt sehn. Füä beide brauchs du Pollezei, das heiss Steuän. Die gehn an Schtaat. Steuän braucht den Schtaat auch, wennie großen Unnernehmers sich übänomm ham. Kuck, un wenn du auffe Straße Krawall machs, denn haut diä die Pollezei ein vorn Dööz. Wegen die Ohdnunk, ohne die es scha keine Freiheit gehm tut. Un wennie großen Unnernehms versacken, denn greif ihm sie mit Steuägelders unnä die Ahme. Aussem selm Grund.

Un du, du bezahls beide Male dafüä, daß dich Freiheit un Ohdnunk erhalten bleihm.

Von uns Art un Rasse

Öih, Macker, asso, daß annas doitsche Wesen die Welt genesen kann, nich, asso das stimp scha nich. Kuk, wir ham an meissen Milletär unnie döllste Wirtschaff in Wesseuropa. Un, was is? Den Strauß sach: „Wir sünd die Deppen der Welt." Hieä sünd die Anwesenden ma nich ausgenomm. Asso, wir sünd sie alle weit voran, abers sizzen da mit all den Bickbeernsaff un könn ihm nich gebrauchen. Das is das doitsche Wesen. Unnu frach ich dich: Wieso soll da einen von genesen können, wo du sölps von sachst dassu da bekloppt von geworden bis?

Ich sach ümmer zu mein Natalje: „Das Problem vonnas doitsche Wesen ischa, dasses nich annas schleswich-holsteinische Wesen genesen is." Tschä, Macker, das komp da von, dassie Doitschen uns, un nich wir die Doitschen erobert ham.

„Natalje", sach ich, „an uns as scheniale Hochleissunkrasse, da hätte das doitsche Wesen an genesen könn. Abers sie ham uns man nich gelassen. Un wa'um nich? Weil kein Aas wusste, daß wir Schenies sünd. Es is ehm das Schicksal vonnie Schenies un wern verkannt." Natalje glaup da nich an, daß wir Schenies sünd. sie sach, da ernten wir viel zu groote Katoffeln für.

Un denn, sach ihn auch, dasses Rassismus is, mit den wir zwei Weltkriege angefangen un nich gewonnen ham.

Kuk ma, daß wir die grössten Katoffels ernten, das is die berühmte Ausnahme vonnie Regel. Un uns Rassenbewußtsein hat meiss rein gannix mit die Rassenlehre vonnie Nazis zu kriegen. Nich umsons ham sich die Schleswich-Holsteiner bei die Entnazifizierung nach den zweiten Kriech as Nichbetroffene eingestuft. Als olle Viehzüchter meinten sie bloß, dassu auch bei die Menschen nich schede Rasse mit schede annere Rasse kroizen dahfs, wenn da ein Hochleistunksrind bei rauskomm soll. Schtaat, Menschheit un Polletik wa für ihr 'ne Kör- un Zuchanstalt auf höhere Ebene. Aber da sünd wir längs von ab.

Hoite ham wir für die Zuch ein Lanneseigenen Rundfunksenner. His Stoltis voice. Damit ihn nich abgehört wern tut.

Ich sach ümmer zu mein Natalje: „Für so schlichte Veloimdungen", sach ich, „da sünd die Schleswich-Holsteiner un sie ihre Geschichche viel zu kompliziät für." Natalje sach: „Indem den Anstreicher aus Österreich uns as die Lackierten hinterlassen hat", sach sie, „ischa woll nix mehr einfach. Is allns kompliziät. Für die Österreicher is hoitigen Tachs Hitler einen Doitschen un Beetofen einen Österreicher. Un für die Schleswich-Holsteiner is ihr eichnes Brett vorn Kopp nich mehr schwahz-weiß-rot längs gestreif. Abers ganz lütt karriät." Nu komms du! Macker, so isses nich. Bei uns wa es schon ümmer verrückt! Nich ers hoitigen Tachs. Ein engelschen Schtaatsmann hat ma gesach, dasses bloß drei Loite gehm tut, die die schleswich- holsteinische Frage kennen tun. Einen Professor. Den is doot. Einen Prifatgelehrten. Den is verrück geworn. Un ihm sölps. Ihn hattes vergessen. Asso, wichtich is: Verrück geworn! Kollege, vons Schenie zun Wahnsinn ischa weniger as den Schritt von eine Benzinpreiserhöhung bis zu die nächste.

Schaden vor Proissen

Un mittas pollitisch Rechsaussen spieln ischa auch nich wahr! Meine Großmutter, du, die wa gegen alle. Bloß für die Schleswich-Holsteiner. Uns Großmutter sachte immer: „'N Dähn, 'n Schud un 'n Proiss, de kanns bloß trun, wenn se Hoor mang de Finger to wassen hebb!" Kuk ma. für ihr kam den Schuden nach den Dänen abers noch vor die Proissen!

Is das vielleicht doitsch-nazzenal?

Dafür sünd wir – was kein Aas weiss – ganz besonners höflich. Wir sünd die Spanier des Nohdens! Da gibb das nix zu lachen bei! Kuk, überall innie Welt – asso, wenn sie so richchich mittenmang in eine tollerante Diskuschon in sünd, nich – da komm sie bei un sagen:

„Ich hau diä gleich ein innie Fresse!“ Oder so ähnlich. Nich so bei uns. In sonnen Fall as düssen, da sagen sie bei uns: „Wiss du viellich een an't Muul hem?“ Kuk, wir fragen ihr vorher.

Nee, Kollege, es is schon so, wir wern allgemein vekannt. Wir Schleswich-Holsteiners stecken in uns Geschichche, as 'ne Wurss in die Pelle. Abers die kennt auch kein Aas. Dabei ham damalige Zeit die Dörpschullehrers da in rumgeforscht un allns aufgeschriem. Wenn sie mit das Kinnerverhaun fertich wahn. Hoite komm die Lehrers da nich mehr zu. Sie müssen an Nachmittach die Öllerns das noimodsche Rechnen beibringen, damit die das die Kinner beipulen könn. So ham die Öllern auch kein Zeit un lesen die Büchers über frühere Zeiten.

Aus düsse Büchers is aus zu entnehm, daß wir 'ne scheniale Hochleissunksrasse sünd. Un as soochche sünd wir 'ne bannich gemischte Gesellschaff. Is, as wie bei die Hunne. Da sünd je auch die Promenadenmischungen die Schlausten.

So ham wir nich bloß den Eiergrog unnie Boddermelkspecksuppe erfunnen. Nee, du, wir wachsen auch mit vier Sprachen auf. Hochdoitsch, Plattdoitsch, Missingsch un durchie Nase. Un noch hoite sünd sich die Gelehrten da nich einich über, ob Plattdoitsch auch 'ne Hoch- sprache is. Da gibb das zwei Pahtein, von die schede sach in Gegentum! Für die verkehrten Radikalen in öffentlichen Dienss is das 'ne prima Schangs un komm um den Minisserpräsidentenerlass um rum. Düsse Aht von Sozeal liecht schon in unse Sprache.

Dassie Kuh muss ers ma Milch ham, bevor du ihr orntlich melken kanns

Frühere Zeit sünd wir – aus untere Volkskreise – mit Plattdoitsch aufgewacksen. Hochdoitsch lähnten wir innie Schule. Das wa denn auch danach. Wenn uns Schulen auch nich schlech wahn. Das kam vonnie Dähn. Die wahn diesbezüchlich annere Meinung assie Meckelnbörger. Asso, die sachten scha: Den Ockzen achter den Fluch brauch nich schlauer sein as den vor denselm. Nich so bei uns. Bei uns sachten sie, dassie Kuh ers ma Milch ham muss, bevor du ihr orntlich melken kanns. Un bezüchlich die Menschen is da Gehirnfutter oder Koppdüngung an billichsen un wirk leissunksmässig wahre Wunner.

Abers, was aus düsses platte Hoch oder hohe Platt bei rauskam, Kollege, das is Missingsch. Auch hieä sünd sich die Gelehrten da nich einig über, wo das herkomp un wassas einklich heiss. Ischa egal. Wenichsens is Missingsch ein Hochdoitsch, was ein Plattdoitschen da für halten tut. Wen frühere Zeit Plattdoitsch schnackte, wa ein vonnie Blöden. Hoite lähn die Loite das. Indem es 'n Zeichen von sie ihre Ihdentität oder so is. Un durchie Nase schnackten die, die vonnie Blöden lebten. Die Großgrund- un Kleinhirnbesizzer.

Rassisch gesehn, nich, sünd wir auch vierfach. Wir sünd einen Kocktähl aus Holsten, Jüten, Schlawen unnie Friesen. Da wa denn den mohdänen Pluralismus mit erfunnen. Denn so ein Kocktähl is für den einen sein ein un alles. Un den annern sach, ihn schmeck as wie Höhnerschiet mit Salzsäure. Was für den ein das Höchste vonnie Gefühle, is für den annern das reinsse Giff. Un das, nich, das is ehm Pluralismus. Assie sagen.

Die Holsten as sochche, nich, die wahn unse pollitische Klasse. Sie stellten uns Krieger, Fillesofen un Beampe. Die Kriegers sorchten für Ohdnung. Die ihre Sicherheit hatten die Beampen. Unnie Fillesofen verklickerten die Kriegers, dassie Sicherheit vonnie Beampen in Ohdnung wa. Dassie da sie ihrn Dööz für hinhalten mussten.

Die Holsten sassen mang Eider un Elbe. Wesslich gesehn, stießen sie annie Nohdsee. Össlich gesehn, stießen sie auffie Lienje Kiel-Hamborch. Da Sassen die Schlawen. Südlich gesehn, stießen sie auffie Hamborger. Da könn die Holsten nix für.

Die Holsten kam denn bei un befreiten die Schlawen. Auch hieä, Kollege, sühst du uns fohtschrittlichen Karackter. Vor mehr as dausend Schahre sünd die Holsten schon gen Ossland geritten! Sie befreiten die Schlawen von sie ihrn Glaum, sie ihr Geld un sie ihrn Boden. Assie Kirche sachte, fannen die Holsten da nich nur das Heil für ihre Seelen bei, nee, du, sie fannen da auch Geld für ihren Boitel. Mein Natalje sach: „Wen auf düsse Tuhr doppelt näht", sach sie, „den verdient vierfach!" Nu komms du!

Die Schlawen wurden vonnie Holsten so lange abgemurkst, bis sie eingesehn ham, daß Gott die Liebe is. Sie wurden Krissen. Un damit sie nich den schnöden Mammon achter ran jachtern, ham sie die Schlawen sie ihrn Boden abgenomm un Güter für die Holsten da aus gemach. Da durften die Schlawen auf ahbeiten. As Leipeigne ohne Tarifvertrach. So konnten sie ihre krissliche Freiheit nich missbrauchen, unnie unbezahlten Überstunden sorchten dafür, dassie nich auf dumme Gedanken kamen. Seit damalige Zeit ham wir in Ossholstein den Großgrundbesizz. Es is die besachte Gegend vonnie Groß- grund- un Kleinhirnbesizzer. Weischa, schene Kollegen, die durchie Nase schnacken. Da hatte je auch den Kahssens sein Wahlkreis. Rassisch gesehn, wahn die Schlawen so was ähnliches as wie die Pollacken. Asso, wolln ma sagen, sie wahn'n büschen minnerwertig. Hoite isses scha nich mehr an dem. Hoite ham wir scha die Türken.

Volkstumskamf vonnie vekehrte Seite

Nöhdlich die Eider sizzen die Jüten. Das sünd Nohdgermanen. Sie ihre fohtschrittliche, geschichtliche Leissunk is zu sehn in ihre Aht, ne Alterssicherung auf breite, sozeale Grundlage zu entwikkeln. Sie spahten ihr nich zusamm! Nee, dascha 'n böses Stück Ahbeit! Asso, die Jüten sezzen sich auf ihre Schiffe, un klauten die Engländers un Iren die ihre Ähspahnisse. Sie wahn, asso, schon in frühesse Zeiten ein Volk von Entwicklungshelfers. Die annern lehrten sie beten, arbeiten un sparen. Un sie selps entwickelten sich da ganz schön bei. Gele- gentlich blieben sie gleich da bei die annern. Nich as Gassahbeiter, sonnern as Gassunnernehmers. So spahten sie sich zu Hause all' den Aggewahrs mit Kinnergähten un Wohnungens un so. Auch die Krimmenalität. Krimenelle wahn sie je selber, nich. Un denn spahten sie auch Zeit bei das Einkassiän vonnie Ähspahnisse der annern. Sie brauchten nich ers hinfahrn zun Kassenschturz un spahten das Fahrgeld. Die Jüten wußten schon damalige Zeit: Zeit is Geld!

Asso, nazzenal gesehn, sünd die Jüten einklich Dänen. Abers das darfs nich sagen. Indem das einen Volkstumskamf vonnie vekehrte Seite aus is. Asso, wolln ma sagen, hieä isses so ähnlich as wie bei die Schlawen. Bloß weniger rassisch, as vielmehr nazzenal. Denn düsse Dänen denken, sie sünd Doitsche. Wassie, annerseits, auch wieder sünd. Is'n büschen schwierich das Ganze. Da 'um ham sie auf doitsch un dähnsch da so viele Büchers über geschriem, dassu da 'n duzzend Hochhäuser mit tapeziän kanns. Die brauchs abers nich zu lesen. Du weiß denn auch nich mehr as nu.

Eine Sache, Kollege, is abers ganz klah. Vonnie Jüten ham wir die Standhaffichkeit in unsen Karackter. Kanns scha bei mein Natalje ganz doitlich beobachten. Bei die isses schon mehr Sturheit. Asso, die wollen ohne Kopp durch die Wand, weil es mit den Kopp schon gahnich geht. Die Dänen sagen vonnie Jüten: Ers wennas Wasser mit 'ne hohe Welle über die Schwelle getreten is, ers denn komp den Jüten vor seine Tüä! Nu komms du!

Die apzelute Spizze von uns rein gemischte Hochleissunksrasse sünd die Friesen. Ähnlich as wie bei Fleischeckstrack – wo du scha'n gansen Ockzen inne lüttje Dose reinkrichst –, so sünd alle Fähichkeiten von uns innie Friesen in konzentriät. Die Friesen wahn sie ihre Zeit ümmer weit voraus un da 'um Süschtemerfinners. Auch das weiß kein Aas. Dafür erzähln sie über 'ne Unnerapteilung von ihr, die Ohs- friesen, so dösige Wizze, dassa selps die Beiern über lachen könn.

Die vier Erfinnungen vonnie Friesen

Die Friesen harn den Kapptalismus schon erfunnen, asso, bevor es ihn richchich geben tat. Un wa'um? Indem die Friesen zwei Tatsachen seit eh un scheh gans klah innie troidoitsche Pupille kuken taten:

Erssens: Fremmes Geld in eichne Taschen is beser as eichnes Geld in fremme Taschen!

Zweitens: Eichne Ahbeit bring an meissen ein, wennu dich damit die Ahbeitsergebnisse von annere Loite aneichnen tus!

Deswegen harn sich die Friesen schon in frühesse Zeiten auf Seeräuberei un freien Strandgang geschmissen. Un innie krissliche Kirchen ham sie gebetet: Gott, sechne dem Strand! Das heiss auf doitsch: Lass Schiffe scheitern.

Das issie drütte Erfinnung vonnie Friesen: Schon lange vor die Modähne kam sie bei, un verpacken 'ne Räuberwirtschaff in krissliche Gewänner!

Da man sich abers auf Gottes Segen nich so unbedink verlassen kann, harn die Friesen ihn 'n büschen unner die Ahme gegriffen. Auf Sült machten sie bei Stuäm vekehrte Foiers an. Unnie Kapteins, nich, vonnie Schiffe, die ihr für richchich halten taten, wahn denn an Ahme des Profeten. Indem sie scheiterten. Die Welln hauten die Schiffe keputt. Un allns, was an Strand ankam, das hörte die Friesen zu.

Tschä, das wa so bei Hörnum, Macker. Wo hoite den Ackzel Cesah Springer sein Willah hat. Schon damalige Zeit sind von düsse Gegend verkehrte Siechnale von ausgegangen. Un Bismarck, den pommerschen Pomuchelskopp den, hat düsses Gebet unnie Prackzis verboten. As ihm die Augussenborger beschissen un uns vonnas dänische Könichshaus von losgerissen hatte. Da ham die Friesen sie ihre vierte große Erfinnung gemach. Sie ham den aufgeklärten Kapptalismus erfunnen. Kenns ihn nich, Kollege? Den aufgeklärten Kapptalismus sezz die froidige Zustimmung des Ausgeboiteten bei die Ausboitung voraus. Un da 'um harn sich die Friesen furts auffen Fremmenverkehä geschmissen.

Ich sach ümmer zu mein Natalje, dascha nu 'ne Angelegenheit, wo du beikomm muß un simeliän da über, denken da über nach. Tus das, komms da achter: Fremmenverkehä un aufgeklärten Kapptalismus sünd die Fohtsezzung vonnie Seeräuberei unnen freien Strandgang mit annere Mittels.

Un düsses friesiche Süschtem hassu hoite überall innie Welt. Du denks, du räubers mit. Dabei wirste schon beräubert.

Die Rolle vonnie Rellegijon

Kuk, Macker, so habbich vor mein Natalje sie ihre Ohrn die Schleswich-Holsteiner aussenanner genomm. Streng Wissenschaffich. So, as inne Gewerkschaftsjugend un bein Kommis. Da ging dascha auch so. Das Kewerr achunnoinzich zerfällt in folgenne Hauptteile. Un wie da, so machte ich es auch hieä. Assu nu sölps gesehn un belep has. Ich denk, mein Natalje is nu beeindruck. Nich die Bohne. Natalje sach: „Es fehlen – asso, minnestens zwei Sachen", sach sie, „die Rolle vonnie Rellegijon unnie Tatsache, dasses bei uns ümmer groote un lütte Lüd gegehm hat. " Nu komms du!

Bün ich vielleich'n böhgerlichen Gelehrten? Da habbich denn gesach, daß ich auffie Rolle vonnie Rellegijon nich weiter eingegangen bün, nich, indem ihr weiter keine Rolle spielen tat. Auch wenn wir bei Passer Klappstein die zehn Gebote unnen Katteschismus von vohne nach achtern runterrasseln mußten. Asso, as wie bei die Friesen schon gesacht, die Rellegijon störte weiter nich. Bloß wenn ihr was nüzzen soll, muss den liehm Gott 'n büschen unner die Ahme greifen. Das gibb Loite, asso, die sagen, das Krissentum is bei uns bald tausend Schahre, abers noch nich richchich hingekomm.

Groote Lüd un lütte Lüd

Abers, Kollege, von wegen groote Lüd un lütte Lüd, asso diesbezüchlich, da hat mein Natalje je ganz rech in. Bevor ich abers auf düssen Klassengegensazz, den je die fohmierte Gesellschaff bestimm tut, zurück komm kann, muß ich ers ma uns Schtaatsbewussein as sochches aussenanner posamentieren. Un das is 'n böses Stück Ahbeit.

Privatleben

1. Vonnie Hään
2. Vonnie Treppe
3. Vonnen Hund I
4. Vonnen Hund II
5. Von noch 'nen Hund
6. Vonnie heilichsen Gütä un so
7. Vonnie Schugendpahtie
8. Vonnie Koalitschon
9. Vonnen geissichen Raum
10. Vonnie Seemanntik
11. Vonnie einfachen Froiden

Vonnie Hään

Wir Männer as sochche sünd scha die Hään der Schöpfunk. Wenichssens steht dascha ümmer noch as Behauptunk innen Raum. Abers wie alle Hääns auf düsse runne Kugel sünd wir auf die Ahbeit von annere angewiesen. Nachdem innie Zeitunk zu lesen is, dassie Ausboitunk vonnie Werktätichen abgeschaff is, ham wir den Erhard. Der zieht uns unner sanftes Gekwassel das Fell über die Ohrn. Das is ehm keine schlichche Ausboitunk mehr als früher. Die hoitige Methode sezz die Dußlichkeit von den Betroffenen voraus.

In meinen Zustand as Hää hat eine Revulutschon stattgefunnen. Mein Natalje lecht sich bazz hin und is krank. Nu komms du! Das heiß, ersma kam ich. Oder sollte ich kommen. Es kam abers nix. Indem ich mir in den Zustand totaler Hilflosichkeit befinnen tat. An Mohgen bin ich ins Zimmer rumgebiestert. Keine Socken, kein Hemp, kein gah nix. Un in Püschama kanns scha nich ma in uns aufgeklärtes Zeitalter auffie Ahbeit gehn. Da habbich mir ersma gewaschen. Das kannscha grade noch sölps.

Und denn habbich mich unter das Gestöhne von mein Natalje die Klamotten von vorichten Tach angezogen. Denn bin ich innie Küche. Den Menschen muscha was zu Leip kriegen. Sonns komp ihm vonnie Füße. Abers du glaubs scha nich, wie schwer as das is und kriege sonn Frühstück zusamm. Bei die Buttä ischa woll Gummi mit mang. Wenichssens sprang sie mir ümmer vons Brot übers Messer auffen Tisch. Ich hap denn den lütten Holzhammer genomm, und hap ihr auf die zuständige Unnerlage rauf geklopp. Statt die Wuss habbich mich bald den Daum abgesäbelt. Und as ich mir annen Kaffe das Maul verbrannt hatte, wa ich so richchich mit Fröhlichkeit un Aktivität für den Lehmskamff aufgeladen.

Auffie Ahbeit merkte ich, dassich nix zu essen mithatte. Die Preise innie Kantine lechten mich den Verdach nahe, daß unse Inflatschon eine galoppierende sein muß. Unner Gedankens, obbas nich besser is, unner sonne Umstänne sein Lehm ein baldiges Enne zu sezzen, schob ich nach Haus. Ich wa seelisch so krank, da wa mein Natalje die blühende Gesundheit gegen.

Zu Hause griente mir meine Natalje aussie Kissen an, daß ich mir sölps noch mehr bedauerte. Ich sachte mich: „Nee, Kuddl, was bis du bloß fürn ahmen, ahmen Menschen. Deine Frau is krank." Da abers in schlaue Büchers steht, daß Krankenflegers Fröhlichkeit un Optimismus um sich verbreiten solln, ich abers in mich sölps keinen sochchen zu entdecken vermochte, sach ich: „Du, Natalje", sach ich, „soll ich dich die Wizze von Klein Erna vorlesen?" – „Nee", sach mein Natalje, lieber was zu essen." Nu komms du!

Ich wollte mein Natalje 'ne lütte Überraschunk bereiten. Ich mach Spezialessen. Bratkatoffels und Spiegelei. Is das einzichsse, was ich kann. Meine besonnere Leissunk dabei is, daß ich mit zwei Fannens gleichzeitig ahbeiten tu. Eine für die Katoffels. Eine für die Eiers. Es ging auch allns soweit ganz gut. Bis auf den furchbahn Kwalm innie Küche. Und denn wahn die Katoffeln 'n büschen schwahz. Und auch den Rand vonnas Spiegelei... na, weischa Bescheid.

As ich mit das Fessessen innas Zimmer komm tu, sach mein Natalje: „Du Kuddl", sach sie, „das riecht hieä so komisch. Verbrenn die verdrehten Gören auffie Straße wieder ein Autoreifen?" Nu komms du! Ich sach: „Meine Besse", sach ich, „was du riechen tus, das is dein Essen." Da hat mein Natalje furchbah gelach.

Ich abers, Kollegen un Mackers, beschloß mein Lehm ein baldiges Enne zu sezzen. Wegen erwiesene Unfähigkeit. Nur eins kann mich retten. Ich wer auch krank. Viel kranker als Natalje. Bei mich isses nämlich seelisch. Die Krankheit vonnie Hään, die nu ma sölps...

Vonnie Treppe

Ich komm nach Hause. Mein Natalje emfänk mir mit alle Anzeichens von ein Nähvenzusammbruch. Ich sach: „Wie komms du mich denn vor?“ sach ich. Sie sach: „Kuddl“, sach sie, „ich bün fertich, erledicht, lakattsch, elias grabbel. Unse Treppenfrau hat gekünnicht.“ Ich sach: „Prima“, sach ich, „schon wieder 'ne Gelegenheit un spahn Geld. Machs du selber.“ Mein Natalje sach: „Büss du noch zu retten“, sach sie, „damit alle Weibä aussas Haus mir kontrolliern könn, obbich auch sauber bün? Lieber eß ich trocken Brot mit nix auf. Abers 'ne noie Treppenfrau muß ran.“

Nu komms du! Die Reinigunk vonnie Treppe as sochche is ein sozeales Problem. Es ischa nich bloß so, dassu den Hausbesizzer ein paar tausend Mahk in Rachen stecken muß, damit er mit dein Geld sich ein Haus und für diä 'ne bescheidene Wohnunk baun kann, nee, du muß ihn auch noch sein Haus sauber halten. Un damit entsteht denn das Treppenproblem as sochches.

Eine Treppe in ein nohmales Mietshaus für untere Volkskreise ischa nich bloß 'ne Gelegenheit und bewegen sich aus Paterr nachen Boden. Nee, sie is viel mehr. Sie is die Visitenkahte von die sie wienernde Hausfrau. Ihr liecht auf dieselbe und poliert ihr, nichachchend die steigenden Preise für Wirbelwinde und Schietentferners und Glanzverleihers. Es wird die Treppe so behannelt, als solltes du von sie dein karges Mahl einnehm. Das soß du abers ganich. Du soß nich von sie essen, du soß auf ihr paun. Un deshalb is die Treppe von 'ne orntliche Hausfrau viel appetitlecher as sie ihre Frisuä oder den Kittel, wo sie den ganzen Tag in rumlatschen tut.

Auf düsse Aht entsteht dennu wieder mehreres. Erssens wird die Treppe zu eine ständige Sauberkeits-Olümpiade mang die Hausfraun. Es will sich scha keinein was nachsagen lassen, nich, Zweitens, da kein objektifes Gremium entscheiden tut, wen seine Treppe nu die

Krone vonnie Pollituä dastelln tut, is es nu einen ewigen Hickhack mang die Weibäs bis annie Grenze vonnen Hausfriedensbruch, wen die Treppenreinigunkskrone gebühren tut. Und drittens is die Tatsache, wer nu sölps die Stufen bohnert un foidelt, un wer das durch 'ne ausgeboitete Lohnahbeitskraff erledigen läß, den Punk, wo sich den Klassenkampf vonnie Hausfraun entfalten tut. Wer 'ne Treppenfrau hat, hält sich für was Besseres. Die annern, die keine ham, behaupten, die annere is erssens faul und zweitens dreckich.

Düsse Probleme wan mich noch nich klah, as mein Natalje eines Tages sachte: „Ich as Frau von ein Facharbeiter", sachte sie, „will 'ne Treppenfrau ham. Ich will die Angestelltenweibä ma zeigen, was 'ne Harke is." Nu komms du! Unnu hatte die Treppenfrau gekünnicht.

Du kannscha nu vielleicht ermessen, was das bedoiten tut. Die Verteidigunk vonnie Ehre des doitschen Soldaten is rein gannix dagegen. Das is ein Klax mittie Wixbürste gegen den meine Natalje drohenden Sturz in ein sozealen Abgrund. Ich hap gekwasselt, bis mir das Maul in Fransen hängen tat. Es nüzzte nix. Mein Natalje wollte patuh nich auffie Treppe. Lieber wollte sie auffe Stelle tot umfalln. Un das Enne vonnas Lied? Oiän Kuddl liecht auffie Treppe zu wienern. Mein Natalje meint, das is trachbah, bloß die Ecken beis Gelänner sind noch nich so ganz richchich. Mein Natalje sach: „Eure Gewerkschaffen", sach sie, „ham mit den ahbeitsfreien Sonnahmt viel für die Gleichberechchigunk vonnie Frau getan. As du sölps beleps." Nu komms du!

An wen soll ich mir wenden? Rosenberg oder Wilhelmine Lübke? Ein muscha dafüa zustännich sein!

Vonnen Hund I

Dies Lehm is eines der weitaus zweitschwerssen. Was würdes du denn sagen, Macker, wenn dein Frau plözzlich unäwatet mit ein Bäbi nach Haus komp, wo du auch rein gahnix von ab weis? Is das vielleich einfach und enscheiden sich da? Da stehs du denn in deine Entscheidunk mang: ahmts 'ne wahme Stube oder mohgens kein Frühstück. Es ischa keine Kuns, deine Olle rauszuschmeißen, abers es is unerhört schwer, ohne ihr bequem zu leben. Ich habe mir deshalb in einen Gewissenskonflick für die Bequemlichkeit entschieden. Schiet auf Ehre! Mein Natalje kam mich nu nich plözzlich, mich nix-dich nix, mit ein Gör nach Hause. Nee, viel schlimmer! Mit ein ach Wochen alten Hund, wo aus mal ein Dackel wern soll. Nu komms du!

An Sonntachahmt hatte ich grade den Spoht gehört, daß Vau-effbeh in Heide glatt vermessert worn is, da klingelt das anne Tüä. Mein Natalje, zurück von Besuch bei die pucklige Verwannschaff aufs Land. Ein Unglück komp selten allein. Ihr steht denn da inne Tüä und grient über alle vier Backen. „Kuck ma", sach sie, „was ich mitgebracht hap!" Ich plier innas dunkle Treppenhaus. Unser Minutenlich loichtet aus Spahsamkeitsgrünne bloß so lange, bissu ehm über die ersse Etasche wech büst. Ich sach: „Mein Gott, Weib", sach ich, „is das 'ne Ratte? Wie kanns du bloß!" Natalje sach: „Ne", sach sie, „das issen Dackel!" In diesen Momang wußte ich, wie ein ahmen Großkapitalisten zuwege is, wenn ihn hört, daß seine Aktien um noinzich Punkte gefalln sünd. Es ist mir nu völlich veständlich, wieso düsse ahmen Würrschen das alle mittas Hääz und den Kreislauf ham.

Un nu ging das los. Mein Natalje ihrn Kalabreser von Kopp und außen Mantel, das wa eins. Den lütten Köter saß inne Ecke von Flur mit ein Gesich, as wenn ehm seine ganze Verwannschaff bei den

Erdrutsch in Schileh umgekomm wär und zitterte. Mein Natalje knallte ihre zwei Zentner der längelang vor dies Viertelpfund Hund auffen Fußboden, daß bei die Loite unter uns die Lampe vonnie Decke gekomm sein muß. Und denn bölkte ihr: „Isser nich süüüß! Tscha, wo issen das kleine Hundchen, tscha, wo isses denn?" Das Stück Mallör klappte bloß seine Ohrn nach vorne, die so groß sind, dasser sich da mit zudecken kann. Ich sach: „Was soll ein halbwechs vernünftiges Tier bloß auf sonne dusslige Frage antwohten", sach ich. „Natalje, du muß jezz auch mittie Ohrn wackeln, denn fühlt er sich mit dich verwand." Natalje warf mich ein von ihre Dolchblicke zu und sachte: „Is er nich süß?" Das klang wie 'ne Chruschtschowdrohunk mittie Atombombe. Ich sach: „Auf jeden Fall foicht!" Den Hund wa aufgestannen und inne Flurecke wa ein kleinen See.

Mein Natalje, die mich bei schlechches Wetter die Stiefel ins Treppenhaus ausziehn läßt, damit kein Schiet innie Wohnunk komp, fand das auch süß. Ich hap denn die Teppiche aufgerollt und Schuhe, Schirme und Pantoffeln in Sicherheit gebrach. Denn von sowas soll sich ja ein richchigen Dackel ernährn. Bei uns sah das bald aus, as innas Nachlager von Granada nach einen unäwahteten Wolkenbruch.

Ich sach zu mein Natalje: „Den erssen Kriech ham wir überstannen", sach ich, „den zweiten Kriech ham wir überstannen, muß das denn noch passieren? Lieber 'ne Sonderstoier für Entwicklunkshilfe!" Mohgens gegen zwei Uhr hatten wir uns auf die Invasion eingestellt und gingen zu Bett. Gegen vier Uhr wurde ich wach. Ich stand auf und kuckte nach, ob das Vieh richchich zu gedeck wa un nich frieren tat. Nu komms du!

Vonnen Hund II

Ich sach: „Seit ich die Menschens kenne, schäzze ich die Hunne!" Mein Natalje sach: „Kuddl", sach sie, „das is 'ne bannich schlaue Einsich." Ich sach: „Sie stamp auch nich von mich as sochchen", sach ich, „sonnern von ein Fillesofen. Von Schopsche oder Nietzschenhauer." – „Sach bloß", sach mein Natalje.

Grund zu den Anlaß, meine liebe Frau meine Beschlagenheit nich zu verweckzeln mit Beklopptheit, ich bin in ein freien Beruf in abhängige Stellunk –, asso meine Beschlagenheit auf alle Gebiete vor sie ihre kurzsichtigen Augen zu führn, wa eine menschliche Hunnetragödje. Oder 'ne hündische Menschentragödje. Nämlich Elise Brommann ihrn Hund wa von ein Auto doodgefahrn worden. Und denn noch ein vonnie Bunneswehr. Ein Glück, daß sie die Kapeh veboten ham. Die hätten zwei Stimm mehr gekrich. Und ausgerechent wir müssen an sonn Tach in sonn Augenblick, wo Welt un Vestand stillsteht, da reinschnein. Nu komms du!

Elise schnuckerte bloß in sie ihr Taschentuch un wa so durchenein, dassie uns sogah 'ne anstänniche Taß Kaffe vorsezzen tat. As die beiden Weibäs draußen innie Küche den Kühlschrank as Klagemauer benutzten, sach Fiete: „Kuddl", sach er, „allens durfte uns passiern, bloß das nich. Wenn sie mir doodgefahrn hätten, sach Elise, denn wär sie da eher über wechgekomm. Ich hap scha 'ne hohe Lehmsvesicherunk. Das hilf scha über vieles wech. Aber so...! Nee, das is haht!" Un Fiete wischte seine werktätigen Augens mit die dazugehörigen Faust.

As er sich wieder innerlich vesammelt hatte, sach er: „Nu, wo den Hund wech is, has scha gah kein Ohdnunk mehr ins Femiljenlehm. Die Pantoffels stehn da, wo sie hingehörn. Dein Plazz auffas Sofa is nich angewähmt. Es is kein mehr da, der diä mit sein Blick aus seine Augens da'an erinnern tut, dassas Zeit wird, dassu ein besseren Menschen wirst. Wennu mal nach Dänemark wiss, denn kanns einfach hinfahrn, du brauchs diä nich mehr den Dööz da 'über zergrübeln, wo du mittas Vieh abbleips. Und wennu zurückkomms, denn is kein mehr da, der mit den Steert wedeln tut und froidich an diä hochsprink" – „Fiete", sach ich, un unterdrück das Tremolo innie Stimme, „du hascha Elise..." – „Du Idiot", sach Fiete, „wo soll ich woll abbleihm, wenn sie mir anspring? Sie wiecht zwei Zentner!"

Nu komms du! Den Kaffe wa ja gut. Abers er schmeckte mir nich. Da habbich eine zu weiche Seele zu. Aus sie, as sie so aus Mitleid auseinannerfließen tat, tropfte den rettenden Gedanken. Ich sach: „Meine Liehm", sach ich, „Elise un Fiete, was haltet ihr davon, statt ein Kranz für den unner die Gewalt vonnie millitarisierte, entmenschlichte Technik so schmählich Plattgefahrenen zu spendiern, den scha immerhin zehn Mahk kossen täte, habt ihr hieä" – ich baller die Hand auffen Tisch – „zehn Piepen in bah. Anzahlunk für ein noien!"

Nach 'ne Stunne warn wir, mit Tackse hin un zurück, wieder da. Fiete un Elise krauchten strahlend auffen Teppich um ihrn noien Seelenstähn rum. Der piete vor Angs und Jugendlichkeit auffen Teppich. Was Elise himmlisch un mein Natalje as 'ne Schweinerei fand. Ich zoch mein Natalje leise aussie Wohnunk. Ich sach: „Düsse Seelenmachart", sach ich, „is für diä ein pah Nummern zu groß. Und was solln wir noch da? Nu hätte Elise uns scha doch bloß ihrn ollen miesen Kaffe wieder vorgesezz. Sie hat ihr Gleichgewich wieder!"

Von noch 'nen Hund

Der Mensch braucht was, wo er meint, dasser mehr is, as er is. Der eine geht as Onassis oder Faruk auffen Fasching, der annere hält Fähnsehreden as Pollitiker. Ich hap ein Hund. Du weischa, mein Natalje kam mich mit sonn Viertelfund Dackel an Laden. Der hat nu zugenomm und is ein richchigen. Ich sach: „Natalje", sach ich, „das Tier muß nu erzogen werden. Das Tier muß Manieren kriegen. Und ich, Kuddl Schnööf, werde meine bisher ungenuzzen pädagogischen Fähichkeiten auf das Tier verströmen. Aus dich habe ich scha kein venümffichen Menschen machen könn, abers das kanns glauhm, aus den Köter mach ich ein Wunnerknaben." – „Nu komms du", sachte mein Natalje. Und sie wußte, was sie sachte.

Ich sach: „Das ersse is", sach ich, „daß ein Hund parieren muß. Paß ma auf, wie ich das machen tu." Ich geh auf den Köter los, der sich auf mein Plazz auffe Kautsch geflegelt hatte und mir ankukte as unsern Hausmeister, wenn er mir die Rechnunk für die Heizunk inne Hand drückt. Ich sach: „Herr Lehmann", sach ich, „Herr Lehmann, komm du runter, das is Vati sein Plazz!" Herr Lehmann plierte bloß mittie Augen und kuckte weiter as unsen Hausmeister. Den Dackel nenn wir nach meinen Meister, weil sie beide den gleichen sorgenvollen Blick von den selbstännigen Mittelstand ham. Ich sach: „Kuck mal, Natalje", sach ich", „er merk schon, was los is. Schezz gehtas weiter!"

Ich hap denn mit meine Arme innie Gegend rumgewedelt und gesach: „Los, los. Nu abers schnell!" Herr Lehmann kuckte mir weiter mit seine verwunnete Seele an. Ich sach: „Nee", sach ich, „nee, was kann sonn Tier bloß kucken. Da wirscha richchich weich von!" „Tschäa, sach mein Natalje, „wir hätten deshalb vielleich besser ein Wellensittich genomm!" Nu komms du!

Ich hap denn noch mehr mittie Arme gewedelt. Langsam wurde ich lauter. Ich kam auch inne Fahrt, weil mein Natalje ganz unverschämp griente. Den Köter blieb weiter auf mein Plazz auffe Kautsch liegen un wedelte nu ein büschen mit sein Steert. Ich sach: „Siehste“, sach ich, „er geht schon auf mir ein.“ Mein Natalje sach: „Richchich“, sach sie, „bloß pariern tut er nich.“

Da habbich denn Herrn Lehmann bein Wickel gekrich und hap ihn vonnie Kautsch gefoiert. Schwupps, wa ihn wieder oben. „Kuddl“, sach Natalje, „nich mit Gewalt. Da wa den alten Pestalozzi ümmer gegen. Das Beispiel muß wirken. Das Vorbild.“ Nu komms du!

Ich bin denn neben den Köter auffe Kautsch gekrochen. Hap mich da hingehockt und hap gesach: „Los, los, runter!“ Und denn bin ich auf alle viere da runter gehoppt. Wobei ich mich schändlich mein Knie gestoßen hap. Der Köter blieb liegen. Ich weischa nich, ob Hunde lachen könn, abers den Herrn Lehmann ließ seine Zunge so schräg raushängen, dassas so aussah, as wenner sich mächtich amüsiern tat. Mein Natalje hat so gelach, daß ihr Korsett laut knisterte.

Nu riß mich die Geduld und ich den Hund vonne Kautsch. Und denn mußte ich ein Hechtsprunk machen, damit ich vor den Köter auf mein Plazz kam. Du glaubscha nich, wie fix sonn Tier is. Herrn Lehmann hattas mächtich Spaß gemach. Schedesmal, wenn ich nach Haus komm, denn saust er auffe Kautsch und wahtet, daß den Zirkus wieder los geht. Und das tut er denn auch. Bloß ich hüpp nich mehr von sie runter. Mein Knie is noch nich wieder in Ohdnunk.

Mein Natalje sach: „Kuddl“, sach sie, „seine Manieren sünd je noch nich besser. Abers deine Pädagogik hattas wenichssens geschaff, daß den Hund an seine schlechchen Maniern noch mehr Spaß hat.“ Nu komms du! Auffen nächssen Fasching geh ich as Pädagogen. Anzug: Brett vorn Kopp.

Vonnie heilichssen Gütä un so

Den Ahmt wa von Anfank an in Mors. Mein Natalje hatte Besuch von sie ihr Nichche Gesine. Das is ein vonnie Emanzipiäten. Da 'um nennt ihr sich Gäh. Das is engelschamerikansch und klink bannich fohtschrittlich. Das dumme Göhr hezz den ganzen Ahmt meine Olle auf. Von wegen die Ketten vonnie Männerhäärschaff, die sie abschütteln wolln, solln un müssen. Mein Natalje is davon jümmers so begeissert, daß ich mir an nächssen Mohgen das Frühstück sölps machen muß. Un Fähnsehn dahf auch nich an. Das stört ihr bei die geissiche Entwicklunk. Ich hap mir denn beigemach, un ausse lezze Pahteitachsrede vonnen roten Jochen alle Frempwöhters rausgeschriehm, die ich nich verstehn tu. Dascha 'n ahmtfüllendes Pregramm. Indem die Gesine da rumrötän tut, daß sie die Männers nich nur vebal-radekal, sonnän theoretisch-praktisch annie Wäsche müssen un mein Natalje vor Aufregunk ein lauten Schluckauf krichte, da geht das unnä uns los. Ne Männerstimme bölk: „Du Aas." Denn kam ein weiblichen Trillä. Und denn: „Au, au." Stühle fielen um. War auch 'ne Wase mang. Die Olle kwiekte as ein Schwein vors Abstechen. Während den Macker an völlige Fantasielosigkeit leiden tat. Von ihn hörtes du nur „Aas". Natalje bölk: „Den Jungjehann vermöbelt sein Frau." Ich sach: „Kuck ers ma ins Fähnsehpregramm." Aber da war nix mit so was. Da wa was aussie ketholische Welt un was übä Wirtschaff. Un wenn in die Branschen auch nich alles as gesalp gelten tut, was geschmiät is, so gehn die vor alle Loite nich zu Knass. Das Ballän, Tremeliän un Bölken unnä uns ging weitä. Nu wa es klah. Jungjehann machte Trimmdichfit un vertrimmte seine Olle. Un beide Weibäs gingen auf mir los. „Los, Kuddl, runnä! Eingreifen! Du wirs doch woll nich dulden, daß den Wüsslink sein ahm schwache Frau..." Nu komms du!

Ich sach: „Ich wern den Doibel auch", sach ich, „erssens wiecht die Olle zwei Zentners. Zweitens, wenn annere Haare auffie Zähne ham, denn hat die – vielleich – noch Zähne unter den Haarpelz." Mein Natalje un Gesine sünd auf mir los as wilde Tigers. Bei die sünd je auch die Weibä die schlimmsten. Ich sollte ma zeigen, as wie ich Mitbestimmunk, Menschlichkeit und Gleichberechtigunk erns nehm tu. Abers bloß große Knochen in Mund... un wennas da auf ankomp... na ja un so. Da hatte ich nix mehr mitzubestimm. Ich wurde bestimmp. Gott sei Dank balläte unnä uns die Etaschentüä, dassie Dachluken auffIogen. Jungjehann verließ sein trautes Heim. Die Olle tremeliäte noch. Dood war ihr asso nich. „Nu geht ihn innie Kneipe", sach Natalje, „den... den... Unmenschen, den... Los, Kuddl, achter ran. Stoß ihn Bescheid, daß wir so was nich dullen tun." Kuck, auf düsse Tüä fordert deine Olle diä ma auf, dassu inne Kneipe gehn soss. As ich nach 'ne gute halbe Stunne wiederkam, hielt ich mich ein Eisboitel unnä das linke Auge. Es war schon ziemlich dick. Natalje un Gäh krichten Augens as Innuschtriekatoffeln. Ich sach: „Tschä", sach ich, „einklich wa gah nix los. Ich hap ihm bloß gefracht, ob er die Billers wieder annageln tut, die bei uns vonnie Wand gefalln sünd, als ihm seine Olle vemöbeln tat. Da sach er, ob mir das was angeht. Da habbich gesacht, meine Billers woll." – „Un vonnie Mitbestimmunk bei Menschlichkeit un Gleichberechchunk?" sach Natalje. Ich sach: „Bevor ich zu die Mitbestimmunk bei Menschlichkeit bezüchlich diese Sachens kam", sach ich, „machte ihm vonnie Sölpsbestimmunk Gebrauch und schob mich ein, den nich von schlechten Eltern wa. Den hätte ihm lieber seine Olle auch noch verpassen solln." – „Schäm diä", sach Natalje. Nu komms du! Das has du nu davon, wennu diä füä die heilichssen Gütä einsezzen tus. Vonnie Emanzipatschon bis zu die Mitbestimmunk, un sonn Hafenlöwe macht vonnie Sölpsbestimmunk Gebrauch. Nich ma Mitleid kanns äähnten. Bloß ein Veilchen, das auf mein linkes Auge blüht.

Vonnie Schugendpahtie

Was soll ich diä sagen, es klingelt, un wen steht vor die Tüä? Gesine, uns Pörrzi sein Muddä. Natalje sach: „Wie komp soonen Glanz in unse Hütte?“ sach sie. „Was füä ein Unfall veschaff uns die Ehre?“ Gesine sach: „Pörrzi will zu sein Aptuä-Feier bei uns zu Hause 'ne Schugendpahtie gehm“, sach sie, „Natalje, Kuddl, laß mir nich im Stich!“ Natalje sach: „Wennu uns schon sölps beehren tus“, sach sie, „kann es sich scha auch nich um ne nohmale Kattaschtrofe hanneln. Da steck denn ganz was anners achtä.“ Nu komms du!

Asso, Gesine sach, daß Sodom un Gomorrha gegen das, was ihr erwahten tut, ein schugendfreies Stück is, wo nich ma den ketholischen Obäzensuä- und Zittenwächcher in Spahnjen was gegen haben kann. „Komp bloß“, sach sie, „un pass ein büschen auf. Uns willer nich sehn. Abers auf euch hört ihm scha.“ Natalje sach: „Wenn ihr“, sach sie, „dein Olln, den Lackaffen un du, du... na scha, wir sünd vewahnt... auf was anneres gehört ham tätet, as auffen Zastä, denn hörte ihm auch auf euch.“ Tschä, asso, Pörrzi wa begeissert. „Erssens ihr sölps“, sach er, „das is schon 'ne Wuch in Zementsäcke. Un denn noch Ahbeiters as Ehepaa! Das is die Sensatschon füä alle Tüpen. Ihr seid die absolute Spizze vonnie Pahtie.“ – „Tschä, Kuddl“, sach Natalje, „denn ma rein un mittenmang unnä die mohdänen Klassenkämffers, die die Ahbeiterklasse assen Knüppel entdeck ham, mit den sie ihren Vatä verahschen könn.“ Nu komms du!

Pörrzi sachte, wir sollten ers ma innie Küche kucken, da solln ein paa Mädchens ein auf griechisches Menü machen. As wiä reinkam, mein Natalje un ich, hatten die grade den Kuchenteich beim Wikkel. Einklich muscha sagen, daß den Kuchenteich sie beim Wickel hatte, indem die vieä Mädchens, sie ihre Fingääs, sie ihre langen Haar un Teile von sie ihre Pullovers durch den Kuchenteich zu ein riesiges Kuddelmuddel vebunnen wahn. Das wah so, as... wie heiss den Kääl... den Lakeon oder so un seine Schungs, die vor die Fesse Troja damalige Zeit vonnie Schlange so um rum geringelt werden taten. Kenns doch! Steht in alle Musehums. Nachdem ich mein Natalje düsse Entwicklunk übälassen tat – un ihr bölkte, wassen griechisch Kochen füänen Sinn haben soll, indem dassie sölps nich ma mehr plattdoitsch kochen kann, widmete ich mir das annere schugendlicheVolk. Die wahn alle schon fix besoffen füän Anfang. Sie hörten auf sich mittie Mädchens zu umähmeln, assie mir sahen. Sie stannen auf und sangen den ersten Vers vonnie Internatschonale und wollten mit mich das Nähere von Klassenkamff beschnacken. Nu komms du! Ich sach: „Erkämff ihr euch man ers ma 'ne zittliche Grundhaltunk", sach ich „bevor mein Natalje hieä reinkomp. Hört auf, den Schinn auffie Goldfische zu gießen, nehmp die Schuhe von Schechslonk unnie Fingää aussie Dame. Sonns steht euch ein ungemütlichen Ahmt bevor." Du, Macker, die fannen das richchich gut, du. Die hielten das nich füä einfachen Benimm. Die dachten, das is proletarisch! Na, Macker, was soll ich sonns noch sagen. Das wurde denn richchich gemütlich. As mein Natalje ein paa in Tee hatte, brauchte ihr die Augens nich mehr zuzudrücken, weil ihr sowieso nix mehr sah. Un bis auffe kaputten Gläser, die Löcher vonnie Kippen innen Teppich un vollgekozzte Waschbeckens wa allns nohmal. Natalje hat bloß drei Mackers wegen Unzittlichkeit rausgeschmissen. Mohgens um fünf wahn wir mit Pörrzi alleine. Er sach: „Asche, Onkel Kuddl", sach er, „stinkbürgerliche Vorfeier." Ich sach: „Was heißt hieä Vorfeier", sach ich, „ich denk, ihr feiät Aptuä?" – „Nööö", sach Pörrzi, „die Feiä is ers in drei Wochen bei uns. Düsses wa ein Manövä." Nu komms du! Das soll Natalje die Gesine beibringen. Ich nich. So grausam kann ich nich zu Menschen sein. Auch denn nich, wenn sie sünd as Gesine is.

Vonnie Koalitschon

Natalje sach: „Kuddl", sach sie, „Tante Miene komp bei uns zu Besuch!" Asso, Kollege, ich weischa nich, ob du weiss, wassen Schreck inne Ahmtstunne is. Aber'n Besuch von Tante Miene is da rein gah nix gegen. 'N Schreck innie Ahmtstunne is gegen die ihrn Einmahsch 'n Zwölfer in Toto.

Ich hap mir bei düsse Botschaff innerlich so zusammgerissen, daß ich äußerlich nich ma mitte Wimper geklimpert hap. Denn Tante Miene is mein Natalje un ihrn Bruder Fiete sie ihre gemeinsame Erbtante. Du, ihr soll so bummlich 60.000 Eier auffas Konto ham! Un so hoffen beide Femieljen auf sie ihr balliges Enne. Was füä uns den Anfank von ein Lehm in Reichtum, Glück un Wohlstand sein täte. Das mach füä scheden 30.000 Piepen. Stoiän un so nich gerechnet.

Abers nu hat Tante Miene Fiete un sein Tine in Zohn velassen. Asso, as sie ihnen das lezze Ma heimsuchen tat. Tante Miene hat gesach, wenn ihr inne Grabbel geht, denn kriegen Fiete un Tine nich 'ne müde Mahk zu bekucken. Sie will ihre Eier nich voä Kamele werfen, oder so.

Kuck, un da ham ich un Natalje uns fix ausgerechnet, daß düsses füä uns 2 x 30.000 Mahk is. Mach 60.000! Tschä, wir sünd noch ausse olle Schule. Perfeck inne Grundrechenahten. Behääschen wir in Schlaf.

Wennu 60.000 Pieselotten inne Pupille has, denn dahf dich die Perspektife von Tante Miene ihrn Besuch nich schrecken. Ich sach: „Wie schön", sach ich, „wie schön, Natalje! So dürfen wir ihr die lezzen bittren Schritte in düsses Schammertal noch'n büschen vegollen, um unse Zukunf zu versilbern!" – „Kuddl", sach Natalje, „Kuddl, tu nich so. Ich mähk doch, du büss degegen. Das mähk ich. Du brauchs bloß sagen, dassu nich wiss..." Abers, Macker, den Doibel werd ich doch! Oder? Damit ich mich denn spätere Schahre, wenn wir in

Ehrnberch seine Rentensuppe an Sonntach olles Schwahzbrot krümeln dürfen, mir anhörn kann, dasses meine Schuld is, daß wir uns nich ma 'n Salzhering leissen könn, indem ich – damalige Zeit – Tante Miene sie ihrn Besuch je nich ham wollte. „Doch, doch, Natalje", sach ich, „asso ehrlich. Ich bün so außer mir vor Froide, daß ich mir mit 'ne Wäscheleine anbinnen muß, damit ich nich ganz ausse Tüte komm!" – „Kuddl", sach Natalje, „lüch nich. Ich mähk dich das doch an!"

So geht das denn 'n paa ma hin un her. Büss ich auffie Palme komm un losbölk, sie soll – in Dreidoibelsnahm – das olle Pestür doch in uns üppich ausgestattete Sozealwohnunk holn. Den Papagei mit sein Krach un Gestank habbich je auch zwölf Schahre aushalten müssen. Kuck, so is einen saftigen Krach da. Un Tante Miene is noch nich ma eingetroffen.

Da geht denn das richchige Matührjum los. Wenn ich vonne Ahbeit komm, krich ich mein Fraß nich inne Küche. Nee, es wird inne Stube gegessen. Un ich dahf allns rein- un rausschleppen. Indem Tante Miene sonns denk, daß wir keine Kultuä ham. As Natalje sach. Un glaup scha nich, dassas bloß Bratkatoffeln gip. So, as sonns. Nee, da muß Bratwuss oder Kottlett bei. Un ich dahf Natalje mehr Haushaltsgeld gehm. Annas Spahbuch mussen wir auch ran. In Pantoffelkino wird bloß angekuck, was Tante Miene will. So komms auch noch um dein wohlähwobenen Ähger oder um dein Fähnsehschlaf. Mein Bieä oder Köm krich ich auch nich. Schmöken muß ich auffen Lokus. Tante Miene is ein fantastischen Abstinenten un will ihr Geld nich Loite in Rachen stoppen, die das füä Giff ausgehm. Un denn sach ihr scheden Ahmt übä ihr Strickzoich: „Na, Kuddl", sach sie, „nu erzähl ma 'n büschen, wassu so belep has!" Un wenn ich denn da 'übä tüftel, was anne tächliche Scheiße Besonneres wa, denn leiert ihr schon los, as wie glücklich ihre Ehe wa. As wie einsam sie nu is.

Macker, das habbich noin Tage lang durchgehalten. Sölps die freien Tage. Abers as ihr denn sachte: „Asso, so gut isses den Ahbeiter früher nich gegangen. Wenn ich da annie Zeit mit mein liehm Jehann denken tu!“ sach Miene, „Das ham wir uns allns nich leissen könn. Schon das Essen! Nein, nein! Füä uns wa es schon das höchsse Glück, wenn wir in Gahten mang die Rosen saßen un uns bei die Hänne hielten!“ Kollege, da krichte ich ’n Bläckaut. As den Gebülleten sach.

„Du büss mit dein Jehann nie in Gahten gewesen“, bölk ich, „da isser bloß hingeflüchchet, weil ihn ma’n Bieä in Ruhe trinken wollte. Un Rosen wa’n da auch nich in. Da wars du viel zu geizich füä. Mussen je lieber Ketoffeln hin. Un anne Hand has dein Johann bloß gefass, wennu ihn die Lohntüte abgenomm has!“ Nu komms du!

Tschä, Macker, da wa Tante Miene ihrn Besuch beennet mit. Un ich un mein Natalje sünd die Entähbten. Von den Krach, den wir mit sie un ich un mein Natalje unnernanner hatten, will ich nix von sagen. Mein Natalje hat Wohte gebrauch, du, die finns nich ma innie mohdänse Literatuä. Kurz un knapp: Spahbuch geplünnert, Ähbe flöten un Rauch inne Femieljenküche. Du wolltes was ähben un büss beähp worn.

Du, un denn treff ich Fiete Piepenbrink. Asso, Natalje ihrn Bruder, wascha meinen Schwager is. Ihm hat mir mit seine blauen, rotgerännerten Säuferaugen angepliät un sach: „Kuddl“, sach er, „wie konntes du mich das bloß antun? Nu hat Tante Miene sich wieder bei uns zu Besuch angemellet!“ Denn latschte ihn weiter. So, as einen gebrochnen Mann innie Romane.

Kollege, das wa den Momang, in den ich aus Leiden, finanziellen Veluss un kaputte Nähven zu staatspollitische Einsichchen vorgedrungen bün. Ich wußte mitten ma, was ’ne Koalitschon is un was Koalitschonsvehannlungen bedoiten!

Vonnen geissichen Raum

Öih, Macker! Du, ich habbes scha ümmer un ümmer wiedä gesacht: „Den Olln hannelt mit Schrott un Plünn", habbich gesacht, „macht da'aus Kies wie nix, un denn? Denn läss ihm sein Schung auffie Unität los un da denn noch auffen Geiss ins besonnere. Soll mir ma velangen, was dabei rauskomm tut." Un was meins woll, da sizz uns Neffen Pörrzi bei Natalje innie Küche zu Kaffeh trinken un mein Natalje hat schon wiedä sie ihr rote Ohrn. Wascha füä Stuäm innie Küche ein Sichnal is.

Natalje sach: „Kuddl", sach sie, „es ischa zun Glaum nich da an! Pörrzi sach, dassie nun beikomm wolln un vebieten uns Pidder Lüng. Dascha sonne Dollheit, dasses 'ne unmöchliche Möchlichkeit is." Ich kuck Pörrzi an. Den sizz da in sein amerikahnschen Landahbeiterluck mit seine langen blonden Germanenlockens zu grienen. Übä alle vieä Backen griente ihn. Ich sach: „Dascha nix besonneres hoitigen Tachs", sach ich, „hoite ischa das Unmöchliche möchlich. Wenn sie aus olle Fachahbeiters as wie Modelltischlers un Sezzers elektronifizierte Affen machen, den goldenen Boden vonnas Handwähk durch ein fotografischen ersezzen, wa'um solln sie denn nich auch beikomm un vebieten uns friesischen Freiheitshelden Pidder Lüng. Ihm wird ehm auch durch ein Kommpjuter ersezz. Statt Pidder Lüng mit ein Kommpjuter zu Freiheit unnie wohlähworbenen Steuän!"

Natalje hat mit sie ihrn Kopp geschüttelt, auffen Tisch gehaun un gebölk, daß sie – Natalje Schnööf – da höchspehsönlich gegenan gehn tut. Mit sie könn sie das nich machen, hat sie gesacht. Mit sie nich. Sie will wenichssens lesen un zitiän könn, daß damalige Zeit ein friesischen Bauän sonnen adeligen Steuäeintreiber in sein damfenden Kohl ersticken tat, nachdem denselben in denselben gespuck hatte. „Die Morslöckers da ohm", bölk Natalje, „die werd ich sie ihre Lohnsteuästreifen in Rachen stoppen. Freiheit! Lewer dood as

Slaw!" Nu komms du! Die Olle will nich bloß Freiheit ham zwischen das ersse, zweite un dritte Pregramm ins Pantoffelkino zu wähln. Die sünd alle gleich beschissen, sach sie. Nee, ihr will wirklich un warraftich auch noch die tetale Steuäfreiheit mit ein freiheitlichen Venichtunksfeldzuch gegen die Viehnannsbeampen.

Ich sach: „Pörrzi", sach ich, „was has du dein Tante wieder füä Grappen in Kopp gesezz? Ich denk, du studiäs Geisseswissenschaffen. Abers wassa bei rauskomp ischa woll reinen Blech. Den Beruf von deinen Ollen schlächt je woll ümmer wieder durch. Abers das sach ich diä, du Schnösel, da is dein Tante Natalje nich füä da, dassu sie Schiet, Plünn, Schrott un Kanehl innen Kopp stoppn tus."

Pörrzi kuckte mir so troiherzich an as ein Kalb den Koppschlachter. Denn sach er: „Onkel Kuddl, auf Ehre", sach er, „ich hap Tante Natalje bloß gesach, wassa bei rauskomp, wenn wir schegliche Fohm von Gewalt ablehn müssen. Wassie da ohm nu sche mittn mal alle wolln." – „Dascha allns Tühnkram", sach ich, „isses vielleich ein Benehm as wie auffie Tanzstunne, wenn sie dich dein Ahbeitsplazz unner dein Mors wech ratschenalisiän? Dascha woll auch Gewalt, oder?"

Pörrzi sach, dassie sagen, daß schegliche Gewalt aussie Polletik aus raus muß. Ich sach, dassie denn scha die Bunneswehr diäeck innen Ahbeitersamariterbund übäführn könn. Pörrzi sach, dasser bloß füä den geissigen Raum füä zustännich is. So, assie Pollitikers auch. „Ahbeitsplazzvenichchunk un Bunneswehr", sach er, „Onkel Kuddl, das is nix Geissiges. Ich hap nu Tante Natalje bloß veklickert, was aus den geissigen Raum alles raus aus muß. Von wegen die Gewalt. Mit Pidder Lüng unnas Gedich von Lieljenkron wa ich grad angefangn." – „Freiheit", bölk mein Natalje, „lewer dood as Slaw!"

Ich sach: „Nu halt doch ma dein Rand", sach ich, „büss du ein Studenten, den zu kämfen un demonschtriern anfänk, bevoä ihm weiß wofüär? Pörrzi, lech ma los." Pörrzi sach, dassie dabei sünd un machen 'ne Vebotslisse füä den geissigen Raum as sochchen. Die wolln sie den Filbinger, den Dregger un den Vogel schickn. Die solln das denn alles aus den geissigen Raum aus rausnehm. Nu komms du!

Pörrzi sach: „Ersma das ganze alte Tessament", sach er, „nix as wie Gewalt, Mohd un Doodschlach. Raus! Damit wird das Studjum vonnie Tehologie auch kürzer. Ich komm schon auffie Modähne, Onkel Kuddl!" Ich wollte mir ein büschen lang machen, denn das mußte je 'ne lange Latte gehm. Pörrzi sach: „Schillers Willem Tell", sach er, „diäeck raus, gehört zu die Sümpattisanten. Ehmso Ernst Moritz Arndt. Der Gott, der Eisen wachsen ließ... Un denn Kleist, Hermannsschlacht. Schlagt sie dood, das Weltgerich fracht auch nach den Grünnen nich. Bismarck fliecht so gut wie ganz aussie Geschichche. Pidder Lüng, ischa auch ganz klah. Ersma frei sein wolln un denn noch keine Steuän bezahln..." – „Pörrzi", sach ich, „macht ihr euch das nich 'n büschen leich?" – „Nee", sach Pörrzi, „ob Goethes Egmont auch veboten gehört, da knobeln wir noch an rum, indem den Freiheitshelden da die Rübe abkricht." Nu komms du!

Natalje sach: „Un Automatisierunk", sach sie, „den Pähsäschah, all den Hunger, das Elend, das Unrech innie Welt? Scheden Ahmt siehs das in Fähnsehn." – „Das gehört nich innen geissigen Raum", sach Pörrzi, „un wenn die doch ma ungeissich dagegen angehn, denn ham wir das Rech, die Mach, den Schtaat, die Pollezei, die Bunneswehr, das Geld, allens das ham wir auf unse Seite!" Nu komms du!

Mein Natalje hat gesach, daß Pidder Lüng nich mehr zu retten is. Sonn Macker ischa hoitigen Tachs diäeck gegen unse Intressen. Was nüzz diä geissige Freiheit, wenn sie dich ganz ungeissich vor die Schnauze haun könn?

Vonnie Seemanntick

Asso, Macker, mein Neffen Pörrzi – ihn ischa nu ein vonnie akadömlichen Flegels – ihn sach, den Kaminski is ein plietschen Kopp. Ich scha sowieso. Wa'um? Weil wir die Seemanntick unnie Seemannticker, as sochche, entlahft ham.

Du weiß nich, was das is? Ich auch nich. Abers Pörrzi hat mich un Natalje das genau aussenanner posamentiert. Asso, Kollege, das is 'ne Wissenschaff. Pörrzi sach, ihr dient dafüä, die Tatsachen zu veschleiern oder die Wohte füä 'ne Tatsache so rumzudrehn, bissie das Gegenteil bedoiten oder `ne Tatsache innas Gegenteil vonnas Woht zu vewanneln.

Asso, wennu was siehs, denn denks du, du hörs nich richchich. Un wenn was hörs, denn denks du, du siehs nich richchich. Das du, asso, denks, du ticks nich richchich, wenn du denks, du denks richchich. Klah?

Daher je woll auch den Nahm: Seemanntick! Seemann mit Tick, wie Matrose mit Meise.

Pörrzi sach, es is den Vesuch, auf wissenschaffliche Grundlage, entweder deine Gehirnwinnungen oder die Tatsachen, nich, beziehungsweise beides zu vebiegen.

Wa'um? Damit das Unmöchliche dich nich assas Wirkliche vorkomp. Bleip noch'n büschen sizzen, Macker, ich bün nich beklopp! Ich veklicker diä bloß, was Pörrzi uns veklickert hat. Wennu was Beklopptes hörs un siehs, denn muß nich du beklopp sein. Es kann je auch annie Tatsachen liegen. Un es is ehm die Aufgabe vonnie Seemannticker, da zu sohgen füä, nich, dassu denks, du büss den Matrosen mit 'ne Meise. Is so, as wie Wahlkamf.

Nehm wir ma 'n paa Beispiele as sochche.

An einfachssen, sach Pörrzi, is bei die Seemanntickerei die schlichte Veblödunk. So sagen sie: Den Ahbeitsmahk enspant sich. – Das heiß, du wirs ahbeitslos! Oder: Das Preisgefüge entzerrt sich. – Das heiß: Die Preise klettän so fix wie die Schimpansen innie Bananen, un du berapps.

Den Trick vonnie Seemanntick, sach Pörrzi, is hieä, du soss denken: Kann kein Aas was füä! Is wie Brummschädel nach Saufen!

Oder, sach Pörrzi, in nächssen Fall: Sollidarität, Disseplin, Sicherheit. Das wird gesacht, wenn wir alle mit ruhich-fessen Schritt achter die atemaren Mittelstreckenraketen achter ran maschiän solln, die die Amis auf unsen Boden fess in ihre Hand ham, un die uns mit Sicherheit den Iwan seine auffas Dach bringen

Den Trick, sach Pörrzi, den is, du soss denken, es issas höchsse vonnie Gefühle un nich wie wenn Ossern un Finksen auf ein Tach falln.

Den drütten Fall, sach Pörrzi, is die Sozealflichchichkeit vonnas Eigentum. Da wird so lange annas Sozeale gedreht, bis es sich veflüchticht un allen das Eigentum bleip.

Hieä, Macker, is den Punk, wo die Seemanntickerei diäecktemang innie Schurisserei übägehn tut. Un da steht unsenein sowieso machlos wiehsa wiehs. Nu komms du!

Macker, ich wa noch mehr vonnie Socken as du!

Bloß füä mein Natalje is das nix Noies. Sach sie. Wo ihr woll sonns in uns Ehe abgebliehm sein täte, wenn ihr nich ümmer schon auffen Standpunk as sochchen gestannen hätte, dassas Gegenteil wahscheinlich richchich is.

Natalje tick gegen Seemann! Sie sach: „Den Dieter Hillebrand is füä mir den einzichssen Realpollitiker!“ Wa'um? Sie sach: „Wenn die Pollitikers ihre eichne Satire sünd un sich sölps zun Wizz machen, denn is den ein Pollitiker, den die füä'n Wizzemacher halten.“

Du, Kollege, da wa sölps uns Pörrzi platt. Natalje sach, daß düsse Seemanntickerei 'n ganz schmales Brett is. Ihr geht da nich rauf. Sie tick nich Seemann, ihr tick richchich. Sach sie.

Asso, ich hap da scha lange übä simeliät, nich. Abers uns Pörrzi wa hellewech begeissert. Ihn sach, Natalje hat die Grundlage gelecht füä 'ne Strategie gegen die Seemanntickerei. Wennu denks, du siehs nich richchich oder du hörs nich richchich, grade denn liechs du richchich. Indem sie uns einticken wolln, dassie Wirklichkeit nich das Unmöchliche is, muß unsenein davon ausgehn, dassas Unmöchliche die Wirklichkeit is. Sach Pörrzi. „Da'aus", sach er, „wern wir die Waffe des kritischen Nataljismus schmieden!"

Unnu, Kollege, komp das Döllste! Lees ich doch innie Zeitunk, daß den Professer Wildenmann rausgefunnen hat, dassie Studenten „links" sünd – ein unerhörtes demokratisches Pontifikat, oder so – abers, sie sünd nich „sozallisisch". Sach Wildenmann. Weiß doch, den Makker, den innie Wahlnach ümmer auffie Mattscheibe sach, wieso unse Mattscheiben grade düsses Ähgebnis der Stimmlotterie herbeiführn mußten.

Kuck, die Studenten ham sich auf den Standpunk gestellt, daß wir in Wirklichkeit nich sünd, was gesampdoitsch behauppet wern tut.

Sie wolln in unsen Rechsstaat, daß links was zu bekucken hat. Indem füä ihr Volkshäärschaff nich is, dassie Häärn das Volk schaffen, sonnern das Volk die Häärn abschaff.

Unnie Häärschaff vonnie Ahbeiterklasse is füä ihr nich Sozealismus, wenn ein paa Genossen die ganze Häärschaff so genießen, daß füä die Klasse bloß noch die Ahbeit bleip.

Das sünd die erssen Ähgebnisse von Pörrzi sein kritischen Nataljismus. Da hat den Wildenmann nix von gesacht. Da hatte woll schon wieder sonn Seemann 'n Tick! Indem den wilden Mann sich zahm ausdrücken tat!

Vonnie einfachen Froiden

Asso, Macker, auch die Vegnügen des kleinen Mannes kommen innie Krihse. Nich bloß den sogenannten Jett-Sett is da betroffen von un kann nich mehr übä die Sahara in 'n prifates Düsenfluchzoich nackige Pläihgörls trockenen Seck auffen foichten Mors kippen, nee, auch unsenein Vegnügen komm inne Mangel. Wir müssen ehm alle Opfer bringen.

Wir könn nich mehr mit 'n prifates Auto aus reine Wolluss durche Gegend juckeln unnie Luff vestänkern. Benzin is zu toier. Bunnesligafußball is auch nix mehr. Is as wie Polletik. Kriss füä toires Geld zu wenich geboten. Bloß 'n paa Aktife komm bessens übä die Runne unnie annern ham sich die Gräten vebogen. Sölps gehobene Kreise, Kollege, kaufen weniger Büchers. Ischa kein Wunner. Schließlich hascha hoitigen Tachs genuch zu kriegen mit die Veklemmungen innie eichnen Gehirnwinnungen. Kanns diä nich noch mittie Knicke inne Antennen von annere Loite befassen.

In sonne krihsenhaffe Situatschon as sochche, Macker, da blühn die Alternatifen. Nich nur as Veilchen aufs Auge vonnie etabliäten Pahtein. Nee, du muß ihr sölps finnen. Un entdecks die Froiden des einfachen Lehms, reschpektife die einfachen Froiden des Lehms. So zun Beispiel, daß auch den Genneraldiäekter Maggahine auf Brot essen tut.

Vonnie einfachen Froiden des einfachen Lehms gip das zwei Sohten. Sochche die du durch Zeitunk, Rundfunk, Fähnsehn gegen geringes Entgelt geliefert kriss, un sonne Froiden, die du dich sölps machs. Da has bloß die Ahbeit, düsse Froide ersma zu finnen. Ansonnssen issie billich bis kossenlos.

Da liefern uns die Mädien die Froide, dassie Ölscheichs unnie Multis mit den Benzinpreis inne Knie gehn. Froihet euch, schubiliert un frohlocket! Es ischa bloß so, wenn die inne Knie gehn, denn kriechen wir schon auffe Brusswahzen. Abers, du kanns diä scha auch froien, dassu nix zu fressen has, weil die Spekulanten auf ihr Getreide sizzen bleihm. Den Glücklichen schlächt kein Ferd. Das denk bloß Hänschen Apel, wenner die Rechnunk füä die Tohnados inne Hand gedrück kricht.

Tschä, bezüchlich die sölps entdeckten Froiden, wo du die Ahbeit von has, da ham wir den Alterssex. Ich mein, gegehm hattes ihm ümmer je schon. Bloß hoite wird da viel übä gesabbelt. Es gip ehm Tüpen, die muß du sagen, dassie was trinken solln, wenn sie Durs ham. Von sölps komm die da nich auf. So hat auch mein Natalje den Alterssex entdeck. Un ich hap da nu die Ahbeit von. In unbezahlte Übästunnen muß ich ihm ihr wieder ausreden.

Abers mein Natalje sach: „Kuddl", sach sie, „in Krihsenzeiten is Alterssex höchsse Bürgertugend. Du has da lange zu kriegen mit, komms auf keine annern dummen Gedanken un Aktifitäten, un den Schtaat brauch sich um Kinnergeld nich zu sohgen!" Nu komms du!

Macker, so könn die einfachen Froiden zu vielfache Ahbeit un deine Belassunk zu Entlassunk des Staates führn! Sölps das einfache Lehm is nich mehr einfach. Sonne Krihse mach vor nix halt.

Bedürfnisanstalt Schnööf

Bedürfnisanstalt I

Öih, Macker, asso ich kann mir knapp noch bergen vor all' die Hörerposs. Nee, nich die, wo in steht, dassie mir woll vegessen ham bei das Vegasen damalige Zeit. Oder, daß ich ein von die bün, die das doitsche Volk seine in alle Freiheit ähwohbenen Prügel, Ahbeitslose, Radioaktiffetät un Niedrichrenten nich gönnen, un die lieber den Albrech aus Niedersachsen mit seine krissliche Femieljenhausmusik hören wolln. Düsse Poss kriech ich gah nich ers innie Fingers. Die geht diäeck an den Pregrammbeirat. Den muß denn enscheiden, obber mir absezzen tut, oder obber mir 'n Leipwächcher – asso 'n Gorilla – stellen soll.

Nee, asso, ich mein all' die Briefe, wo die Loite von mir, Kuddl Schnööf un mein Natalje, wissen wolln, wassa einklich so achcher stecken tut un so. Die gehn diäeck an mir.

Einen Schreiber fracht mir, was ich vonnie Fesstellunk von den Bremer Zehdehu-Polletiker Bernd Schulte halten tue. Den hat – bezüchlich den Bahro – gesacht, ihm soll nich annie Unität von Bremen. Öffentliche Geller dürfen nich dazu dienen – wöhtlich – „die Bunnesrepeblik un sie ihr kapptalissisches Süschtem zu kritisiän." Un denn hat den Schulte den Bahro seine „wissenschaffliche Kwallifikatschon" bezweifelt. Nu komms du, schreip düssen Schreiber. Tschä, asso, Macker.

Zu erssens:

Ich seh sche gah nich ein, wa'um wir nich Geld ausgehm solln, unsen Schtaat unnie sozeale Mahkwirtschaff zu kritisiän. Schließlich un endlich, nich, gehm wir sche auch Geld füä Apgeohdnete aus, die beide blamiän.

Zu zweitens:

Asso, bezüchlich die wissenschaffliche Kwallifikatschon, da isses sonne Sache mit. Indem scheden Döösbaddel übä ihr unkwallifiziäte Bemerkungen machen kann.

Schon frühere Zeiten hat einen auffas Sterbebett gebölk: Mehr Lich! Ich weiß nich mehr, ob das den Diäekter vonnie Bremer Ellektrizitätswerke wah oder einen anneren Fillesofen.

Wenichssens hat die ketolsche Kirche, damalige Zeit, den Galilei nich bloß annie öffentlichen Geller, sonnern mit 'n Scheiterhaufen annie Wäsche gewollt, un seine wissenschaffliche Kwallifikatschon bezweifelt. Düssen Erfinner vonnie Gallensteine, den Gallilei, sachte nämlich, dassich die Ähde – gewissermaßen – um 'ne fesse Achse drehen tut!

Vielleich sollte den Bremer Polletiker ma wissenschafflich unnersuchen, ob **seine** fesse Achse, um die sich allns drehen tut, vielleich in Bayern liecht. Asso, wenn das an dem is, nich, denn sünd nohddoitsche, polletische Mißweisungen unvemeidlich, wissenschafflich gesehn. Mein Natalje wah übä düsse Antwoht ech begeissert. Nu komms du!

Natalje sach: „Kuddl“, sach sie, „du büscha as wie: Karel Liebknech, Frempwöhterbuch füä Ahbeiter. Bloß auf mohdän!“ Ich sach: „Dascha Kwatsch, Natalje“, sach ich, „füä die Ahbeiter hoite is doch Karel Liebknech schon ein Frempwoht. Oder? Wie seh ich das? Nkd!“

Da 'um ham ich un mein Natalje beschlossen, indem sich die Loite mit Bedürfnisse an mir wennen, die ich as sochche – gewissermaßen – befriedigen soll, asso, zweck-en-spre-chend zu benenn. Das heiß da 'um: „Hieä sprich die Bedürfnisanstalt Schnööf!“

Nu komms du!

Bedürfnisanstalt II

Öih, Macker, hieä sprich die Bedürfnisanstalt Schnööf. Alle, die ihr hören, brauchen den Mühlfenzl vonnie bairische Mattscheibe nich zu glaum. Indem du schon vorher weiß, was den Kollegen auf 'ne Frage achterran antwohten tut. So gesehn, erfüll ich hieämit auch das Bedürfnis nach ein Enähgiespahpregramm. Indem diä den annern erspahn kanns.

Einen Kollegen aussen bairischen Wald schreib, dasser das Bedürfnis hat un will endlich ma wissen, wo den Unnerschied in liegen tut mang Wohlstansakkeholismus un Akkeholmißbrauch.

Düsse Antwoht habbich mein Natalje ausahbeiten lassen. Asso, ich pehsönlich as sochcher, bün da womöchlich befangen in. Ich sach das auch, assso, wenn mir ein wegen düsse Antwoht ma wieder die Fresse poliän will, dasser sich diesbezüchlich annen Richchigen wennen kann.

Mein Natalje sach: „Früher ham die Ahbeiter gesoffen, um sie ihr Elend in allgemeinen Wohlstand zu vegessen. Hoite saufen alle, um sie ihrn Wohlstand ins allgemeine Elend zu vegessen. Den Gegensazz is zu sehn zwüschen: Elendsakkeholismus un Wohlstandsakkeholismus. Un Wohlstandsakkeholismus ischa, wennu diä das Elend, finanziell gesehn, leissen kanns. Während annererseits – umgekehrt – das Elend da'in zu sehn is, dassu diä den Wohlstand nich leissen kanns. Den Akkehol mach bloß allns trachbah.

Ganz was anners ischa den Akkeholmißbrauch, nich? Akkeholmißbrauch ischa, wennu da die Fensser mit puzzen tus. Oder Weinbrand vor 'ne Wahlrede getrunken wird. Denn angeblich soll Waheit nur in Wein allein liegen. Da ihr aber bei düsse Gelegenheit in denselm liegen bleip, is füä die Zuhörer nur den Brand übä. Sie bleim denn bei nächse Gelegenheit as gebrannte Kinner zu Hause. Kucken sich vonnie doitsche Musikszene den – wie heiß ihm noch –

den Achtersten, asso den Heck, an un trinken ein Konnjack, damit sich der Magen nich umdrehn tut. Abers düsse Aht is keine reine Aht von Akkeholmißbrauch, sonnern eine Folge vonnen Mißbrauch vonnie Musik.

Das, Mackers un Mackerienen, wah die hoitige Ausgabe vonnie Bedürfnisanstalt Schnööf.

Bedürfnisanstalt III

Öih, Macker, hieä mellet sich ma wieder die Bedürfnisanstalt Schnööf. Mich liecht das Schreiben von eine Ahbeiterwitwe mit fünfhundertachzig Mahk Rente vor. Asso, monatlich, nich wöchentlich! Düsse Dame hat nu das Bedürfnis un will wissen, ob das mit die ewich steigenden Steuän so weitergehn soll un wann nu, endlich, die Grenzen von Wohlfahtsstaat erreicht sünd.

Liebe Frau Kunigunne, as Leserin vonnie Bildzeitunk machen Sie sich kein ganz richchiges Bild. Sie lehm in einen sozeal-liberalen Schtaat auf krissliche Grundlage mit konserfatife Tappezierunk. In einen sochchen Schtaat dienen die Steuän nich bloß die Volksgesundheit. Wir bezahln damit nich bloß Beampe, die Büroschlaf halten, den, bekanntlich, den gesünnesten is. Nöö, aus dieselm, diäekte un indiäekte Steuän, wird auch Sie ihr Beihilfe zu die Miete bezahlt.

Da 'um muß man das Ganze höchs differenziät sehn. Füä die diäekten Steuäzahler is die Grenze denn erreich, wenn, asso, den Biedenkopf wegen die zusäzzlichen Kossen vonnie Auflösunk von seine unauflösliche Ehe annie Straßenecken um Brot betteln un auffen Hof singen muß.

Bei Sie liecht den Fall anners. Bezüchlich Sie geht es nach die Bibel: Wer da hat, den wird gegehm. Un wen nix hat, den wird auch das genomm wern! Sie ham so viel as nix. Füä Ihnen is den zweiten Teil von düsse Fesstellunk zustännich.

Wenn Sie ihre Rente füä Miete un indiäekte Steuän ausgehm müssen unnie Heizkossen höher sünd as Ihre Mietbeihilfe – asso, ers wenn Sie nix mehr abgenomm wern kann, bevor Sie was gekricht ham – ers dann sünd die Grenzen von Wohlfahtsstaat erreicht. Aber, liebe Frau Kunigunne, so weit sünd wir noch nich. Düsses Preblem, as sochches, kann ers dann auftreten, wenn wir das Geld, was wir füä ein Berufsausbillunkswerk nich hatten, füä die noie Rüssunk ausgehm.

Das wa füä hoite die Bedürfnisanstalt von Kuddl Schnööf. Beschwerden bein Intendanten, dassas alles so traurich is, sünd nuzzlos un da 'um zu unnerlassen. Denn, as den Volkes Mund sach: Trauchrich abers wah. Un da'aus folgert, Macker, dassie Wahheit ehm traurich is.

Bedürfnisanstalt IV

Öih, Macker, hieä mellet sich wieder ma die Schnöffsche Bedürfnisanstalt, in die du allns loswern kanns, was doitsche Seele un dein Gewissen bedrücken tut. Nebs deine Blase.

Asso, ich kann mir gah nich mehr wehrn vor all die Bedürfnisse, die wissen wolln, was den Dutschke wirklich füä 'n Macker is. Genau genomm wa. Seitdem ihm dood is, unnie Loite alle gelesen ham, was innie Springerblätter übä ihn stehn tat – un innie achteren Gehirnwinnungen noch tickte, wassie frühä da gelesen hatten, nich – wolln sie nu von mir, Kuddl Schnööf, wissen, wasser wirklich wa. Dassen echches Bedürfnis.

Einen Kollegen schreib, wenn sie das bei den Kahssens nach sein Enne ehmso machen, denn wa ihn einen internazzenalen Landesveräter, den in Kazett saß.

Nu höä ma zu, düsse Angelegenheit ischa ganz einfach. Macker, du muß diä die Biller ankucken, die Springer früher von den Dutschke rausgebrach hat. Denn weiß du, aschklah, Bescheid. Rassisch gesehn!

Auf frühere Biller sah den Dutschke aus as einen Indianer, den Kapptalissenkinner zun Frühstück fressen tut. Ohne Senf. As Drakula in Sommervegnügen. Un as den Rudi dood wa, konns lesen, dasser einen guten Menschen wa. Tschä, Macker, nur den dooten Indianer is einen guten Indianer. Asso, wissen wir wenigstens eine Sache ganz genau. Wo ihm dood is: Rudi Dutschke wa – rassisch gesehn – einen Indianer!

Wissu vielleich auch noch wissen, wassie Springerpresse is? Auch das ischa hoitigen Tachs aschklah! Oder?

Ihr wird innas prifate Fähnsehn den Haupgewinner! Das is noidoitsch. Zaster, wen Ehre nich gebüät. Macker, wennu nu noch Bedürfnisse has, nich bei mir! Geh auffie Tohlette!

Bedürfnisanstalt V

Öih, Macker, nachden Schmidt-Schnauze füä ein Staatsmann gehalten wird, isses füä ümmer mehr Doitsche ein Bedürfnis zu wissen, wie den Strauss es schaffen will, von ein Rasenpinkler bei 'ne Partih zu einen Skätbohdfahrer auffas diplematische Pahkett zu awankziän.

Asso, Loite, Kollegen, Menschen, dascha ganz einfach. Asso, ich möchte sagen würden, es ischa nix einfacher as so was! Macker, kuck dich bloß Strauss sein Nacken an. Wenn ein so vollgefressen in Wahlkamf gehn tut, du, denn steck da noch ganz was anneres achter.

Innie schnööfsche Bedürfnisanstalt soss hörn un belehm, wassa achter steck! Asso, erssens: Ein bismarkdoitschen Bayern boicht seinen Nacken vor Welsche nich!

Kuck, den Strauss is so fett un ohne Nacken, damit ihn ers gah nich in Velegenheit komp un boigen ihm. Wen sich die Gelegenheit vorwech nimp, komp gah nich ers innie Gelegenheit, in die ihm umkommen kann.

Denk bloß ma an Strauss sein Besuch bei Barre. Die Franzosen ham scha die Amis mit sie ihre nachträchliche Verteidigunk vonnas vorher Velorene auffen Bauch lannen lassen. „Wir sünd nich den Hinnerhof vonnie USA!" hat sie ihrn Außenminisser gesacht. Tschä, Macker, indem nu die Doitschen sich veflichchet fühln – indem es Satelliten nur in Ossblock gehm tut – die nachträchliche Veteidigunk noch nachträchlicher zu machen, isses scha schwer un bleihm ein Satellit un einen Franzosenfroind. Denn, nach die sünd wir scha einen Hinnerhof vonnie USA.

Schmidt as Staatsmann hält ma seine Schnauze. Dascha kein Kunsstück. Sölps as ein Nichhamborger kanns scha kapiän, dassu ein Sack voll Feffer nich gleichzeitich vekaufen un behalten kanns.

Nich so bei Strauss. Den bairischen Franz-Josef kann beides mitten mal. Einerseits stimp ihn die Franzosen zu, daß **sie** nich Hinnerhof vonnie USA sünd. Da 'um tobt ihn, innenpolitisch, rum, daß wir die USA voll stüzzen müssen. Das is annererseits. Da is Strauss den Vorsänger vonnie USA auffen Hinnerhof derselm. Asso, den Makker is füä 'n Hinnerhof as wie geboren! Polletisch gesehn. Ihn stimp, außenpolletisch, die Franzosen voll zu, die ihn, innenpolletisch, voll ablehnt.

Unso komm wir, Kollegen, auffen zweiten Grund füä seine fette Nackenlosigkeit.

Nach die Wahlniederlage müssen bei die Polletkrissen Köppe rolln. Un as ollen Pahteischahfrichter – den den Kohl den Kopp abgehaun hat – weiß Strauss: Du dahfs den Henker mit sein Hackebeil keine Schangs bieten! Da 'um hat ihn schon vor die Wahl den Hals abgeschaff. Mittels denselm den Henker den Dööz von Rumf trennen kann.

Auch da is Helmut den Erssen viel staatsmännischer. Ihn tut gah nich ers so, as ob ihn Grundsäzze un ein Kopp zu veliän hätte!

Loite, Beschwerden ham kein Sinn. Düsses is 'ne ausgewogene Sennunk! Die FDP is in düsse Bedürfnisanstalt bloß deswegen nich angepinkelt worn, weil den Genscher seine Segelohrn – mit die ihn vor alle wess-össlichen Winne segeln tut – asso, düsse selm auch as Regenschirm hochklappen kann. Ihn hat ümmer trockne Mehrheitsfüße. Auch bei ein foichten Keks. Nu komms du!

Aber füä doitsche Diplematie lank auch das.

Ausse Ferne

1. Doitsche GmbH
2. Vor die Reise
3. Vonnie spahnsche Reise
4. Vonnie spahnsche Wallfahrt I
5. Vonnie spahnsche Wallfahrt II
6. Vonnie spahnsche Lösunk
7. Brief aussie Schwarzwaldklinik
8. Vonnie Proissen des Ossens

Doitsche G.m.b.H.

Meinen lieben Kalli,
teile ich Diä mit, dass es mir und mein Natalje hieä in Österreich primstens gefallen tut.

Erstens, es können die Loite hieä – matehrjell gesehen – das Geld ausgeben, das sie noch gah nich haben. Zweitens, es hängen viele Ältere – geissig gesehen – an das, was sie mal gehabt haben. Mittels die erste Technik kannst du, auch als Rentnerehepaar, scheglichen Konsumterroä entgehen. Wer den Konsum hat, den kann er nich terrorisiän. Und mittels die zweite hält mein Natalje sich jung. Indem Ärger jung halten tut, nützt ihr diesbezüglich die hiesige, politische Rechte voll aus. Natalje sach, dassas Neofaschisten sind. Nu komms du!

Abers, wenn ich mich diese Jichtlinge ankuken tu, denn frag ich mir immer: Was heißt hieä Neo? Was ist an die denn noi? Politisch gesehn ? Nix!

Jedoch sag ich, das ist pottegal. Hauptsache, mein Natalje bleipt lange ans Leben und kann den Schtaat as sochchen mittels die Rente ein lüttes büschen von den Zaster aus die Rippen reißen, den der uns mit den Kaptalisten früher abgenommen hat. Wen jung klassenkämpfte, hat im Alter als Rache die Rente.

Natalje sieht das nich so. Ihr sieht den politischen Kampf. Sie als Prolletarjat, sach sie, hat den Kampf um die Weltrevollutschon gah nich erst angefangen. Dafür ist sie in den Kampf gegen den Faschismus glatt unterlegen. Natalje sach nun, es ist leichter, den zweiten Fehler diesmal zu vermeiden, als den ersten hoite nich begehen zu wollen. Natalje sach; " Es liegt klar as Klossbrühe auf die Hand" ," sach sie, „daß – wenn das Prolletarjat sowieso nix zu verlieren hat, außer seine Ketten – es dabei nich noch eine SA-Uniform anzuhaben braucht oder an den Straßenecken in unbezahlten Überstunden „Heil“ bölken muß. Das alles ist viel bequemer zu haben.“

Deswegen hat ihr in Österreich in jede Kneipe und bei jeden Kaffeeklatsch wenn den Faschismus sein blutiges Haupt erheben tat, das Banner des antifaschistischen Kampfes entrollt – und es – quer über die Mehlspeisen weg – in die Klassenschlacht getragen. Mein Natalje mußte bannig viel entrollen und tragen.

Die hieä sagen, daß sie mit Hitler – also, ganz genau genommen – nichs zu kriegen hatten. Weswegen die Allierten sie befreiten und uns Doitsche entnazifizierten. Was brauchen sie Hitler, wo sie doch den Lueger und den Ritter von Schönerer längst hatten? Und den politischen Ketholizismus, den segnete? Als wir – hoch oben im Norden – uns noch mit die Eisbären an die Mülltonnen um das Fressen gekloppt haben, da waren die als altes doitsches Kulturvolk mit Gemüt, Herz und Nächstenliebe schon Antisemiten.

Natalje sach, die Österreicher sind besondere Doitsche. Man hat sie nach Drittes Reich und Zweiten Weltkrieg befreit und uns entnazifiziert. So kriegten sie ein gutes Gewissen und wir ne Hose voll Schiß. Deswegen reden die hieä laut, was wir nur leise zu denken wagen.

Entgegen allen Behauptungen von Fachloiten haben die Österreicher as sochche keinen Antisemitismus, nur konsequent was gegen Schuden. Da wird mein Natalje immer furchtbar fünsch über. Sie sach, nachdem die Schuden in den Nahen Osten so viele Kriege führen, kann das doch wohl mal aufhören.

Und bei den Österreichern versteht ihr das schon gah nich. Als sie in Wien ins Telefonbuch kukte, hat sie sofort die Auskunft angerufen. Sie dachte ich hätte ihr aus Versehen nach Prag gefahren. Natalje sach, wer sich jahrhundertelang so mit die Gastarbeiters vermischt hat, sollte doch nichs gegen Schuden haben. Wo selbst die ketholsche Kirche seit vierzig Jahren ihm vergessen tut und wir alle die Geschäfte der „Noien Heimat“ kennen, ist Antisemitismus restlos veraltet. Sach sie.

Als die Loite hieä gesacht haben:„Krummnasen raus!“ konnte ich mir nich bremsen und sach: „Den Herrn Bunnespräsidenten, bitte, ausgenomm!“ Ich sachte, dass wir, als aufgeklärte Menschen, doch nich die Nase mit das rassistische Bad ausschütten wollen. Wenn den Waldheim trotz seiner Nase keinen politischen Riecher hat, denn ist das doch kein Grund, andere wegen sochcher Nase politisch nich riechen zu können.

Du, da sind die aber auf mir los. Du glaups nich wie. Aber nich wegen den Waldheim, sondern wegen die Aufklärung. Unter dieses Wort verstehn sie seckzuelle Schweinigeleien. Und diesbezüglich stehn sie auf den Standpunkt: Da über redet man nich, man tut es!

Wenn ich mich den ganzen Kladderadatsch um ihren Bunnespräsidenten hieä ankuken tue und raussuche, was da eigentlich bewiesen von ist, denn muß ich sagen, es ist man gut, dass erst vierzig Jahre nach den Krieg so genau hingekukt wurde. Sonst hätte es in Doitschland und in Österreich die zweite Republik gah nich gegeben. Denn, so frage ich Diä, wo hätten wir wohl alle die hohen, unbelasteten Beamten hergekriegt, ohne die ja kein Schtaat zu machen ist? Schließlich sind wir nich in Ossen, wo damalige Zeit den Wert „Blut und Rasse“ ersetzt wurde durch „proletarische Klasse“.

Da 'um sach ich immer: „Natalje“, sag ich, „wollen wir mal gerecht sein. Wen den Kohl hat, mit seine Fortsetzung der Ospolitik ohne geistige Mittel, den sollte sich um den Waldheim seine großdoitsche Lösung mittels die Reiter-SA nich sorgen. Wer den Lübke ins Haus hatte, sollte wegen den Waldheim keinen einen aufs Dach geben. Lieber mit einen Herrenreiter in die Witzblätter der Welt, als mit einen Raketenbesessenen in die Unterwelt.“

Bei so was hast du die Österreicher geschlossen achter diä. Genau genommen sind sie – bezüglich Leben und Doot – Doitsche als G.m.b.H. Gesellschaft mit beschränkter Haftung. Erst machen sie in Gesellschaft. Geht's schief, überlassen sie uns die Haftung. Denn wir Doitschen sind die Beschränkten.

Mein Natalje ist auch hieä mit ihrer großen Klappe vorneweg. Sie hält das ja für Emanzipatschon. Die Loite hieä auch. Und sie halten da gah nichs von. Die einzigen Frauen, die sich in Österreich wirklich trauen und reißen das Maul auf, die stehn in Wien auf 'n Naschmarkt. Zun verkaufen.

Noilichs, als ich mit mein österreichischen Macker – was hieä einen Spezi oder so ist – und sie in die Kneipe sitzen tat, hat ihr laut rumräsonniert. Von vornehme Zurückhaltung des Gastes konnte keine Rede sein.

Natalje sachte, dass sie in Österreich das Spiel „Bäumchen wechsle dich" für Politik halte. Die Sozis trompeten für chrissliche, soziale Partnerschaft. Bei die die oberen Partner die unteren schaffen. Finanziell gesehen. „Schdeian" kommt, die den Schtaat den Mittelstand aus die Adern saugen tut. Die Freiheitlichen haben mit allem möglichen was zu tun, nur nich mit die Freiheit. Und die Grünen fangen da mit an, wo es bei die Etablierten mit aufhört. Mit den Kampf um die Posten.

Damit die Menschen bezüglich die Zukunft nich schwahz und von wegen die Gegenwart nich rot sehen, sach Natalje, haben sie Zeitungen, die mit Tatsachen und Wahrheit umgehen, wie mit weiße Raben. In der Bunnesrepublik haben wir da die Bild-Zeitung für. In Österreich benötigen sie diesbezüglich gleich zwei Zeitungen.

Und weil sich die Politiker wegen allen Scheiß total in die Haare liegen sach Natalje, liegt die wirkliche Polletik innie Hände vonnie Bürohengste von Schtaat und Verbände. Die alle haben was zu sagen, bloß den Bürger nix.

Also mein lieben Kalli, in die Kneipe fing das an zu grummeln. Den Österreicher kann alles vertragen, bloß nich, dass einen Doitschen sach, was er denkt.

Da hat mein Froind – bevor Natalje mit Hitler und die Schuden das Faß die Krone ins Gesicht schlagen konnte – schnell und laut gesacht, dass er ein doitsch-österreichischen „Gommbromiss" vorschlagen will, den Natalje mit politischen Zuständen versöhnen soll.

Er sach, dass wir an Hitlers Geburtstag, am 20. April, am Heldenmal mit die lange Totenliste aus zwei Weltkriegen und mit der Gedenktafel für den austrofaschistischen Kanzler Dollfuß – den damalige Zeit die Nazis ermordeten – gemeinsam ein Flasche Schnaps austrinken wollen. Auf diese Tour, sach er, ehren wir den größten Doitschen, gedenken seiner Folgen und erinnern uns an nen Österreicher, bei dem Faschismus und Antisemitismus billiger zu haben gewesen wären. Nu komms du!

Asso, irgendwie kam mich das praxisnahe vor, wenn auch irgendwie den Kreisky fehlte. Mein Natalje war begeistert. Sie sach: „Es is nich die Frage, ob die Österreicher Doitsche sein möchten. Niemals entnazifiziert, noitral gegenüber allem – nur nich der eigenen Brieftasche – mit einem nich beschränkten, gah nich ganz totalen Kohl annie Spizze!“

Mit dieser schwerwiegenden Frage lass ich Diä alleine und grüße als

Dein Kuddl Schnööf (alias: Rotz)

Vor die Reise

Korl Butenschön kam bei uns längs. Un damit kam das dicke Enne ma zuers. Korl pussete bei die Hizze un sach: „Mächich wahm, wa?“ Mein Natalje sach: „Chottseidank“ sach sie, „dasses diä gehm tut, sonns hätten wir das ganich gemerk.“ Ihr mach ihm nich. Das heiß, ihm mach sie schon. Abers Tina, sein Olsch, kann ihr nich riechen. Un weil Korl so unnä den Pantoffel von sie is, mach ihr ihm nich, wenn sie ihm auch einklich mögen tut. Abers dascha nu auch einerlei, ihr kam ihm nu ma so pazzich.

Korl sach: „Sünd miese Zeiten“ sach er; „düsse Zeiten mittie Preise, mittie Ahbeit un allnssowas. Ich weiß nich, dascha woll den Wuäm in.“ Natalje sach: „Bei einige“ sach sie, „sizz ihm schon innie Gehirnwinnungens. Die wolln schon Zehdehu wähln. Dabei weiß den Schmidt nich ma, was achtän und vohn is. Nu solln die Unternehmers ran, die auch von Tuten und Blasen kein Ahnunk ham, as schedenein sehn un belehm kann. Die wissen auch bloß, daß fünf Fund Rindfleisch innen lütten Pott gekoch 'ne gute Suppe gip.“ Ihr kann das Stänkern nich lassen. Denn Tina hat noilich gesach, daß ihr beikomm will zu Zehdehu wähln. Un da is mein Natalje ganz fuchtich geworn und hat gesach, dassie alle bloß wissen, dassie Scheiße eine annere wern muß. Nu hat uns das Kapptal beim Wickel un läßt uns die Ölscheichs bezahln füä das, um was sie ihr frühere Schahre un Schahrenden beschissen ham. Un nu? Nu kloppen sie alle Sprüche, dasses anners wern muß. „Dat weet mien Büx“ sach Natalje, „abers wie, mein Liebe? Kuck, das isses scha man. Un diesbezüchlich, mein Besse, is den Schmidt nu ma den grössen Kohl.“ Nu komms du!

Korl drucks so rum, as wenn ihm ma füä lütte Knaben mußte. Ihm hatte was auffe Seele. Un mein Natalje gab ihm kein Schangs un wern das los. Ich sach: „Na, Korl“ sach ich, „was liecht an?“ – „Mors an Pollä“ sach Natalje. Korl kuck mir orntlich erleichtert an un sach: „Tschä“

sach er, „das is von wegen 'ne lütte Tuä nach Spahnjen. Ich wollte man bloß ma fragen, ob ihr woll mit wollt." – „Mehr nich?" sach Natalje. „Nöö" sach Korl, „dass isses schon." Korl sach, dasser auffe Ahbeit ein Kollegen aus Spahnjen hat, den bis auf das ein sehr orntlichen Menschen is. Un düssen Macker, den hat ihn gefrach, obber in Urlaup nich bei seine Loite zu Hause wohn will. „Die Kinnä sünd aussen Haus" sach Korl. „Geld ham wir, das Auto steht rum un unbezahlten Urlaup fahn sie diä hoitzutage auffe Schuffkarre achterran. Billich issas da auch. Sach den Kollegen. Die sünd da so ahm, sach er, dassie füä ein Geld ahbeiten, dassu bei uns dafüä nich ma ahbeitslos von wiss. Un Tina meint, wenn ihr mitkomp, denn kosset es man das halbe Benzin." – „Geschenk will sie das Geld nich von uns ham, wa?" sach Natalje. „Nöö" sach Korl, „von diä nich." Nu komms du!

Natalje hat denn ersma rumgekwahkt, dassie das annas Mittelmeä zu heiß is. Abers Korl sach, daß den Kollegen gesacht hat, kein vernünftichen Spahnjer fährt in Sommer annas Mittelmeä. Da ham ihr die Doitschen füä. Sie sölps isses da zu heiß zu, un wegens all die Doitschen zu toiä. Den Kollegen seine Loite wohn annen Atlantik. „Da isses muhl buenno, as den Spahnjer sagen tut" sach Korl. Natalje sach: „Is ollreiht" sach sie, „wir komm mit.„

As Korl wech wa, sach ich: „Sach ma" sach ich, „bis du noch zu retten? Nu wiss du mittie Butenschöns in Urlaup, wo du ihr nich leiden kanns? Was soll das woll gehm? Das soll mir ma velangen." Natalje sach: „Grade weil ich die Tine nich leiden kann" sach sie, „isses was hääliches. Die muss nu all die Wochen mit mir längs. Die wird den halben Benzinpreis noch mächtich sauä aufstoßen. Das laß man meine Sohge sein." Nu komms du!

Du Macker, düsse spahnsche Reise komp mich bannich spanisch vor. Bei das Giff was da versprizz wird, da werde ich mich mit Gegengiff ausrüssen müssen. Nu verstehs du woll auch, wa'um mit Korl das dicke Enne zuers kam.

Vonnie spahnsche Reise

Du Macker, sonne Faht nach Spahnjen mit vieä Pesons in ein Auto, das is ein Angelegenheit füä ein, den Vater un Mutter dood gehaun hat. Das is kein Urlaup. Das is ein Strapaze. Un wenn denn noch zwei vonnie vieä sich nich riechen könn – so as Korl sein Tina un mein Natalje – denn isses wie Weinachchen ohne Baum un nix zu essen zu. Denn nüzz diä Krissus sein Geburt auch nix mehr.

Dabei muß ich sagen, nix gegen Korl sein Auto. Es lach nich annie Maschine, es lach annie Menschen. Korl hat 'ne französche Automahke. Er sach, daß es sein Schangse is, un ähgern die doitschen und amerikanschen Kapptalisten. Ich sach: „Un wenn innie französche Firma nu auch doitsches un amerikansches Kapptal in is?" – „Tschä", sach Korl, „denn ham sie mir ma wieder übägefahn. Denn komms nich ausse Übunk." Nu komms du!

Das ersse, wennu mits Auto nach Spahnjen wiss, is, daß as einen Blöden die Autobahn längs spalken muß. Nachdem Akkohd auffe Ahbeit komp den Akkohd auffie Autobahn. Ers marachs du diä ab, damit du Urlaup machen kanns. Denn marachs du diä ab, weil du Urlaup has. Tina hat denn ümma den Führä gelop, indem das ihm die Autobahn erfunnen hat. Natalje hat gesacht, dassie vonnie Amerikaners erfunnen is, weil sonns nich genuch Autoschrott hergestellt wern tut und auch die mittelstännischen Beädigunksunnernehmers nich genuch zu tun ham. Das einzichse was den Führä erfunnen hat, sach sie, is, einen Kriech anfangen un nich vorher aufhörn, bis man ihn total verlorn hat. Und bloß sonne Dööskköppe als Tina sünd so tumpich, un wissen das nich. So sorchten die Weibä füä Stimmunk, indem Korl mit sein Gesich, as wenn ihm 'ne Ahmbanduhä repariern sollte, mit uns durche Gegend brummte.

Halten taten wir annie Tankstelln. Tina schrieb sich jümmers genau auf, wassas Benzin kossen tat, weil wir die Hälffe bezahln solln. Preise ham die, da kanns diä die Haare füä schneiden lassen un Konnjack innen Tank gießen.

So kam wir nach Frankreich. Tina sachte, dassie das furts merkte, indem das viel schietiger is as bei uns. Un richchigen Wehzeh ham die auch nich. Die machen innie Huke. Und mit so was, sach sie, sünd wir nu verbünnet. Da kann je nix aus wern. Natalje sach, dassie man nich so tun sollte. Bei Tina zu Hause sünd sie auffen Eimer gegangen un ham sich mittas Billjett vonnie Kielä Straßenbahn abgewisch. Unnie beiden lezzen Kriege ham die Franzosen gewonn. In Gegensazz zu uns, suchen die sich die richchigen Verbünneten aus. Mit uns ham sie nu ein, den wild da auf is, füä ihr die Birne nach Ossen hinzuhalten. Nu komms du!

So ging das mang die Weibä hin un her. Un Preise ham die in Frankreich, da kanns diä Hänne un Füße an wähmen. Da wirs ahm bei un knapp satt. Die Gewerkschaffen können da noch lange streiken, bis sie die kaputt ham. Die sünd as Rozz an Ähmel. Kanns noch so schlackern, komp ümmer höher auf. Die Autobahn koss extra. Tina sach, das machen die extra. Wegen die Doitschen. Natalje sach, die machen das, damit du dein frühen Dood nich noch mit öffentliche Mittels finanzieren tus.

Fröhlich kam wir in Spahnjen an. Wahn die Franzosen schon so gebillet, das sie von frühe Kindheit an französch kwasseln, so konns du nu auch kein Woht mehr verstehn. Tina sachte dassie man liebä doitsch lernen sollten, damit sie bei uns die Bildzeitung kaufen könn. Sonns hätten sie nix innie Suppe zu krümeln. Natalje sach, dassie Spahnjer sonn olles Kultuävolk sein täten, dassie sich schämen, wegen die Bildzeitung doitsch zu lernen. As Tina ihre Eltern sich noch inne Kohlenkisse zum Schlafen mitten Sack zugedeck hätten, da hatten die schon den Strohsack füä unnere Volkskreise erfunnen.

As wir bei die Loite von Korl sein spahnschen Kollegen ankamen, asso das Ziel vonnie Reise, den Atlantik erreicht hatten, warn wir Männer fertich. Korl wegen die Asterei mit das Fahn vonnas Auto. Ich wegen die Gifferei vonnie Weibä. Tina mäkelte an die Unterkunf an rum. Bloß mein Natalje wa kwietschfidehl. Natalje sach: „Kuddl", sach sie, „innie vier Tage bin ich langsam in Fohm gekomm. Soss sehn, innie nächssen drei Wochen sezz ich die Tina noch ma so auffen Pott, daß sie die Spucke wech un das Maulwähk stehn bleip." Nu komms du!

Du siehs, Macker, das wird ein richchige Eholunk füä den späteren Erns des Lehms.

Vonnie spahnsche Wallfaht I

Macker, du muscha nich glaum, dassie Menschen bloß hoitiche Zeit innie Gegend rumasten, wenn sie nich arbeiten tun. Nöö, mitnichchen. In frühere Zeitens wahn sie genau so beklopp. Bloß anners. Hoite geht das ummie Entlastung des Leibes as sochchen. Damalige Zeit ging das ummie Entlastung vonnie Seele. Hoite machs Urlaup, damals Wallfaht. Un denn kanns auch noch beides mittenanner verbinn. So, as euän Kuddl, mein Natalje, Korl und Tina Butenschön das ins schöne Spahnjen tun taten. Kuddl auf Wallfaht. Nu komms du! Auf den Trichter hatte uns den Macker von den Macker gebrach, den uns die Schankse besorcht hatte. Wir nahm unbezahlten Urlaup. In ihm brauchs für düsse Zeit nich zu fürchen, dass ihm bei Entlassungen das ersse Opfä von uns gewerkschaffliche Sollidarität von alle Werktätigen wern tut. Sollidarität is, wennu alle Mackers ungeachtet sie ihre Herkunff, Rellegijon un so, gleich behannels. Da 'um schmeißen wir die Ausländers zuers raus, wennas schaffende Volk as sochches für umsons das Fliegen lähnt.

Den Macker von den Macker kann'n büschen doitsch. Ihm hat auch bei uns geahbeit. Auf scheden Fall kann ihn mehr doitsch, as wir spahnsch. Wennu das schnacken könn wiß, denn muss ers ne Rachenkrankheit ham un denn mit Koks gurgeln. Was wir abers nich tun. Wir nehm da spahnsch Wein für. Bei dem kanns liegen bleim. Was ich un Korl schon'n paa ma taten. Uns Weibä krichten uns man knapp abgeschlepp. So voll wahn wiä. Die Spahnjers ham den Kopp geschüttelt, gelach unnie Weibäs ham geweint. Wen da so säuft as wir, den is auffen Wech diäektemang zus Pik-As. Düssen Unnerschied hat was mit sie ihre un uns Kulltuä zu kriegen:

Tschä, asso, besachten Macker sachte, dassa das Fess von den olln Heiligen Santjago deh Kompostelljas oder so, is. Un da müssen wir hin für. Innie Stadt Santjago. Asso, gleichen Nahms. Ich sach, obba denn an Heilige oder so was glauhm tut. Er sach, dassa bannich was los is, man alle Bonzen von Kichche, Pahtei un Schtaat vor die Linse kricht, für umsons. Un denn, sach er, wen weiß, für was das gut is. Weischa, so in dem Sinne, das lezze Hemp hat keine Taschen; und da is noch kein zurück gekomm, den innie Grabbel ging un sachte einen, wie das nach dem Tode is. Das is mittie Wallfaht so, wie mit tächlich Füße waschen: Verkehrt isses nich.

Un wir denn scha los. Alle in Korl sein Auto. Auf zu den Heiligen vonnie frühren Tage. Du glaubs ja nich an, was allns an Pesohns in ein Auto gehen tut, wennu nich in Spahnjen was. Wir krichten die ganze puckliche Väwannschaff mit. Bloß assie noch Kisten mit Fressereien auffas Dach binnen wollten, hat Korl da ein Peh vorgesezz. Tina hat jümmers lamentiät, dassie Ackzen vonnas Auto brechen. Abers Korl sach: „Sünd die von hieä", sach er, „oder wir? Asso, wern die wissen, was hieä in ein Auto geht." Indem dass ich unner vieä lütte Görn begraben lach, konnte ich nich sehn, wie den lezzen innie Karre kam. Ihn mußte von aussen die Tüä dichdrücken. Ihn is woll durch ein auffes Fenster gekrabbelt.

As wir in Santjago wahrn, da merktes du das da an, dasses leichtä wurde. Den Macker hattie Tüä wieder aufgekrich. Un so fiel denn Stück für Stück aussas Auto raus. Mein Natalje sach: „Das soll ein Wallfaht sein", sach ich, „du büss nich auf Wallfaht um diä zu amüsiän. Du büss auf Wallfaht, um diä zu bebüßen. Un das wa ers den Anfank." – „Denn geh ich kein Schritt", sach Natalje. Nu komms du!

Es wurde abers nich schlimmer. Es wurde besser. Das kam davon, dassu wieder frische Luff mang deine Kiemen krichtes. Tina lach innie Polsters as doof. Sie ham sie ersma mit Wein den Dassel besprizz. Da kam ihr wiedä zu sich. Sie sachte bloß: „Mein Chott, mein Chott!" Korl sach: „Nu weiß ich auch", sach er, „was sonn Wallfaht fürn gutes hat. Auffie ganse Faht wa von sie nix zu hörn. Un denn", sach er, „Tina, mittas Anrufen von dein Chott hattes noch Zeit. Ersma müssen wir noch innie Kichche un denn, Tina, machen wir noch wiedä die Tuhr zurück." – „Mein Chott", sach Tina nochma. Korl sach: „Denk an Passer Klappstein sein Passerstunne", sach er, „du soss den Nahm deines Chottes nich unnüzzlich führn. Da kris noch genuch Zeit un Gelegenheit zu." Korl hatte da rech in. Das mittie Wallfahrerei ging ers los. Nu komms du! Du wirs davon hörn, Macker.

Vonnie spahnsche Wallfaht II

Asso, in Santjago selps, Macker, sach ich: „Ich denk“, sach ich, „hieä is Wallfaht. Hieä ischa Schahmahk.“ Unsen spahnschen Macker sachte uns, dasses ins große un ganse so bummlich dasselbe is. Kuk, so hassa wiedä was gelernt. Mein Natalje sach: „Wenn ich ma wiedä sagen tu“, sach sie, „ich denk, in Himmel is Schahmahk, denn weiß ich, as wie das aussieht. So as hieä.“ Nu komms du!

Da wa ein Hühn un Pedühn, da wa das Enne von wech. Latschen brauchtes du nich. Sie ham dich geschoben. Überall konns was kaufen. Ich kaufte mir ne Broschüre. Da steht auf doitsch in, wasses mit den gansen Aggewahrs auf sich ham tut. Macker, ich muss dich das ma so ehm ganz kurz verklickern. Es is nich die Möchlichkeit, un glauhm so was. Steht da abers gedruckt. Zus Nachlesen.

Asso, vor rund un bummlich tausend Schahre ham sie hieä in Santjago das Geknöchel von den Apossel Jakobus den Älteren entdeck. Nu komms du! Wie den aus Tel Awief da hinkam, steht da nich. Aber Mackers vonnie frühere Heilsarmeh ham den Bischoff damalige Zeit dahin gefüät. Un von düssen Punk an geht das mittie Wallfahrerei un den Schahmahk los. Aus gans Europa sünd die dahin. Zu Fuss, Menschenskind! Da denk diä mal ma rein. Das wa noch ma'n Trimmdich. Bloß die Norddoitschen wahn wieder mal wach. Die fuhrn mits Schiff bis Borrdoh, wo es damalige Zeit schon den Wein gab, den sie da erfunnen ham.

Un mit düssen Apossel hattes was auf sich. Das wa den Erfinner des Klassenkamfes. Uns spahnschen Macker sach, das wa den Matamoro. Das heißt: Töte die Mauren! Die Mackers aussie Öllländer saßen damalige Zeit nich innie Tankstelln un so mittas Großkaptal. Nöö, du; die gingen in Spahnjen zu Knass. Da 'um hatte den Apossel das nich mt die Liebe. Ihm hatte das as abendlännische Kriechsminisser mit das Schwert. Unnas Kapptal sollte erssens die Ölscheichs un zweitens die Wallfaht abgenomm wern. So geschieht es denn auch. Damalige un hoitige Zeit.

Wir wahn auch innie Kattedrale. In issie kühl un ne Masse Menschen. Ers legen sie fünf Finger inne Säule, die ganz abgegrabbelt is. Den spahnschen Macker sach, sie bitten da um Kinner un so. Dabei krabbeln da so viel Görn rum, dassu da ganhnich um bitten muss. Diäecktemang danehm stannen Mackers von Fähnsehn. Die filmten die Loite un hielten sie das Mikrefon an Mund, wenn sie annie Säule beten taten. Den einen sach: „Heinz", sach er, „mehr Leine!" Nu komms du! Die wahn vons doitsche Fähnsehn. Ich sach: „Macker", sach ich, „der sollte dich nich mehr Leine gehm, du soltes lieber Leine ziehn. Sowas, nee, die Innerlichkeit vonnie Loite vermahkten, das schlächt ja woll das Fass die Krone im Gesich! Fehlt je bloß noch, dassu den Passer da achtern bei seine Predicht die Goldplomben befummels." Den Kollegen stoppte ne olle Bauersfrau bald sein Mikrefon in Mund un sach: „Sind dett deine Innereien, du Knallkopp!" Nu komms du!

Mein Natalje hat mir in Doppelnelson genomm un abgeschlepp. Ihr sach, dasses tsche woll das Lezze is un fangen in sonne olle Kattedrale auf ne Wallfaht mit eim Lansmann ne Hauerei an. Auch wenner von Fähnsehn un ein Bälinä is. Vor ne große Kiste aus Silbä achter Glas hat sie mir wieder losgelassen. – Da liegen die Knochen von den Apossel in. Die Loite machen alle Gesichters, as wenna das große Los in liegen tut. Wascha woll nich an dem is. Abers wen weiß das schon. Ich nich. Kenns du das große Los? Die sehn wenichsens wo es in sein könnte.

Denn fahrten wir weiter Wall un kamen auffen richchigen Schahmahk. Mit Buden, Karrussels un Buden, wo Lotterie is, unnie Besizzers von sie gewinn. Da fühlte ich mir as zu Hause. Den Schwinnel kenn ich. Da gab das große Zelte für Fressen un Saufen. Da schleppten unse Spahnjers uns rein. Tina wa wieder dich vor ne

Amidam. Un mein Natalje auch. As sie Wein, den sie da in Tassen kriegen, gekippt hatten, ging sie das bessä. Sie ham auch'n büschen was gegessen. „Was issen das?" sach Tina beis Kauen. Ich sach: „Kuk da!" sach ich, „innie großen Kessels hauen sie große Polüpen rein. Denn schnippeln sie ihr in lütte Stücke. Un Tina un mein Natalje essen ihr." Tina gab ers ein Geräusch von sich, was ich gahnich beschreim mach un denn kam alles aus ihrn Magen achterran.

Mein Natalje kaut weiter un sach: „Hiämit", sach sie, „mit düsses Opfä, issen Sinn vonnie Wallfaht für mir erfüllt. Tina hat für Schahrenden gebüß. Annen ollen Santjago is doch was an." Nu komms du!

Vonnie spahnsche Lösunk

Wir unnie Butenschöns wohn nu in Spahnjen bei den Macker von unse Firma. Ihn hat auch in Doitschland rabottiert un den Zaster in seine Bude gesteck. Da 'um brauchen wir nich mehr übän Balken unnie Fliegen vonnen Mors wedeln. Ihn hat Wehzeh un alles. Wo den Menschen an sehn un belehm kann, dassie ahmen Stoffels innie Welt schon wissen, was gut füä ihr is. Du soss ihr man bloß den Zaster gehm. Kulltuä is, wennu dich was kaufen kanns.

Nu isses scha nich so, dasses in Spahnjen keine Mackers mit Moos gehm tut. Macker, wennu das glaups, denn has diä mächtich geschnitten. Ganz bannich, sogah. Du, die ham hieä schon die indiahnschen Könige un Kaisers wegen ihr Gold abgemurks, da hat den Graf von Ranzau unse Voäfahns in Schönbööken noch mit eichne Hand vermöbelt. Nöö, ham tun sie schon. Es is bloß so, daß hieä einen das allens hat, wo füä dreizich annere auch noch langen täte. Wegen die einfache Übäsich ham die annern dreizich so gut wie nix. Das isso ähnlich as wie mang Krupp oder Flick un diä, Macker. Hieä in Spahnjen noch'n paa Etaschen tiefä. Raum füä alle hattie Ääde, sach dem Dichter unter anners ganz richchich. Vonnie Raumveteilunk hat ihm nix gesacht. Un das is ehm den sprinngenden Punk as sochchen innas Zentrum vonnie Frage.

Innie Stähte ham sie mehr Bankens as Pissoahs un Scheißhäusers. Sie sünd mit düsse nich zu verweckzeln, indem dassie aus schieänen Mahmoä sünd. Natalje sach: „Das sünd die Tempels vonnas Kapptal.“ Un Korl sach: „Unnas Volk“, sach er, „spielt hieä die Opferlämmers.“ Natalje sach: „Un du“, sach sie, „brauchs diä nich einbillen, dassu viel was anners büss, bloß weil du mit dein Auto herkanns. Du büss höchssens einen Opferockzen.“ Nu komms du!

Tina, Korl sein Olle, hat denn rumgetöhnt, dassa wehnichssens Ohdnunk hääschen tut. Un, Macker, allns was rech is, da hat ihr rech in. Die Kichche hat bannich viel zu sagen. Die sechnet das allns ab. Nich innie Banken. Die hat ihr auch. Nöö, füä den Segen von ohm, da hat ihr eichne Räume füä. Sochche sünd füän paa Peseten billich zu besichchigen. Das lohnt sich wegen all die Kossbahkeiten da'in. Da kanns bloß staun, wassich in ein paa Generatschon so allns zusammenklaun läss. Un denn hattie Kichche auch noch'n paa Ahbeitäpriessers. Sonns denken die Ahbeiters noch, sie sünd ganz un gah von Gott verlassen. Wennu sie ihre Löhne, Wohnvittels un so bekucken tus, denn kannstas meiss meinen.

Tscha, un damit das ahme Volk nich trozz Kichche un Ahbeitäpriesser auf dumme Gedanken komm tut, ham sie ihrn Schtaat mit Franco ohm un viel Pollezei unten. Die regeln übä Gerichche un Prozesse den Ress vonns Schüzzenfess. So is denn Ohdnunk nich bloß das halbe sonnnän das ganze Lehm. Natalje sach: „Nu bloß noch Franco un Kichche wech", sach sie, „un Brechneff annie Spizze, denn isses das reine Ahbeitä- un Bauänparadies." Nu komms du!

Wie das hieä allns so weitergehn soll, das soll mir ma velangen. Unsen Macker, den Pehpeh – das wird so ausgesprochen as in etzetterapehpeh un is hieä ein Vornahm – meint scha, dasses anners wird, wenn den Franco ersma abgekrazz is. Denn auch den ischa bei alle seine Hilftruppens stäblich, nich? Abers, Macker, ob das besser wern tut, wennes anners wird, dascha man die Frage, die den doitschen Ahbeitä bei die Sozeahldemokratie halten tut. Die weiß es schah auch nich. Da 'um is ihr dafüa, dassie Scheiße eine annere wern muß, ahbers suttje! Kuck, un so sünd wir büss zu düsse Krihse in Momang gekomm, wo du as beinah Ahbeitslosen nach Spahnjen fährs un den halbdicken Willem mahkiän tus.

Tscha, Macker, ob das abers hieä so geht as in Doitschland? Das isses schah man. Hieä könn bloß wenige doitsch schnacken. Die ham auch 'ne ganz annere Aussprache. Wennu ihr so innie Kneipe beleps, wennie Augen funkeln un so, un wennu schon bei an ein froindschafflichen Krach denken tus, gleich gehn sie mit Messä un Gabel auffenanner los, tschä, asso, ich weiß nich rech. Wenn sie hieä 'ne Demmekratie einfüän wolln, denn könn sie gleich das Pallament vonnie Banken wähln lassen. Die ham je auch bei uns das Sagen un kein Aas hat ihr gewählt. Un denn hieä ers, du!

Mein Natalje hat ein plitschen Vorschlach, as wie ihr den Börgäkriech übäflüssich machen tut. Innas Zeitalter vonnie Spaltungen wird Spahnjen dreima gespalten. Den erssen Schtaat, wenn Franco doot is, den kricht den Strauss annie Spizze – denn ham sie ein mohdänen krisslichen Ohdnunksstaat. Dehn zweiten Schtaat minus Kichche plus Brechneff isses Ahbeitä- un Bauänparadies. Inn dritten Schtaat sagen die Spahnjers wassie wirklich wolln, un so wird das denn auch. „Das is denn", sach Natalje, „die mohdähnste von alle Lösungen. Es is den Schtaat, den wir alle schon Schah un Tach wolln un den es jümmers noch nich geben tut!" Nu komms du!

Mich wenichssens kam düsse dritte spahnsche Lösunk an wenichsen spahnnisch voä.

Brief aussie Schwarzwaldklinik

Absender: Kurt Rotz (gen. Kuddl Schnööf)
Rentner, Md.O. (Mitglied der Ortskrankenkasse)
z. Z. Schwarzwaldklinik

Meinen lieben Fiete,
komme ich endlich dazu und schreibe diä. Ich weiss scha nich, ob mein Natalje diä gesach hat, daß wegen das gesunne Volksemfinnen bei mir keine Operatschon as sochche nötich is. Aber weiß ich deshalp noch nich, wie ich zu Volksemfinnen kommen soll. Ischa wie bei die Gewerkschaff. Bezahls Beitrach füä richchige Gewerkschaffspolletik und was kriss du? Hermann Rappe.

Habe das Schlimmste, die Aufnahmointersuchunk, einigermaßen übästanden. Wen nach diese ärzliche Hilfe nich krank wird, den is nich gesund. Den diesbezüchlichen Ahzlehrling sachte, ich hap 'ne Natur as ein Ferd. Habe ich gesacht, wen die nich hat, übästeht auch nich den Blutverluss bei diese Untersuchunk. Ers habe ich gedach es is wegen Ehts, diese modähne Krankheit, die je aus die öffentlichen Häusers kommen tut. Es war abers nich andem, weil die Schwarzwaldklinik mehr prifat is, asso eher ne geschlossene Anstalt.

Wie du aus das Pantoffelkino weiß, is den Herr Professor Brinkmann hieä den ersten Mann an die Sprizze. Ich mußte ihn verklikkern, wo meinen Hausarz das Fehlen von ein gesundes Volksemfinnen an gemerkt hatte. Eine höchs undoitsche Krankheit bei Loite in meine Schahre. Es passierte bei Kuddl Schnööfs unsortierte Ansichen anläßlich gemeinsames Angeln.

Wenn das 'ne Krankheit sein sollte, muss ich woll bei einen Spezalissen. In mein Fall bei ein Ohrnitologen. Fracht Herr Professer Brinkmann wieso? Sach ich, weil, wenn ich den Kohl hörn tu, ich immer denken muss, ich hör nich richchich. Und das kann nich an Blähungen, die ja bei viel Kohl auftreten, also an meine Verdauunk an liegen, sonners bloß an meine Ohrn.

Da sachte den Professer ganz gnadderich, was seinen Kollegen noch aufgefallen sein täte. Ich hap gesach, ehm düsse Ansichten. Ich wiederhole ihr gerne. Abers auf den Herr Professer seine Verantwortunk. Gut!

Also, daß den Flick das Pallament bestochen hat, kann gah nich wahr sein. Den langt doch nich füä Loite in seine Tasche, die ihn in dieselbe hat.

Helmut den Erssen, geborenen Schmidt, hat gesacht, 'ne moderne Regierunk is ein Diensleistunksunternehm. Da hat ihn geahnt, dass in Berlin den Senat nich von eine Immobiljenfirma zu unterscheiden is. Wa 'um in die Ferne schweifen, wenn die Sekretärin liegt so nah, sachte Kohl, und schickte dieselbe das Geld von Brauchitsch holen.

Ich bin nich die Meinunk, daß es ein Trauerspiel is, indem wir Doitsche bloß mang Rau und Kohl wählen können. Ich halte es vielmehr füä einen ausgesprochenen Glücksfall, daß bloß einer von sie beide Kanzler werden kann.

Den Mayer-Vorfelder, Kultusminisser in Schwaben unter den Spätzünder, hat gesacht, den Doitschen Fußball-Bund is 'ne Bananenrepeblik. Wieso bloß Fußball?

Da hat den Herr Professer Brinkmann gesacht, daß es ihn nu dicke langen tut. Ich soll ihn bloß noch erklären, warum sie mir grade und ausgerechent in die Schwarzwaldklinik geschickt ham. Sach ich: Indem meinen Hausarz Kalli Piepgras meinte, düssen offenbaren Verluss an gesundes Volksemfinnen kann bloß Professer Brinkmann heilen. Denn, wen weiß, dassie Schauspielers in das III. Reich sauber un anstännich waren, den weiß auch, wie gesunnes Volksemfinnen in ein Kopp reinkomp. Sach mein Dokter Kalli.

Da sach den Herr Professer, das Zitat stammt nich von ihm, sondern von dem Schauspieler Wussow. Da sach ich, das mach gah nix, denn meine Natalje meint immer: Vom Mimen zun Mediziner is bloß ein Schritt! Beide leben von das Theater, das sie aufführn. Denn lachte ich. Abers alleine.

Den Herr Professer wurd noch gnaddericher. Mich fehlt das nich an gesunnes Volksemfinnen, sonnern an schlichten Verstand. Aus sonne Pappköppe als ich das bin, da wern Revollutschonäre aus geschnizz. Ich gehör nich operiert sonnern beobachtet. Diäekt inne Püschiatrie. Sach er.

Nu war ich an die Tüä und werden gnadderich. Ich sach, das is nich fähr. Bezüglich püschiatrische Beobachtunk, da is es in die Schwarzwaldklinik as wie in Hagenbecks Tierpark. Da weiss du auch nich, wen die Affen und wen die Beobachters sünd.

Diä, mein lieben Froind Fiete und mein Frau Natalje, liecht es ob, mir hieä rauszuholen. Sonns komm die noch auf den Trichter un stecken mir in Verfassunksschuzz. Um selbige auch vor mir zu schüzzen. Und dann wird es ganz und gah verrück.

Es grüßt diä deinen armen hilfsbedürftigen
Kuddl Schnööf (alias: Kurt Rotz)

Vonnie Proissen des Ossens

Kollege, Macker, nu höä ma zu, lass diä duchie Japaners – asso, die Japse, nich verrück machen. Un auch nich durch Loite, die sagen, daß wir alle bescheidener lehm müssen, weil sie den Ahz das unbannige Fressen un Saufen wegen Lehmsgefah veboten hat. Bei uns hääsch auffe Ahbeit Akkeholverbot.

Fähnä, Macker, is annie Japse gah nix Unheimliches bei, sach mein Natalje, sie sünd die Proissen des Ossens. Asso, uns gewissermassen, ahtverwand. Wennu mit japanische Autos, Kameras, Transistors, Radios, Taschenrechner auch die Strassen flassern kanns, so brauchen wir die da gah nich füä. Denk bloß ma an unse ahbeitslosen Lehrers un Sozealhelfers. Wir könn unse Strassen mit eichne Überprodukschon flassern. Wenn sie nich auch noch die Strassenbaumittel kürzen.

Asso, Proissen des Ossens sünd die Japse, weil sie auch nix hatten, allns brauchen taten un allns, was sie fehlte, sich so – nachas börgerliche Gesezzbuch – oder mits Milletäer zusammklauten. Nix, Kollege, was uns unbekannt is, oder zu erschrecken brauchte.

Proissen des Ossens sünd sie auch, weil sie füä Ohdnunk, Disseplin un Traditschon sünd. Sie glauhm ehm auch, daß den einzelnen dösich is. Un ers wenn du düsse Einzelne zu Mänätschers, Staatsmänners in Führunksstäbe zusammenfassen tus, denn sünd sie was Besseres. Weil Gott schene, die ihm ein Amp gehm tut, ehm auch den Verstand liefän tut. Gott weiß, warum. So wern aus Lahme ersklassige Hunnert-Meter-Läufers. Un aus Blinne wern so Weitsichchige.

Nu muscha zugegehm wern, dassie Japse uns bei einige Sachen voraus sünd. Abers, sei beruhicht, wir holen ihr ein. So sink bei die japanesische Proleten den Lehmsstandard bei Wachstum. Aber nu holen wir das nach bei Renowierunk vonnas sozeale Nezz inne Krihse. Da 'n Nezz je sowieso aus Löchers bestehn tut, komp es scha auf 'n paa mehr nich auf an.

Tschä, in dem sünd die Japse in Umweltbelassunk in AKW-Unfälle abzulut führend. Die Luff is mennige Ohte so dick, dassie Loite ihr mit ein Löffel atmen. Unnie AKW-Unfälle lassen sie durch Spezalissen repariän. Das sünd die, die bei sie durch obige Löchers gefalln sünd. Unnu reisen sie von Unfall zu Unfall un radioaktifiän sich füä 'n Gefahrnzuschlach von zwanzich Perzent. Kuck, da ham wir ihr auch bald eingeholt. Sonne Loite kriegen wir auch bald.

Tschä, un was bleip denn noch übä? Die mohdäne Etomrüssunk. Asso, da sünd die Japse petuh gegen. Die ham noch die Nase voll von lezzen Kriech. Es sünd – asso – genau genomm: Entahtete Proissen! Da sünd wir aus ganz anneres Holz geschnizz. Voä alle Dinge unse Köppe. Bei uns schreien sie'n Redner nieder, den an Tach vonnie nazzenale Einheit sach, dassas geteilte Doitschland nich 'ne Aufbewahrunksstelle füä Etomraketen wern dahf. Kuck das is echchen proissischen Geiss. Ümmer mit 'n Kopp durche Wand. Und wenns denselm kosset, sünd keine edle Teile verlezz. Kuck, Kollege, da sünd wir Proissen des Wessens die Proissen des Ossens schon mal wieder weit voran. Das is ehm das doitsche Wesen! Das mach uns keinen nach! Kollege, den allgemeinen Hass gegen das doitsche Wesen wird wegen die Angs voä die Japse abgebaut. Un da müssen wir die Japse dankbah füä sein. So lange die Menschen bloß Angs ham, dassie Welt durche Japse sie ihre Eckspechte aussie Angeln fällt, könn wir voll die Etomraketen entfalten. Un an düsses doitsche Wesen die Welt – eines Tages – voll genesen lassen!

Asso, Macker, nix gegen die Japse. Erssens, is das Rassismus, den wir je ablehnen, wie den Freihannel, wenner nich so läuft, wie wir es wollen. Un zweitens, sünd die Proissen des Ossens – wolln ma sagen – 'ne Tahnkappe füä das echche proissisch-doitsche Wesen. An düsses wird die Welt genesen, un wenn nix von sie übäbleihm tut! Asso, nochma: Bloß keine Angs voä die Japse! Wir sünd – trozz alledem – noch viel gefährlicher!

Kultuä un Büllunk

1. Vonnie Litteratuä
2. Vonnen Gehirnschoner
3. Vonnie Studentenrevollutschon
4. Vonnas Entertähnment
5. Von was Noies
6. Vonnas Fähnsehn
7. Von Natalje as Paten
8. Von nix zu Weihnachchen

Vonnie Litteratuä

Mein Natalje sach: „Der Mensch“, sach sie, „muß sich billn. Dazu gehört Litteratuä. Kuddl, stell Fähnsehn an. Komp Sennunk über Litteratuä.“ Ich stell an. Kann ja nich schaden. Wo wir sowieso den Bildunksnotstand ham. Und wennu diä das Gekwassel anhörs, kannscha mitschnacken. Brauchs gah nich ers lesen. Was die meissen auch nich tun. Den Macker ins Fähnsehn sachte, bloß 40 Prozent vonnie gekauften Büchers wern gelesen. 60 Prozent hängen als Tapetenersazz annie Wand. Das zoicht für die Gesundheit von uns schwergeprüftes Volk as sochches. Denn wer lies Bücher? Intellektelle! Was sind Intellektelle? Pinschers un Pilzköppe. Loite, die lesen, denken! Un denn noch kritisch. Und das is ehm nich gesund: Wen kauf schon Büchers? Und wenn die nich ma zu Hälfte gelesen wern? Erhard kann nich mehr verlangen.

Und denn konntes in Fähnsehn sehn, as ein Raum aussehn muß, in den du diä mit Litteratuä befassen kanns. Sonne Mischunk aus Sangsussi und Jachthütte. Mit ein Kamin in. Natülich Mammoä. Mit ein Foier in. Vor dasselbe steht ein Tisch. Erssens, weil du die Büchers je nich auffen Fußboden packen kanns, zweitens, weil da das Glas unnie Karaffe auf komm. Gefüllt mit funkelnnen Wein. Den muß diä achter die Binne kippen, wennu innie Litteratuä genußsüchtich in rumfummels. Und denn die Beloichtunk. Kähzen, natürlich.

Ich werde bein sozealen Wohnunksbau beantragen, dassie Makkers sonne Leseräume baun. Solange wir ihr nich ham as in Fähnsehn, isses ja kein Wunner, daß all die Igels, die lesen tun, alles in falschen Hals kriegen un Intellektelle wern. Nu komms du!

Und denn machte ein sonn Macker mit modähne Litteratuä bekannt. Er schnackte mit ein spizzen Mund, den „Plum“ sagen wollte. Abers er sachte sonne bannich lustigen Gediche as:

Otto plom plom
Plom Otto plom
Plom plom Otto!

Menschenskind, ham wir gelach. So was von wizzich. Den Makker sachte: „Das soll man nich über-, aber auch nich unnerbewerten." Wenner noch „Kommonösmos" (mit sonn Schißlawäng inne Nase) gesacht hätte, du glaups, du hörs unsen Außenminisser. So richchich klah, volkstümlich un veständlich. Mein Natalje sach: „Ham sie so was nu in Ossen veboten?" sach sie. Ich sach: „Tschewoll." Mein Natalje sach: „Wa'um", sach sie, „is doch hamlos." Ich sach: „So", sach ich, „nu stell dich ma vor, drüben macht einer ein Gedich:

Waltä päng päng
Päng Waltä päng
Päng päng Waltä

denn is den Baht doch ab." Mein Natalje sach: „Klah", sach sie, „den müssen sie drühm doch ohne päng an Mann bringen!" Nu komms du!

Ich sach: „Richchich", sach ich, „lieber'n Gedich mit Blödsinn und frei, as den Macker as Vorhut der Ahbeiterklasse innie Gediche. Ohne päng." Mein Natalje sach: „Kuddl", sach sie, „du wirs mich doch nich zun Intellektellen?" Ich sach: „Wieso", sach ich, „mach bloß kein Kwatsch mit ernsse Sachen. Wiß du mir unglücklich machen?" Mein Natalje sach: „Nöö", sach sie, „du soss scha nich sölps denken." Nu komms du! Abers nu sach ma sölps: Wo soll das bloß hinführn, wenn die Loite die Büchers lesen, die sie gekauf ham, wennu schon beis Fähnsehn über Litteratuä auf sonne dummen Gedanken komms? Mein Natalje sach: „Wennu beis Fähnsehn", sach sie, „auf sonne Gedanken komms, denn liech das annie Diäekschon vonnas Fähnsehn. Sonne Sendungens müssen veboten werden. Mehr Mackers vonnie Zehdehu innie Diäekschon." Nu komms du!

Vonnen Gehirnschoner

Mein Natalje geht nu mit mich regelmäßich zus Teater. Das hat zwei Grünne. Einma wegen Hühgene. Vor den Besuch vonnas selbe wasch ich mir immer die Füße. Und mein Natalje sach, sons komm ich da nich zu. Und denn gehn wir dahin von wegen die Kulltuä. Mein Natalje will sehen, was die Schlachtersfrau sich fürn Kleid kauft mit den Verdiens an unse Kottlets. Für ein Abbonnemang is mein Natalje nich. Sie sach, denn kann sie sich ausrechnen, wann ich krank wern tu. Nu komms du!

Noilich bin ich abers gerne mitgegangen. Das gab Fidelio. Es wa abers kein Lussstück, as ich dachte. Das wa ein böse Angelegenheit. Von Gefangenheit un so. Auffie Bühne sind sie mächtich zu Knaß gegangen. Wegen die Musik und das Gebölk in Kohr konns knapp mitkriegen, wo um as das ging. Es wa abers nix Fideles. Das hat die höhere Kunss meiß so an sich.

Abers ich bin doch auf meine Kossen gekomm. Da wackelten sonn paa Jungs, die knapp selbstännich Milch einholn könn, mit bunte Müzzen auffen Kopp rum. Ich sach: „Wassen das?“ Mein Natalje sach: „Das sind Verbinnunksstudenten“, sach sie. Ich sach: „Denn sind die abers falsch verbunnen“, sach ich, „Es entsprich doch den Umgangston und den besseren Benimm vonnie gehobenen Kreise, dassu hieä mit bloßen Dassel abers Schuhe annie Kwanten rumlatschen tus.“ Mein Natalje sach: „Bei die abers nich.“ Nu komms du!

Ich sach: „Dascha ne Dollheit“, sach ich, „sonne sozeahle Ungerechchichkeit ischa woll das Lezze. Ich, as sochchen, kann meine Werfmüzze nich aufham. Ich muß mir ein Hut as Gehirnschoner ers auf und denn absetzen, wo ich sonn Dings auffen Doot nich abkann. Und die Schlawiners laufen hieä mit sie ihre akademische Berufskleidunk rum.“ Mein Natalje sach: „Das fehlte auch noch“, sach sie, „dassu hieä mit dein Speckdeckel rumlaufen tus. Kuk unse haupberuflichen Verteidiger an. Ham die vielleich ein Stahlhelm auf?" Ich sach: „Nee", sach ich, „das tun sie nich. Wenn auch manche so aussehn, as wenn sie den Kopp bloß zum Helmtragen ham."

Es ließ mich keine Ruhe. Ich hin zu sonn Macker. Ich sach: „Hör ma zu, Kollege", sach ich, „macht ihr hieä bloß Adschewiener oder müßt ihr so rumlaufen?" Den sein Blick kam mich an Achterkopp wieder raus. Er sach: „Mein Hää", sach er, „wir sind innie Kopporatschon Aktive", sach er, „da gehört die Müzze zu!" Ich sach: „Makker", sach ich, „ich hap doch auch ein lütten annie Erbse, wie scheden nohmalen Menschen, abers das zeich ich doch nich!"

Ihn hatte offenbah die Absich, die diplematischen Beziehungen mit mir abzubrechen. Ich sach: „Ein Momang noch", sach ich, „denn seid ihr also nich bloß aktiv beis Biertrinken auf Kommando und mit Freiübungens, ihr müßt auch noch sonn Bibi auf'n Dööz ham?" – „Jawoll", sach er. Ich sach: „Wa'um?" Er sach: „Das is Traditschon." Ich sach: „Das sachte den Negerhäupling auch", sach ich, „da fraß er den Mißjonar auf."

Denn lachte ich. Abers alleine. Den verbunnenen Koprierten kuckte mir an as vernagelt. Er sach: „Mein Hää", sach er, „ich habe nich die Absich, mich mit Sie da über auseinanner zu setzen." – Ich sach: „Das brauchs auch nich, mein Jung", sach ich, „wa'um auch? Die Weibä latschen hieä mitten Blumpott auffen Kopp rum. Ich dachte bloß, ihr habt da ein vernünftichen Grund für. Nehmt ihr das Ding denn ab, wennas heißt: Helm ab zus Gebet?" „Javoll", sach er. Ich sach: „Das is richchich, denn dann komp den Kopp meiß hinterher."

Ich hap die Unnerhaltunk denn abgebrochen. Da kam nix mehr bei raus. Mein Natalje sach: „Die tragen das Ding wegen die Stadtwerke." Ich sach: „Wegen die Stadtwerke?" Mein Natalje sach: „Die ham gesach", sach sie, „alles, wo Wasser in is, soß abdecken. Froßgefah." Nu komms du!

Vonnie Studentenrevollutschon

Öih, Macker! Hassu ma versucht, ein Kleintranspoht füä Möbels zu ogganisiän? Nich? Abers ich. Du, ich kann bloß sagen, mich un mein Natalje is da einiges bei klah geworn, wassa so los is. As die Studentens sagen, die je ummie Ahbeiterseele ringen tun: Dinge von gesellschafflichen Regelverfranz werden füä diä transportabel. Oder so ähnlich. Ich weiß auch nich genau, wassas bedoitet, sünd abers dolle Wöhters. Wenn du das Bewussein vonnie Massens veännern wiss, denn muß du diä woll möchlichs unveständlich auskwetschen. Das schaff denn die nötige Klahheit.

Tschä, asso, Tante Mine ischa nu dood gebliehm un sie ihre Nichche Gesine in Unaffen hat'n paa Möbels von sie geähbt. Die wahn bei uns in Kellä un sollten nach Unaffen. Dascha man ein Klacks. Gut hunnät Kilometers. Denk ich. Aber glaubs du, da is vielleich ein Kleintranspohtä zu kriegen? Un Preise ham die, da kanns gleich Foiäholz aussie Klamotten machen. Abers: Verzweiflunk breitet sich nich aus, hols du diä das Studentenwähk ins Haus. Das sünd die, die hoite schon auf ungelähnte Ahbeiters tränieän un dafüä studiän.

Ich ruf asso an bei das Studentenwähk. Nach den drütten oder vierten Vesuch kriech ich schon ein vonnie Mackers annie Strippe. Ihn wa fuchbah nett un sach, dassie das bannich hilt ham. Sie müssen alle Nääsdrüppel lang Gohuninntietschen von wegen Streik un so, indem sie das Bannä vonnen Klassenkamff annie Unität entfalten wolln. Nu komms du! Ich sach, daß ich nix entfaltet, sonnän bloß Möbels gepack un transpohtiät ham wollte. Klah, ollreiht! Übermorgen noin Uhr. Kleintranspohtä mit zwei Packers bei. An besachtem Tach as sochchen komp gegen elf Uäh sonn Jichtlink mit seine Froindin an un fracht, wo das Klawiä steht. Wahn bannich nett, die beiden. Ich frach, ob sie die Möbels auffen Ass nach Unaffen schleppen wolln. Sünd hunnät Kilometers. Das wollten sie nich. Sie ham sich enschullicht, weil sie das so hilt ham, indem sie das Bannä vonnen Klassenkamff... un so. Weischa Bescheid. Düsma hatte ich den Macker vonnas Studentenwähk beim drütten Vesuch annie Strippe. Hat sich fuchbah enschullich, abers sie ham das bannich hilt, indem das Banner...

Nu geht das mohgen gleich los. Muß abers früh sein, achch Uhr, indem sie den Kleintranspohtä mittachs um eins füä 'ne große Kammfaktschon mit offensifen Karaktä brauchen. Ollreiht, achch Uäh, Transpohtä, zwei Packers bei.

Den Fahrer mitten Kleintranspohtä kam schon kurz nach zehn. Ohne Packers bei. Hat sich enschullich, indem sie das so bannich hilt ham indem sie das Bannä... un so weitä, un so weitä.

Ich hap denn mit meine vonnie kapptalissische Profitgiäh ausgelauchten Knochen die Möbels mitgeschlepp. Indem die annern Studenten mit das Bannäentfalten zu kriegen hatten. Mein Natalje hatte den Kollegen 'n paa orntliche Stück Brot gemach. As ihn reinhaute, sach ich, daß mich Studenten, die streiken, vorkomm as wie Rentners, die den Schtaat strafen wolln un da 'um sie ihre Rente nich abholn. Er sachte, dassa innen Spätkapptalismus noch ganz was anners achter stecken tut. Die Großinnuschtrie hat auffie Unität schon die Vorderfüße mang. Un da wolln sie auf los. Ich sach, dascha woll richchich. Abers wenn ich mich as Studenten an meine Füße säge, treffe ich je nich unbedink die Vorderfüße vonnie Großinnuschtrie. Das gab 'ne lange Diskuschon. As den Macker nach Unaffen abbrausen tat, wa das bald ein Uhr. Da sollte ihn einklich schon bei die Akschon mit den offensifen Karaktä sein. Denn wa ihn noch nich ma bei Gesine. Nu komms du!

Mackers, wenn wir ma 'ne Revollutschon brauchen sollten, mit die komp se nich. Da muss du denn, wie bei die Möbels, schon selbst mit bei.

Vonnas Entertähnment

Asso, Macker, ich will mir je nich in deine prifaten Angelegenheiten in rein mischen. Abers du solltes hieä nich noch weiter inne Kneipe rumsizzen zu saufen. Du büss doch schon voll büss Oberkannte Unnerlippe. Noch weiter saufen ischa rausgeschmissenes Geld. Asso: Dalli, dalli – nach Haus!

Wa? Von da büss du wegen Dalli-dalli grade getürmt? Reich mir die Flosse, mattscheibenvertriebener Genosse. Wenn düssem Zustand nich ein Abgrund sein täte, würde ich je sagen: Spizze! Den Rosenthal auffe Mattscheibe erzwink den Sprunk in Akkehol.

Mein Natalje sach, sie froit sich ümmer auf düsse Sennunk, weil ihr sich übä den schaumschlagenden Dreikäsehoch so bannich ähgern kann. Sölbigen mach sie denn ümmer laut Luff. Un das is noch schlimmer as Rosenthal.

Tschä, Kollege, das is ehm Entertähnment. Is amerikahnsch. Wie so vieles, was ein spanisch vorkomp. Hat mit entern – asso, 'n Schiff angreifen, nix zu kriegen. Auch nich mit Tähn – plattdoitsch: Zahn – nix. Trozzdem: Es is einen Angriff. Auf dein Kopp. Er läss die Zähne drin un zieht dich die Schuhe aus.

Enter-tähn-ment heiss Unnerhaltunk. Die Macker vedien da ihrn Unnerhalt mit. Das Aushalten düsses Unnerhaltens is dein Problem. Aber mit Saufen lös du es nich. Pross!

Kollege, wir brauchen noie Idehn füä das Entertähnment. Noie Idehn sünd das Entertähnment sein Problem. In 'ne Zeit, wo die Pollitikers nix mehr einfällt, kanns doch nich ümmer dieselm Wizze machen.

Kuck, assie Fachloite sagen: Scheder große Entertähner hat einma eine einchne Ideh gehap. Un: Es gip wenich große Entertähner. Un die klaun sich wechselseitich nu rundum düsse eine Ideh. Das ham sie geschaff. Unnu is Ebbe.

Macker, das is unse Schangse. Wir komm bei un benuzzen düsse geklauten Idehn gegen den Uhrzeigersinn, sezzen noie Pesohn ein un – ruckzuck – die ganz noie Ideh is fertich. Denn machen wir ma das Unnerhaltunksgeschäff. Entertähnment is wie Wettstreit der Süschteme. Die klaun sich je auch weckselseitich die Idehn. Un so mach den einen in Affgannistan, was den annern in San Salvador auch nich machen dürfte.

Die Nachfrage nach so was is groß. Bei die Ahbeitslohsen! Die dürfen ihre Köppe doch nich zun Nachdenken benuzzen. Wir müssen sie, geissich gesehn, inne Astroschau auffen Bauch der Venus lannen lassen. Wennu da büss, machs diä sölber annie Ahbeit.

Oder wir lassen in „Was bün ich?" den General Jaruselski auftreten. Ihm liecht auf ein wess-össlichen Kreditdiwan. Wird'n bannigen Spaß, wenn der sölps sagen soll, was er is. Indem ihm 'ne Vorstufe zun Faschismus nich sein dahf. Ideologisch gesehn ham die scha hinter sich, was wir wieder vor uns ham.

Is 'ne pollitische Sennunk, sachs du? Mach doch gah nix! Wo die ausgewogenen pollitischen Sennungens nich ma mehr Unnerhaltunkswert ham – die ruiniän scha die Innuschtrie füä Schlaftebletten – machen wir die Polletik entertähnisch.

Wir lassen den Reagen as Master auftreten, wenner schon kein Meister is. Wer einen Präsidenten auf sein Niwoh as Schauspieler dahstellt, kann allema Fuchsberger übätrumfen. Vielleich kann Reagen das. Un die Schau heiss:"Ich grusel mir, wo du nix siehs". Un Bläcki wird Präsident. Denn wissen die Loite, wassie zu sehn ham.

Is nix? Nich positif genuch? Tschä, denn lassen wir in „Erkennen Sie die Melodie?" Rosenthal die Madam Tessjeh auffie Spizze nehm un debei die übägeohdneten Sternbiller entdecken. Die übägeohdneten Sternbiller sünd: Eimer un Fanne. Denn alle, die unner die bekannten Sternbiller geborn sünd, gehn in Eimer oder wern innie Fanne gehaun.

Auch zu negatif? Gut, ollreiht, du büss dafüä: Kuli mach weiter sein „Einer wird gewinnen" bis zus Schah zweitausend.

Abers, halt ma stopp! Geht nich. Kollege, wir ham doch fessgestellt, Entertähnment is dazu da, dassie Ahbeitslohsen ihrn Kopp bloß zun Haareschneiden benuzzen. Oder? Da is Kuli zu negatif. Wa'um? Denk doch ma sölps. Wenn einer gewinnen wird, müsen alle annern veliän! Is Entertähnment dazu da, die Loite auf düssen Trichter zu bringen? Na, asso. Ischa wie mit Zionismus. Du brauchs nich wissen, was das is. Schlimm genuch, dasses die Palästinenser belehm. Un Entertähnment muß so sein, daß sie es nich mähken.

Nu komms du!

Von was Noies

Öih. Macker, Ich weischa nich, as wie das bei diä zu Hause mit was Noies is. Bei uns isses so: Wenn innas Pantoffelkino ma wieder nix los is – die Kollegen wiegen die Sendungens ma wieder so aus, dassa nix Noies auffie Mattscheibe komp – denn kuck mein Natalje mir an un sach: „Los, Kuddl“, sach sie, „unnerhalt du mir ma. Erzähl ma was Noies! Mann inne Tünn, was büss du bloß langweilich!“ Dabei kuckt ihr mir an, (...), daß ich denk, ich liech nich auffie Kautsch sonnern steh vor mein lezzen un höchssen Richter. Was Noies! Macker, ich bitte dich. Noies gip dascha gah nich. Bei uns wird das Alte bloß wieder aufgewähmp. Oder isses vielleich noi, dassie Schurnalissen übä den Stahlahbeiterstreik so schreim, as wenn sie as (...) Tagelöhners schwersses Unrech zugefüch wird weil sie an Schreibtisch sizzen müssen un nich as Stahlkocher vorn Hochofen malochen dürfen, wo Fettlebe häärsch unnie Ahbeiters in Geld schwimm? Noi wäre es, wenn düsse Schurnalissen alle Stahlkocher wern würden. Abers das tut sche kein. Das komp, weil wir die Leissunksgesellschaff ham. Große Knochen im Mund wern besser bezahlt as Knochenahbeit. Das ischa nix Noies!

Was Noies! Gleichberechchicht wolln die Weibä sein, abers Noies solln wir liefern. Solln die ma sölps ümmer was Noies finnen, denn wissen sie wie schwer as das is. Da ’um sach ich, so richchich gnazzich: „Was Noies gip das nich!“ (...)

„Unnie Schneekattaschtrofe in uns meerumschlungne Heimat“, sach Natalje, „das ischa woll nix, wa?“ Ich sach: „Die passiät so bummlich alle zehn Schahre“, sach ich, „un wir stehn da assie erssen Schneemenschen. Schedesma sach die Regierunk, dassie nix tun kann. Indem es die größte Kattaschtrofe seit hunnert Schahre is. Kuck, wenn sie schon vegessen, was vor zehn Schahre wa, denn weiß doch kein Schwein, was bezüchlich die Witterunk as sochche vor hunnert

Schahre los wa. Un denn sagen sie, dassie Kossen füä gegen den Ernsfall zu hoch sünd. So falln wir denn alle zehn Schahre wieder in Schnee. Natalje, dascha auch nix Noies. Den Menschen steht in Mittelpunk, so lange nich die Kossen dagegen stehn. Sche höher die Kossen sünd, scheh mehr steht das Geld in Mittelpunk. Ähgebnis: Die Regierunk is in (...) ehmso tumpich as wir. Sie hat bloß mehr Ausreden. Das allns nix Noies!"

Natalje sach: „Abers Helmut den Erssen hat nach die Schnackerei mit den Kahter", sach sie, „dem Engländer un die französche lange Latte – wie heiss ihm noch? – asso, da hatter gesach, dasser was Noies zugelähnt hat. Helmut sach sölps, dasser was zulähnt. Dascha woll nu was Noies. Oder?" Ich sach: „Das sach ihn bloß", sach ich, „weil ihn zeigen will, dasser auch das Unmöchliche möchlich machen kann. Schließlich hat ihn auch entdeck, dassie Gemeinsamkeit von Ausboiters un Ausgeboitete innie Ausboitunk bestehn tut. Un dassas gemeinsame Intresse da'in bestehn tut, düsse Gemeinsamkeit vonnie Ausboitunk den Dreh- un Angelpunk vonnie weitere fruchbare sachliche Zusammahbeit zu machen. Was Noies is das nich."

Natalje sach: „Abers es ischa bei die Schneekattaschtrofe", sach sie, „wenichssens bewiesen worn, dassie Bunneswehr keine Angriffsahmeh is. Dassie nich ma abschreck, sonnern sölps Samariterdiensse nötich hat" – „Wa?" sach ich, „du, das soll mir ma velangen." Natalje sach: „Kuck", sach sie, „assie die Leopahdpanzers losgeschick ham, nich, da sünd die in Schnee stecken gebliem. Nu frach ich dich: Wenn die in Schnee nich ma von Schleswich nach Flensborch komm, wie solln die denn schemals Moskau erreichen? Dascha woll'n Ding vonnie Unmöchlichkeit." Nu komms du!

„Un denn", sach Natalje, „wollten die Bergunkspanzers mitten Kopp durchie Schneewand. Dabei ham sie sich so feßgebuddelt, dassie sölps gebohgen wern mußten. Ein Glück, dassa bald Tauwetter kam, sonns hätten wir füä uns Ahmeh 'ne Akschon Sohgenkind stahten müssen." Ich sach: „Ma ganz abgeschnittn davon", sach ich, „daß wir düsse Ahmeh bezahln un unse Feinde ihr kommandiän, muß ich scha sagn, das ischa 'n ganz noies doitsches Ahmehgefühl." – „Na, siehste", sach Natalje, „doch was Noies! Nu is es scha bloß noch die Frage, ob das Folgen hat." – „Was füä Folgen?" sach ich. Natalje sach: „Füä all die Milljahden", sach sie, „ham wir keine richchige doitsche Ahmeh un auch kein richchigen Kattaschrofenschuzz. Abers füä die Moneten kanns scha eins von beides velangen."

Ich sach: „Kanns du dich vielleich so was Noies vorstelln", sach ich, „as ein echchen Doitschen ohne schimmernde Wehr un ohne ein Säbel, mit den ihm wenichssens rasseln kann, auch wennie Froinde den Säbelgriff fess innie Hand halten?" Das konnte Natalje nich. Sie sach, daß wir denn woll das Geld füä 'ne Ahmeh rauspulfern müssen, die bei die Nachbahn keine Kattaschtrofe anrichchen un bei uns keine Schneekattaschtrofe bekämfen kann. Besser as nach die Melodie: Den Gott, den Eisen wackzen ließ, den wolte keine Knechte..." sach sie.

Ich sach: „Du machs vor die noie Lösunk schluß", sach ich, „sie liecht innie Fohtsezzunk... drum gab ihn Säbel, Schwert un Spiess, den Mann un seine Rechte! Natalje, kuck nich so beklopp! Wir machen aussie Bunneswehr 'ne Schweizer Gahde. As den Pahps ihr hat. Denn ham wir was zun Schimmern un zu Rasseln. Is aber hahmlos un billich. Füä den Ress vons Geld baun wir denn ein richchigen Kattaschtrofenschuzz."

Mein Natalje – du machsas glauhm oder nich – latschte zu die Flimmäkisse un stellte ihr an. Sie sach, mein Vorschlach is so noi, dassa bei uns schon da 'um nix aus wird, weil ihm so vernünffich is. Dascha ümmer das Alte. Sach sie. Un wenn das so is, kanns scha auch fähnsehn. Da gip das auch nix Noies. Wenn sie da den Venzke foiähn, machen sie bloß das Alte weiter. Sach Natalje. Nu komms du! Hassu ma was Noies, denn kanns es auch vewerfen! Sach deine Olle denn sölps.

Vonnas Fähnsehn

Mein Natalje sach: „Mittas Fähnsehn“, sach sie, „es ischa nich zun halten aus. Mit all die Wiedäholungens kanns scha denken, du büss innie Hölle zus Abbüßen von alle früheren Sünnens. Nu weiß ich ja, dassas Lehm auffen Dood zugehn tut. Sochches steht schon innie Bibel. Abers innie steht da nix von in, dassas Fähnsehn dich vor deinen Dood schon den Voägeschmack vonnie Hölle zu vepassen hat. Das steht düsse Mackers nich zu. Un denn noch beikomm un velangen da Geld füä, das ischa, as wenn sie diä in ein Restorang füä das Aufstoßen un Rülpzen nachchas Essen nochma abkassiän.“ Nu komms du!

Tschä, Macker, knapp aussen Uulaup torüch häng unsenein mang den Helmut sein hängengebliehmnen Aufschwunk unnie durchhängenden Pottmanehs allä Ohten. Das häng allns durch as 'ne olle Kuh ihr Oiter; bloß dassa nix in is. Un das gelang denn zu Auszahlunk. Abers, Macker, as aufgeklärten Staatsbürger weiß ich, daß ich nich aufgeklärt bün. Bevor ich as sochchen ubä das Fähnsehn meinen Spaziästock brechen tu, laß ich mir durch Fachloite aufklärn. Das machen alle führnden Loite auch so. Die wissen auch bloß, was annere ihr verklickern könn; Un dazu brauchs deine Stelln. Mackers, die Bescheid wissen. Das is mittie führenden Loite auch so. Die ham sogah Loite, die sie Bescheid stoßen könn. Die Bankjehs stehn nich innie Vefassunk. Abers sie könn auffen Schlauch stehn, wo den Apel sein gepumptes Geld durchkomm tut. Un wenn sie das tun, denn denk Hänschen nich, ihm hat ein Pferd gepaut, denn hat ihn ein vollen Hammer gekricht un is nockaut. As den Gebülleten sagen tut. Tschä, du brauchs nich ma innie Vefassunk stehn, wennu unse Vefassunk bestimm wiss. Stimmen sünd je wenichssens was, abers Zaster is mehr as das. Un wennu das has, denn brauchs nich ma Bescheid wissen, wennu einen Bescheid stoßen wiss. So gesehn, fehlt mein

Natalje zu sie ihre Unaufgeklärtheit bloß das nötige Geld, damit ihr Mach wern kann. Unseneins muß ehm Bescheid wissen, wenn ihm ein annän Bescheid stoßen soll.

Euän Kuddl sein Fachberater füä Funk un Fähnsehn is Pottjeh bei dasselbe. Ihm heiß Kalli Bruhns, gehört nich zu die Weisen, die das Kahtenlegen übä unse sogenannte Wirtschaff, die scha eher 'ne schöne Bescherunk is, füä viel Geld ausühm tun, abers ihm weiß Bescheid. Ich kauf 'ne Buddel Rum un lade Kalli ein. Es muß nich Brahmsee sein un höchs prominent, es kann auch bei mich sein, mit Rum von Lehment.

Kalli sach: „Tschä", sach er, „du, mein liebe Natalje, machs ein schweren Fehler wenn..." – „Kalli", sach ich, „Natalje mach keine Fehler. Sie kann sich höchssens in ein falschen Irrtum befinnen." – „Tschewoll", sach Kalli, " ihr befinnet sich in einen falschen Irrtum übä Sinn un Zweck von Funk un Fähnsehn. Das wiederum is keinen Fehler, denn das Volk, dascha nich aus Fachloite bestehen tut, meint je auch, daß düssen ganzen Apparat füä das Volk as sochches da is. Von wegen Unnerhaltunk, Innfomatschon, Büllunk, Kultuä un noch son Kram, wo unsenein nix mit anfangen kann. Un das, ihr Liehm", sach Kalli, „dassis ehm ganz vekehrt. Wen das glauhm tut, den befinnet sich bezüchlich das Prinzip as sochches in ein falschen Irrtum." Nu komms du!

Auf den Schreck hin ham wir uns ersma ein genehmicht. Das has jümmers un jümmers geglaub, den ganzen Laden is füä diä da, das Volk as sochches, un – bums – komp ein Sachverstännigen bei un sach, is nich. Dascha grade so, as wenn ein sach, die Mönche sünd bloß koisch un so, weil ihr das annere zuviel Ahbeit un Aggewahs macht. Ich un Natalje sahen vor unse geissichen Augen ganze Welten zusammknacken.

Kalli sach: „Das Pregramm un so", sach er, „dascha nich die Haupsache. Haupsache is, daß den ganzen Apparat, die Vewaltunk un so weitä beschäftich is." –

„Wa'um?" sach Natalje. Kalli sach: „Weil düsse Vewaltungens un Apparate füä unsen Schtaat das sünd, was die Troie füä die Ehre is. Wie sachten sie damalige Zeit, wo hoite keinein großes Tieä gewesen sein will, zu Troie un Ehre? Sie sachten: Troie is das Mahk der Ehre! So auch hieä: Vewaltunk is das Mahk von Schtaat un Gesellschaff! Nümm das Mahk da aus un – rummsdi bummsdi – den ganzen Kram knack innen Dutt!" Nu komms du!

Indem daß ich un mein Natalje so baff wahn un nix sachten – ich hap bloß gedach, daß Vewaltunk laufen muß un läuft un mennige Mittläufers erzoicht – fuhr uns Kalli as Fachmann foht: „Aus düsses Prinzip folcht", sach er, „daß ihr froh sein könnt, daß ihr wenichs Wiederholungens as Futtä füä oiän lütten Horizont kriegen tut. Innie Stunne der Not wern die Pregramme ganz eingestellt – wir müssen spahn – un mit Pollezei un Gerichtsvollziehers wern die Beiträge eintriem, denn sonns kann die Vewaltunk nich mehr bezahlt wern un dem Schtaat geht in Eimer. Das, meine Liehm, issas ganze Geheimnis!"

Mich un mein Natalje wa düsse Erkenntnis ne Buddel Rum wert. Ich abers meine, daß sonne Mackers mit sonnen Kuckmadurch as Kalli innie nächste Nächde von Helmut den Erssen gehörn tun. Ihm braucht sonne staatsstüzzende Gesinnunk bei sich bei. Auch wenn wir nich mehr Fähnsehn, sonnern bloß noch weit kucken können sollten. Ers komp Schtaat, denn Vewaltunk, denn komp ne Weile nix, denn – vielleich – Fähnsehn, un denn kommen wir noch lange nich. Wir stehn bloß annie Spizze beis Berappen.

Von Natalje as Paten

Öih, Macker! Hassu schon den Pate Teil zwei gesehn? Nich? Macker, mussu hin. Is keinen Film. Is ein Aaschbacken-Marathon.

Wovon es inn hannelt? Vonnie Billunk von große Vemögens unnä amerikahnsche Vehältnisse durch Italjehners aus Sissiliän. Mohd un Dotschlach aller Ohten in böbersse Kreise. Abers moralisch, Makker! In Gegensazz zu die bei uns geltenden Vehältnisse müssen auch ein paa von die da ohm da'an glaum. Pängpäng, un schon is ihm Elias grabbel. Du sachs es, Kollege, das is, wie mit sie ihre Präsidenten. Das mach abers auch da an liegen, assu in den Film sehn un belehm kanns, daß mang das große Geschäff un das große Vebrechen unnie große Polletik kein großen Unnerschied in is. Übä alles steht: Haste was, kannste was; kannste was, haste was. Haupsache, du has was! Richchich sonn Film übä die Fohtsezzunk vonnas krissliche Ahmtland mit annere Mittels. Tschewoll, Nu komms du!

Mein Natalje sach: „Kuddel", sach sie, „wa'um gehn die Italjehners innie Juhes-A bloß so zu Knass?" Ich sach: „Dascha ganz klah", sach ich, „as düsse ahmen Schweine da ankamen, da hatten die annern schon die großen Vemögens gemach. Sie hatten die Innijahners abgegurgelt. Sünd die annern reich geworn. Denn kamen sie bei mit den Bau vonnie Eisenbahnens. Ham sie die Fahmers un so abgegurgelt. So entstannen denn nochmals ganz große Vemögens. Un denn kam die Italjehners. Sie mußten nu außen Mist vonnas Kleinvieh sie ihr Geld machen. Schwahz Schnaps brenn, Puffs oggannissiän, Glücksspiel, Rauschgiff un so. Was wiss machen, wennie annern dich schon alles wechgeräubert ham?" Natalje sach: „Unnie Doitschen", sach sie, „was ham die innie Juhes-A gemach? Ham die auch...?" – „Nöö", sach ich, „ganz wenich. Bei uns is die Auswannerunk anners rum gelaufen. Bei uns is die Mafia zu Hause gebliehm. Die ham hieä ihre

Vemögens gemach, das dritte Reich gegrünnet un denn uns Wirtschaffswunner eröffnet. Bei uns brauchten sie – so bummlich un alles in alles – nich ers die Mafia grünnen un denn in mühseelige Kleinahbeit Schtaat un Polletik ähobern. Bei uns wahn sie ümmer gleich un vorne wech annie Spizze."

Tschä, Macker, nu komms du! Sowas kanns dich aus einen schlichchen Film mit Mohd un Doodschlach allens rausklamüsern. Is sein Geld wert. Un is jümmers noch billigä as all den Schiet unnas bedruckte Papiä, den sie in Frankfurt auffie Buchmesse vehökern. Abers mein Natalje wollte das allns nich zu Kopp. Natalje sach: „Abers das muß doch auch anstännige Menschen gehm", sach sie, „Loite, die richchich ahbeiten. Sahne kanns doch bloß abnehm, wenn ersma Milch da is. Un Milch, Kuddel, komp doch von unse Ahbeit." Ich sach: „Das is richchich", sach ich, „abers as du gesehn un belep has, ging das in düssen Film ummie Sahne. Da komm denn orntliche Loite, die ahbeiten, nich in vor. Die ham ers die Milch gegehm. Bei das Absahnen wärn sie nich benöticht."

Abers so alles in alles hat mein Natalje doch Geschmack an den Film gefunnen. As ihr sich ihrn breiten Achtersteven geriehm hat, von wegen das lange Sizzen, sachte sie: „Du, Kuddel", sach sie, „komp nu noch den Film ‚Der Pate' Teil drei, nu was soll sich in den wohl abspielen?" – „Tschä", sach ich, „das soll mir auch ma velangen. Bei das Geschäff wern sie wohl auch noch den dritten Teil machen. Abers ob den soon Geschäff wird, das weiß ich nich." – „Wa'um nich", sach Natalje. Ich sach: „Kuck ma", sach ich, „ers ham sie gezeicht, wie schmuzziches Geld in böhgerliche Unnernehms sauber wird un daß innen Konkerrenzkampf den größen Lump ohm auf bleihm tut. Was wolln sie nu noch zeigen? Nu könn sie bloß noch das große Viehnannskapptal beis Absahnen zeigen. Das is langweilich un alltächlich. Wenn die ohm sünd, finnet Mohd un Doodschlach wieder unnen statt. Allns is nohmal, asso langweilich. Mittas nohmale Geschäff is kein Filmgeschäff zu machen." Nu komms du!

Un nu, Macker, komp die Sache, die das Faß die Krone ins Gesich schlagen tut. Nachs wer ich wach. Was soll ich diä sagen? Mein Natalje sizz unner die Lampe un schreip un notiät. So richchich, mit Papiä un Bleistiff. Ich denk, mir paut ein Ferd. Da ich davon auch nich schlauer wern tu, as den Viehnannsminisser auch, sach ich: „Was machs du denn da?“ Natalje sach: „Ich stell unse Truppen auf“, sach sie, „ich, Natalje Schnööf, werde die ersse doitsche Mafia grünnen. Sizz Kiel. Ich will endlich auch ma bei das Absahnen bei. Die Filmrechche verkauf ich an Volker Schlöndorf. Un mein erssen Berater wird den Kielä Bürgermeisser Barow. Denn einen korrekten Mann un Schurissen muscha in den allgemeinen Beschiß dabei sein. Sonns wirs übän Löffel barbiät.“

Macker, Nu komms du! Wennas nachs in Kiel ballern tut, Ruhe bewahrn! Mein Natalje sie ihre Mafia hat sich auffie Socken gemach. Angs brauchs nich ham, zun Anfang tun wir die Lütten nix. Das komp ers, wenn wir Viehnannskapptal sünd.

Von Nix zu Weihnachchen

Öih, Macker, asso, sölps auffie Gefah as sochche hin, dassu mir veräppels: Ich glaup da'an, daß den Menschen vänünftich is. Na ja, wolln ma sagn, ihn könnte es sein. Auf scheden Fall mehr as nache vekaufte Auflage vonne Bild, asso, zu ähwahten wäre. Den Menschen kann venünftich sein. Ihm soll bloß wolln. Un ich wollte. Mein Natalje auch. Nu komms du!

Unnu machsas glaum oder auch nich, den Anlass zu uns gemeinsamen Willen vernünftich zu sein, wa einen Schnack, den Tante Mine ihr'n dösiges Schlabbermaul entflohn wa: „Ghottseidank", sach Tante Mine, „Ghottseidank ham wir alles, was wir brauchn. Un was wir nich brauchn, das kaufn wir uns!" Netürlich wollte sie ganz was anneres sagn, nich. Ihr hatte sich bloß vekwasselt. Abers, auf düsse Aht kam sölps aus ihr ma was Vernünftiches raus. Kuck, das is die Liss der Venunf. As den Fillesofen Hegel sach. Aus den scha den Fillesofen Karl Marx entstannen is, indem er ihn auffen Kopp stellte, alles aufsammelte, was Hegel aus die Taschen fiel un denn als eichne Werke rausgegehm hat un so auf eichne Füße stehn tat. Asso, geissich gesehn.

Ich sach: „Natalje", sach ich, „Tante Mine hat mittels die Liss der Vernunf die Welt richchich interpretiert. Nu komp es da auf an, daß wir beide ihr dementsprechend verännern. Die Welt inne richchige Fassong bringn. Weiss was, wir kaufen nix zu Weihnachchen! Wir ham sche alles. Büx übä'n Mors, Dach übä'n Kopp, 'ne wahme Bude un so bummlich zehn Perzent Übägewich. Fabfähnsehn ohne besoffnen Juhnke sche doch mit den nüchternen Rosenthal, den abers so kwasselt as ob, mitsamp (...) pollitische Informatschon, den ham wir auch. Un wenn wir schon geissich in strengsse Diät lehm, nich, wa'um solln wir zu Weihnachchen köhperlich mehr vekonsumiern? Wir kaufen nix! Nich die Bohne. Ausser, vielleich, zwei Kassen Bieä un vieä Buddels Doppelkohn! Das annere Schenken schenken wir uns. Un Kahssens seine Ansprache is geschenk.

Kollege, ich wa so inne Faht, daß ich geissich richchich 'n Raketenstaht machen tat. Ich sach: „Das is ne Akschon", sach ich, „mit 'ne ungeahnte pollitische Dimension. Wir kaufen nix, terrorisiern den Konsumterroä, lassen die Kapptalissen auf ihrn Schiet sizzen, die das Fess des Friedens zu ein Raubzuch in unse Pottmanehs umfunkscheniän. Wir funkscheniän noch ma um, indem wir nich funkscheniän!

Du, mein Natalje wa Foier un Flamme. Sie wa füä meine Ideh. Ganz un gah. Sie sachte, dassie Preise, die Weihnachchen ümmer so nach ohm springen tun, sie düssen Entschluß ungemein erleichtern. „Is das auch die Liss der Vernunf", sach sie, „die hieä wirken tut?" – „Nöö", sach ich, „das is mehr die Raffgieä vonnen Mittelstand."

Wir wahn so begeissert übä uns sölps, daß wir gleich drei Flaschen Rotwein ausgelutscht ham. Jugoschlawischen. Ihm is billiger. Un denn ham wir uns begeissertan uns diäeckte Akschon gegen Konsumterroä un kapptalissische Ausboitunk. Nix zu Weihnachchen! Un wir warn die Profeten, die den Drachen von parasitären Mehrwert diäecktemang in Rachen spukten.

An'n nächsen Mohgen sachte Natalje , dassie, asso, die Ganz schon bestellt hat. Sie wollte ihm fülln mit Appel un Rosien. Rotkohl bei. „Asso", sach sie, „ich wer ihr doch kaufen. Denn sonn ganz lütt büschen soll zu Weihnachchen denn je woll doch..." Ich hap ersma runnergeschluck. Das Wasser, das mich in'n Mund zusammgelaufen wa. Un denn sach ich: „Na", sach ich, „is in Ohdnunk. Den Puter genehmigen wir uns. Is pollitisch vertretbah. Indem die Einkomm vonne Landwirtschaff so gesunken sünd. Is auch unsozeal, die Bauern alle Gänse sölps fressen zu lassen. Wo die sowieso sich vekehrt ernährn. Is, so gesehn, schon 'ne rein mitmenschliche Flich. Un falls dich den Welthunger so schwer auffie Seele liegn sollte as die Ganz auffen Magen, kanns scha zehn Mahk füä die Welthungerhilfe spennen. Füä zehn Mahk könn die ein drei Tage ernährn, wo du knapp 'n orntlichen Rotkohl füä kriss. Unnie resslichen 333 Tage vons Schah lehm die vonnie Differenz unnie Gebete. Gegen den Hunger. Ich versteh nich, dassie bei alle Spahpregramme bei uns DA noch nich auf gekomm sünd.

Aber, sche näher das Krisskind die Tüä kam, vor die es scha ümmer stehn tut un durch die es nich durchkomp, indem das Krisskind sche alternatif zun sozealn Wohnunksbau füä ein Stall is, sche mehr bohrte es in mein Inneres.

Ich denk, daß, asso, wenn mein Natalje auch mit mir as Mann in Glückspott gegriffn hat, daß nix füä Weihnachchen vielleich doch nich genuch is. As Weihnachsmann kennt sie mir je tachtächlich. Vielleich doch sonne ganz lütte Kleinichkeit? Wird ihr bannich froin. Wo sie scha mit nix rechnen tut. Un so viel Froide hatte sie in ihr Lehm je auch nich. Denk ich.

Asso, 'Kopptuch kann sie gut brauchen. Ihr kricht ümmer so leicht Ohrweh von'n Zuch. Is Weihnachchen, denk ich, un, wenn schon, denn schon. Kauf ich sie 'n Tuch aus Seide. Ich, asso, rein in sonne Budieke. Wascha frühä 'ne Kneipe wa. Is abers hoite ein Laden, den „IN" is. Assie schungen Loite sagen, die auf unse Gesellschaffsohdnunk as sochche nich abfahn, indem sie auf ihr kein Bock ham.

Bei die Preise inne Budieke, du, da kanns bockich wern un ausse Haut fahn. Na ja, weil Weihnachchen is, habbich 'n Halstuch füä noinzich Mahk gekauf. Weil das Peket so mickrich aussah, habich noch 'ne lütte Emalljedose mitgenomm füä Natalje ihre Koppwehteblette. Sechzich Mahk. Sah auch nach nix aus. Da habbich denn noch 'ne große Wahse gekauf. Fuffzich Mahk.

As ich nu – um zweihunnert Mahk ähmer un 'ne lütte Weihnachsfroide reicher – durchen Schneematsch nach Hause latschen tu, wen lauf ich in'n Rachen? Mein Natalje. Sie komp aus ein Spezeal-Feifengeschäff. Mit sonn lüttes Peket. „Naa!?", sach ich. Natalje sach: „Ooch, Kuddl", sach sie, „ich hap mir gedach, wo nu ma Weihnachchen is, un wenn du auch mit mich as Frau in'n Glückspott gegriffen has..."

Na ja. Es wa 'ne Meerschaumfeife. Ganz billich. Hunnertsechzich Mahk.

Natalje hatte füä sie ihre Abweichunk von uns Nix-zu-Weihnachchen-Generallienje auch 'ne Ähklärunk. Sie sach, wenn sie den Wehner anne Feife nuckeln sieht, denn saucht ihm da scha die Liss der Vernunf raus! Soll ich auch ma saugen. Vielleich komp denn bei mir ma Vernunf raus. Pollitisch gesehn. Ich sach: „Wenn schon da was rauskomp", sach ich, „denn bei die hoitige Pollitikers nur Liss. Wenn Vernumf ham wiss, büss auffie Vekwatscher von Tante Miene angewiesen!"

Asso, das mit Nix zu Weihnachchen un so, Kollege, is nix. Unsen Kamf gegen Konsumterroä un Kapptalissen füä 'ne antikapptalissische, alternatife Schnööf-Feier... Na, wat Schiet. Ischa Weihnachchen!

Was ihn sons noch passiert

1. Vonnie Schlogäns
2. Vonnas Krihsenmänätschmang
3. Vonnen Weisheitszahn
4. Gewennete Krankenkossen
5. Vonnie Versicherunk

Vonnie Schlogäns

Öih, Macker! Weissu, was ein Schlogän is? Ein Schlogän is ein Buch in Stenegrafie. Indem, daß wir zu faul zum Schnakken sünd, sünd wir auch zu faul zus Denken. Um die Faulheit entgegenzukomm un doch dabei die grauen Zellen zu bewegen, is den Schlogän erfunnen wohden. Mit ein paa Wohte erfaß du ein ganzes Problem as sochches. Nu komms du! Den Schlogän zun „Fall Steiner“: Es is ins Lehm häßlich eingerichtet, daß neben die Vefassunk ihre Schüzzers stehn. Gott schüzze alle, wo die Nahms mit Weh anfangen. Was ich as Wienand denk un tu, trau ich Onkel Häbät zu. Als ich mein Natalje das verklickern tat, war ihr ganz begeistert. Wir ham den ganzen Ahmt Schlögänners gemacht, indem ins Fähnsehn Mattscheibe wah. Schlogän: Den Fähnsehn abstelln is aller Laster Anfang. Nu komms du!

Nataljes Schlogän zus Stabilitätspregramm: Den Schmidt is mein Hirte, mich wird's schon mangeln. Un denn wurde mein Natalje rabiat, als das ihr Aht is. Die Ketholschen, die gegen die Abtreibunk demonschtriän tun, will sie düssen Schlogän schicken: Die Kastratschon erspaht die Remedour bei zweihunnätachzehn. Nu kam wir auffe Ideh, daß man auch ein doppelten Schlogän machen kann: Erst mal den Macker ein vorn Wecker kloppen, damit ihn wach wern tut, un denn gleich ein achter ran, woübä ihn nachdenken soll und wofüä ihm seine proletarische Kamfkraff, oder was ihm sonst an Kraft noch übäham tut, füä einsetzen soll: Jeder klassenkämffe vor die eichne Tüä! (Mitbestimmunk in Gewerkschaffsunternehmens) Was dein is, is auch mein; was mein is, gehört noch lange nich diä! (Stärk den Geist der krisslichen Nächssenliebe) Die Katze läss das Mausen auch mittie Schelle nich! (CDU will nu auch Sozealrefohrm) Vom Professoä soss diä nich mehr as Milch velangen! (Leistunksprinzip füä alle) Der Gott, der Eisen wachsen ließ, der wollte keine

Rechte! (Berufsvebot füä Berufsrevollutschonäre) Mittie Rüssunk sünd sie fix, füä die Büllunk tun sie nix! (Seelich sünd, die einfältichen Hääzens sünd) Kuck ma, sonn Schiet kommt dabei raus, wennu ma selbst ein Schlogän erfinnen tus: Suup die duhn un freet di dick un holl dien Muhl von Polletik. Denn is dich den Wech bis zus höchsse Staatsamp geebnet. Denn, wen bestich, den soll nich sölps ins Messer laufen. Wer den Schlogän nich ehrt, is den Schwachsinn nich wert. Denn jeden Wehner find seine Feife. Nu komms du!

Vonnas Krihsenmänätschmang

Ich sizz innie Stube un spiel Lambsdohfs doitschen Ahbeiter. Das heiß, ich tu nix. Un bei düsse Gelegenheit probiä ich ümmer, obbich die Prüfunk füä 'n Haupgefreiten bei die doitsche Kriechsmarine – damalige Zeit – nochma bestehen können täte. Dafüä muß aus Fensser kucken un gahantiät an gahnix denken. Damalige Zeit mußtes du das drei Stunnen machen.

Aber, Kollege, was meins du woll, ich mußte Spiel un Prüfunk unnerbrechen. Indem aussen Lokus einen Schreckensschrei ähschallen tat. Das wa einen schrillen Schrei von tödliches Ensezzen. As es inne Krimenalromane heißen tut, wo die Leichen je auch ümmer gekrümmp liegen tun. Unnern Schreibtisch, in Fahstuhl oder so.

Asso, sonnen Schrei wa das. Tschä, un so was is ümmer 'n Zeichen, daß mein Natalje in 'ne tödliche Gefah is. „Kuhuddell!" As wenn du mit 'n dicken, rossigen Nagel so orntlich übä 'n Ziegelstein ratschen tus. Un nochma: „Kuhuddell!" In sonn Momang, Macker, bün ich sofoht hellwach un auffie Höhe vonnie Situatschon. Ich aussen Sessel hoch un denk furts, daß sie, asso, nich reingefalln sein kann un bein Rettunksversuch aus Versehn die Leine gezogen hat. Sich asso sölps grade wechspült. Das geht nich. Ersma pass mein Natalje, so rein vonnie Ausmaße... Unmöchlich, denk ich. Un denn, wir ham nich Zuchleine, sonnern Knoppspülunk. Schließlich hätte ihr denn auch nich zun zweitenmal bölken könn. Un von das Meeresrauschen wa auch nix zu hörn.

Ich raus aussie Tüä auffen Fluä. Hieä übäblickte ich die Situatschon as sochche sofoht. Den Niagahafall hatte sich velagert un fand in unsen Lokus statt. Das mähkte ich auch da an, daß ich bis annie Knöchel in Wasser stand un den Teppich so in sanfte Welln schaukelte. „Was is los?" bölk ich. „Ham wir nu statt fließennes Wasser stürzennes Wasser annie Wand?" Nach mehrmaliges, ruhiges Nachfragen krichte ich aus Natalje raus: es wa nich den Niagahafall, ihr hatte bloß die Waschmeschine nich richchich abgeschottet un ihr 'ne lüttje Stunne laufen lassen.

Die Waschmaschine is uns Emanzipatschonssümbol. Mein Natalje sachte, daß ich woll vonnie Werf weiß, daß es 'ne Aht von Ahbeit gehm tut, die den Menschen da'an hinnert, sich voll un frei gemäß seine innere Anlage zu entfalten. So kam ihr zu 'ne Waschmeschine un ich behielt meine Malloche. Unnu hatte ich die Ahbeit von ihre Anlagenentfaltunk, indem ihr debei vonnie enfesselte Technik inne mittlere Kattaschtrofe gestürz worn wa.

In sonne Situatschon wackze ich zu meine einkliche Größe. Ich wer ganz ruhich, gewissermaßen eiskalt. Un denn, du, treffe ich meine Entscheidungen. Das genieß ich richchich, Kollege. Weil mein Natalje denn ma nix sach, sonnern bloß mittie Nähfen zu Fuß is.

Ich sach: „Natalje", sach ich, „ab in Schlafzimmer. Zieh diä trockne Klamotten an. Mit die hieä hols diä scha die Schwindsuch an Hals. Fernä büss du Nichschwimmer un hasses in Kroiz. Ich mach das. Tööf ma ap un gip ma Obach." Denn habbich nach einen wohldurchdachchen Plan die Waschmeschine abgestellt, das Wasser mittie Schietschaufel in Eimer gekricht un denn gefoidelt. Grade bei das Foideln habbich es in meine langschährich unfreiwillige Dienszeit bein Kommiss bis zu die Meisserprüfunk geschaff. So konnte ich meine innere Anlagen un meine ähwohbene Fähichkeiten as sochche voll zum Tragen bringen.

Nach 'n lüttje Stunne wa ich fertich. Ich in schede Beziehunk, Lokus un Fluä trocken. Keine Beschwerden vonnas Volk, das unner uns wohnt, dassie inne Tropfsteinhöhle hausen müssen.

Ich nuzz die Schangs un trudel mir sonn vieästöckigen Akkawiet ein. In sonne Stähnstunnen sach Natalje da nix zu. Ich trudel mich das lütte Hochhaus achter die Weste un sach: „Na, Natalje", sach ich, „Nu komms du! Allns wieder klah un ollreiht, Piepel an Bohd. Ich mein, ich will mir je nich berühm, aber wennas Schickzal zu sonn venichchenden Schlach voll ausholn tut, so in seine ganze tragische Vestrickunk, denn is nix mehr mit Emanzipatschon. Denn muß Kuddl ran, mit sein eiskalten Übäblick un sonnssige Fähichkeiten. Denn entfalte ich mir ehm voll as Krihsenmänätscher un Macher. Prost!" Un denn habbich fix den drütten Akkawiet füä mir eingetrudelt.

Natalje kuck mir an, prüntschert sonn büschen mittie Lippen un sach: „Asso, bezüchlich die Emanzipatschon, mein liehm Kuddl", sach sie, „möchche ich diä da an ähinnern, dassu das Geld nich ausgehm wolltes füä 'ne Waschmeschine mit den sölpstätigen Raumfahrerstatschonsveschluß, Alahmanlage un Sölpsausschaltunk. Die wa dich scha zu toier. Un denn, asso, ohne deine rein köhperliche Leissunk irgendwie bemäkeln zu wolln, nich, isses die Kuns des Krihsenmänätschmangs, die richchigen Loite zu richchige Zeit annie richchige Stelle zu stelln. Un ich muscha sagen, düsses is mich ganz orntlich gelungen. Ich finne, düsse von dich sölps verschullete Kattaschtrofe habbich ganz orntlich meissern lassen."

Nu komms du!

Vonnen Weisheitszahn

Asso, Macker, as ollen Gewähkschaffer wa ich ganz durchenein. Keine Klaheit übä die Ogganisatschonsspizze. Unklahheit übä den Kollegen, den füä die Ogganisatschon sprich, auch, wenner nix zu sagen hat. Denn den Feifer wollte je in Bählin 100. 000 DM abschreihm. Un is da 'um as DGB- Vorsizzennen abgeschriehm wordn.

„Natalje", sach ich, „da komm ich nich mang durch. Wieso is den Alois abgeschriehm worn? Is doch' n Gesezz von Schtaat. Un wenn die Nuzzunk von sonn Gesezz, moralisch gesehn, diskwallifiziät, denn hat sich doch den Schtaat moralisch diskwallifiziät. Un nich den Alois." – „Tschä, Kuddl", sach Natalje, „den Schtaat veköhpert die sittliche Ideh. Wenn abers düsse Abschreibunksgesezze veköhpern, daß den Schtaat keine Ideh von sittlich hat, so muß Alois wissen, daß is, was nich sein dahf. Un denn darf ihn nich."

Ich sach: „Is mich zu hoch", sach ich, „was is denn Prackzis? Prackzis is doch: Die Bähliner kämfen füä unser aller Freiheit. Damit sie in Freiheitskamf keine kalten Füße kriegen, brauchen sie modähne Wohnungen. Wohnungen kossen Geld. Un wie kriss nach Bählin, füä Wohnungen das Geld von *die* die das Geld ham. Du gibs sie noch mehr Geld füä ihr Geld! Ich mein, *das* ischa woll klah: Füä unser aller Freiheit kanns bloß denn mit wahme Füße kämfen, wenn die wegen ihr Geld in Bählin keine kalten Füße kriegen. Da 'um kriss füä Geld noch ma Stoiern un Zinsen geschenk. Füä die Freiheit is uns nix zu toier! Un wenn wir den Schtaat dabei arm machen."

„Tschä", sach Natalje, „un so komp die große Koalitschon zustanne. Lummer läss füä Feifer seine Wohnungsspeckulatschon prügeln, damit er vedient. Unnu kricht Feifer die Prügel, die Lummer vedient hätte. Wenn sich die Vekehrten vebünnen, kriegen die Vekehrten das Vekehrte." – „Aber wir wolln doch einen bessern Schtaat", sach ich. Natalje sach: „Den kriss abers nich", sach sie, „wennu in Hintern vonnie Kapptalissen sizzen tus, un da dein Kleingeld mit machen wiss, wo die ihr großes Geld mit machen." Nu komms du! Asso, irgendwie hat Natalje da scha irgendwo rech. Wennie Freiheit 'ne prinzipjelle Frage sein sollte, unnie Wohnunk füä die ihre Veteidiger is schon 'ne Frage vonnen Reibach, denn steht je die Frage as sochche in Raum, ob besachte Veteidiger statt die Freiheit nich den Reibach veteidigen. Un ich, Kuddl Schnööf, ich beschloß, ma wieder den Dummen zu spieln. Ich habe mir füä das Prinzip enschieden. Moralisch gesehn.

„Denn ham wir nur noch ein Problem zu lösen", sach ich, „wo krieg ich nu 'n Zahnahz her?" – „'N Zahnahz", sach Natalje, „has doch bloß noch'n Weisheitszahn. Unnie üdologischen Zähne hat dich doch woll den Ehrnberch gezogen. Samp Wurzel." Ich sach: „Wegen die Gleichheit vor das Gesezz", sach ich, „wenn ich wegen die Bählin-Abschreibunk Feifer nich an meine Spizze lassen dahf, welchen Zahnahz darf ich denn an mein Weisheitszahn lassen? Die schreiben doch alle in Bählin ab. Nachdem die Kanarischen Inseln aufgekauf sünd. Wenn ich Alois nich annie DGB-Spizze lasse, lass ich auch kein doitschen Zahnklempner an mein Weisheitszahn." – „Solltes du auch nich, mein liehm Kuddl", sach Natalje, „denn, wenn die Freiheit bei uns übä das Geld komp, wer weiss? Vielleich komp bei diä denn die Weisheit nochma von düssen Zahn."

Nu komms du !

Gewennete Krankenkossen

Öih, Macker, du mein Natalje will nu alle Altäskrankheiten mitten ma ham. Nu komms du! Wa'um? Tschä, Natalje sach, sonns wird sie das zu toier. Wo unsenein – nehm den Beitrach füä die Krankheit – den Ahz unnas notwenniche Giff auch noch sölps bezahln soll. Das ischa das noie ketolsche Sozealsüschtem von den Blühm. Sub alle Linearetät. Oder assas heiss. Asso, praktisch heiss das: Wen den Krankenkassenbeitrach bezahlt hat, soll nich auch noch den Ahz belämmern. Was soll das auch? Es genücht scha, wenne OKK ihr Geld hat.

Un denn komp sonn Ahz je womöchlich bei, un schreip dich 'n falsches Rezepp aus. Ne Kisse Rum füä 'ne Grippe. Un da muß du ihn denn die Hälfte von abgehm. Von den Rum, nich. Un das, sach Blühm, wird die Kasse zu toier. Asso, muss 'ne Rezeppgebühr bezahln. Un denn, denn kanns dich die halbe Kisse Rum auch sölps kaufen. Unne Kasse behält sie ihr Geld. Un den Ahz soll sehn, wo ihm seinen Rum herkricht.

Mein Natalje hat da ganz bös gekwahk übä, du! Sie sach, die Krankenkasse is dafüä da, daß wir rechzeitich zun Ahz gehn könn, un nich alle Frührentners wern. Nu komms du!

Wassen das bloß füä 'ne Moral, sach ich, du hascha den Kohl sein moralischen Aufschwunk vekehrt rum gemach, wa?

Nehm wir ma die Tatsachen.

Erssens: Krankheiten komm füä umsonns, un Krankheiten gehn füä umsonns. Zweitens: ein Ahz komp nich füä umsonns, un zu ein Ahz gehs nich füä umsonns. Das bedoitet rein finanzjell: Krankheit muß sein, Ahz muß nich sein. Drittens: Wir brauchen Frührentners. Das senk die Lehmsahbeitszeit. Un füä schedes Schah früher Rente kriss 7 Perzent abgezogen. Das stärk die Rentenkassen unnie Solehdargemeinschaff.

Du, Kollege, was soll ich dich sagen, da wurde mein Natalje so sauer, as die doitsche Eiche es schon is. Ihr hat gesach, du, ich mach den Kohl zu Sauerkraut. Da denk diä ma rein. Un denn sach sie: Den Kohl ischa as wie die Engländers. Die sagen Gott un mein Kattun. Das hat den Alten Frizz gesacht. Sach sie. Un den Kohl, sach Natalje, den sach Moral un meint Geld.

Da habbich gesacht: Natalje, sach ich, auch das siehs du vekehrt. Du muß den Alten Frizz un den noien Helmut zusammnehm. Ers denn stimp den Schnack. Er sach Moral un du kriss Kattun.

Natalje sach: „Asso, denn muß unsenein je woll sein Kopp unnern Ahm ham bevoä ihm zun Ahz gefahn wird, wa?“ Ich sach: „Asso“, sach ich, „das betriff je höchssens 10 Perzent vonnie Doitschen. Die annern 90 Perzent sünd je zu Wahl gegangen. Un die müssen ihrn Kopp inne Gadrobe gelassen ham. Un was inne Gadrobe hänk, das kanns scha nich unnern Ahm tragen. Ischa, rein technisch gesehn, gah nich möchlich.

So, unnu zu die poplige Minnerheit. Die mitten Kopp unnern Ahm. Die brauchen nich zun Ahz fahn. Wir müssen Benzinkossen spahn. Die könn gehn. Un wenn sie gehn könn, denn brauchen sie nich beim Ahz. – Wieso nich, bölk Natalje, die mitten Kopp unnern Ahm, das sünd doch nohmale Loite. Keine Minissers. Die brauchen je übähaup keinen!

Ich sach: „Natalje“, sach ich, „wenn du'n Kopp unnern Ahm has, un sowieso gehn muss, was soss du denn beim Ahz? Denn gehs in ein Hutgeschäff, kaufs dich'n Hut. 'N Ahz kann dich Hut sowieso nich auf Rezepp verschreim.“

– Was soll den Kopp unnern Ahm mitten Hut, du... du... Riesenkohl? – Damit du was has, was dich in Krankheitsfall hochgehn kann, sach ich, abers voll auf deine Kossen!

Vonnie Versicherunk

Asso, Macker, Tante Dora is nich bloß 86, sie is auch den Vetreter vonnen gesunnen Mittelstand in uns Großfemielje. Ihrn doofen Mann Albät wa Ampmann bei die Poss. Mein Natalje sach ümmer, daß, asso, Albät sein Schicksal den Schicksal ein Beweis füä is, daß inne Klassengesellschaff, den Aufstiech von den einen, mittie apzelute Schklawerei vonnen annern bezahlt wern tut. „As Dora sich damalige Zeit den Albät krallte", sach sie, „wa ihr wech von Fischmahk, sicher vor das Stempeln un Albät hatte sein lezzes sölpstänniges Bieä getrunken." In Rahmen vonne Pahternerschaff bestimpe Dora was anlach un Albät lief unner anneres fähnä mit.

Ich vekneif mich denn ümmer, zu sagen, dasses düsses Schicksal auch inne Ahbeiterklasse – allerdings ohne Doras Aufstiech – gehm tut. Bloß daß unsein – nehm den Kapptalissen in Betriep – noch sein Natalje ins Haus hat. Unsenein ähspaht den Klose inne Hand, nich Helmut den Erssen auffas Dach. Ihm kennt je keine Tabus mehr. Den Veteidigunksetah ma ausgenomm. Un Dora hat denn – sagen wir, richtunksweisend – füä die ganze Femielje entwickelt, was unner Sicherheit un Freiheit zu verstehn is. Sie nahm sich die Freiheit, Albät füä Sicherheit sohgen zu lassen. Das fink an mit sonn lüttes Eigenheim in Beampenbauveein. Asso, wennu dich da'n Hemp un anziehn wiss, muss ers das Fensser aufmachen, sonns kriss die Ahme nich grade. Den Abtrach kossete Albät sein lezzes Bieä. Indem daß Dora ihm klah machte, dasser schon ümmer einklich apstinent sein wollte. Un sonn Haus wa Sicherheit. Nache Penkzionierunk is Albät denn auch schnell beigetrocknet. Ihn hatte bloß noch die Flich des Diensses aufrecherhalten. Bei die Briefmahken durfte ihm noch machen, wasser wollte.

Tante Dora blühte danach richchich auf. Assie Lieljen auf dem Felde. Ihr ähntete nu in Freiheit, was Albät an Sicherheit gesäät hatte. Dora fing nu an, die Sicherheit zu vesichern. Das Haus gegen Blizz, Wasserrohrbruch, un Foier, den Gahten gegen Dürre, den Wellensittich gegen die Staupe un den Briefträger gegen die Übäfälle von ihr bissigen Köter. Vor alle Dinge vesicherte sie sölps sich gegen Krankheit un all so was. Dora aas bloß Magahine auf Brot. Erssens, is dascha viel gesünner as Butter – Butter ischa füä die danach benannten Berge da – zweitens, sachte sie, is die Sicherheit in Freiheit bloß gesichert, wennu da finanzielle Opfer füä bringen tus. Auf scheden Fall sicherte sie die Versicherungen die Freiheit, sich die großen Glas-un Betongklözze hinzusezzen.

Unnu, Macker, wird Tante Dora mit 85 das ersse ma krank. Ihr komp mit Vedach auf Lungenenzünnunk in Krankenhaus. Die richchige Lungenenzünnunk krichte sie ers innas Einzelzimmer. Auf das wa ihr scha vesichert. Bloß nich gegen die Lungenenzünnunk.

„Nee", sach Tante Dora, „was habbich das da genossen. Ihr glaup da scha nich an. Ne Veflegunk gab das da, häälich! Un scheden Mohgen kam den Professer höchspesönlich mitten ganzes Geschwader achterran un sachte:

„Na, wie geht uns das?" Un denn frachte ihm danach die Zimmerschwesser schedes ma: „Was hat denn die Patientin? – Lungenenzünnunk – Soso, Sie wissen scha. Das Gewöhnliche!"

So was von pesönlich. Sonne Füäsohge. Un so was von Veflegunk. Ein – ma – lich. Sach sie. Kollege, ich wurde richchich schahf da auf, so in Freiheit durch Vesicherunk gesichert, auch ma in Krankenhaus mir 'ne Lungenenzünnunk zu holn. Oder, so, as den Professer mein Geld zu vedien.

Bis Tante Dora die Rechnungens krichte. Sie gingen alle inne mehrere Tausende. Un denn stand da ümmer unner, wassie sölps bezahln müsste indem sie dagegen nich vesichert wa. „Mein Gott, nee auch doch", schammert Tante Dora, " ich wa je so durchenein. Das ersse ma in Lehm krank. Un denn in Krankenhaus. Un denn ham sie mir allns möchliche unnerschreim lassen. Unne Brille hatte ich auch vergessen. Unnu: Ahlmann, bezahl man! „Kuddl, was mach ich bloß? Muss ich bezahln, bloß weil ich nich wusste, in meine Angs voä die Lungenenzünnunk, die ich ins Einzelzimmer noch kriegen sollt, was ich allns unnerschriem ham tu?“ Ich sach:

„Das muss du woll, Tante Dora“, sach ich, „auch wenn du so deine Sicherheit in Freiheit vesichert has, halten sie diä ümmer noch füä zurechnungs- un geschäffsfähich. So was ischa hoite nohmal!“

Da hat Tante Dora 'n Schrei ausgestoßen. As 'ne Kuh beim Anblick von 'ne Anstalt füä künssliche Besammunk.

Un Natalje sach: „Asso, Dora“, sach sie, „da hilf schezz nur 'ne Vesicherunk gegen den nächssen Fall düsser Aht. Früher, Dora, müsses du diä gegen Krankheit vesichern. Damit die Ähze denn ihr Besses tun. Hoite, Dora, muss diä dagegen vesichern, daß in Fall von 'ne Krankheit, die Ähze nich dein Besses nehm. Dein Geld!“ Nu komms du!

Wir suchen schezz füä Tante Dora 'ne diesbezüchliche Vesicherunk. Natalje sach, das is 'ne Vesicherunk gegen ein Sicherheitsüschtem, das annere in Freiheit mit Sicherheit zu dein Geld komm läss. Abers, Macker, falls du sonne Vesicherunk finnen solltes – sach mir Bescheid – tus uns alle 'n großen Gefallen! Da kanns auf ap.

Modähne Zeiten

1. Vonnie Gleichberechchigunk
2. Vonnie Sölpsentfaltunk
3. Auffie Gedienstange
4. Vonnie Emanzipatschon I
5. Vonnie Emanzipatschon II
6. Ähziehunk à la Meier
7. Vonnen Lussgewinn
8. Vonnie moderne Kinnerähziehunk
9. Mittleifkreisis
10. Vonnen Baschtaht

Vonnie Gleichberechchigunk

Ich komm vonnie Ahbeit, rein innie Wohnstube, was soll ich diä sagen, du – da hep mein Natalje mich'n großes Schnapsglas voä die Nase. Da in wa nich einen Doppel- oder Dreistöckigen, nee, du, das wa'n Hochhaus. As mich meine emfindsam Nüstern sachten, wa das Schnaps, Sprit, Figorehl. Un unner blizzahtiges Zurückfliegen des Koppes – as wenn sie ne Grade von Cäschuss Klee an Schandassel gekricht hätte – kipp sie sich den innie Figuä. Nu komms du!

Denn entgleisten sie sämpliche Gesichszüge. Assie unner Koichen un Pussen mittie Aufräumunksahbeiten fähtich wa, sach ihr:

„Haht füä hahte Männer!"

Vohsichshalber habbich ers ma zugesehn, dassich den Rücken annie Wand krichte. Denn frach ich: „Was machs du denn da?" sach ich, „du vewecksels diä woll mit 'ne illegitüme Müllkippe füä schemische Giffstoffe?"

Natalje sach: „Ich stell auf beschloinichtem Wech die Gleichberechchigunk vonnie Frau her", sach sie, „mir ham sie ehm in Fänsehn klah gemach, dassie seit zweitausend Schahre auf meine unverstannene weipliche Zeckzualität auf rumtrampeln." Ich wa so perplex, daß mich den Nahm von den Nähvenahz umme Ecke nich gleich einfiel. „Wen trampelt?" sach ich. Natalje sach: „Du as Mann un as sochcher." Nu komms du!

Ich sach: „Denn solltes du dich den Schnaps nich übän Knorpel gießen", sach ich, „sonnern ihn mir gehm. Bei sonne Mengen un sonn Tempo bün ich so schnell vonnie Füße, daß ich nich mehr zu das Trampeln komme!"

Mein Natalje trudelte sich noch sonn Hochhaus ein un sach: „Das is kein Schnaps", sach sie, „das is Wottka. Haht füä hahte Männer. Pross!" Ich sach: „Wenn du noch ma deine Gurgel mit ein Wasserfall verwechseln tus", sach ich, „denn kriss vonnas hahte Getränk 'ne weiche Birne un Gummi inne Kniekehln."

Mein Natalje hat mir denn veklickert, daß in die paa Schahre, die wir noch zu lehm ham – asso, bezüchlich die Zeckzualität – ich ruhich weiter auf ihr rumtrampeln kann. Da hat ihr sich innie zweitausend Schahre schon ganz gut an gewöhnt. Wa'um ihr Wottka säuf? Tschä, weil bloß fünfzehn Perzent vonnie schweren Akkeholikers Frauen sünd. Ham sie auch in Fähnsehn gebrach. „Un das", sach Natalje, „kann ich nehm das zweitausendschährige Trampeln, nich auch noch auf uns sizzen lassen. Wenn schon keine sofohtige, volle Gleichberechchigunk, denn wenichssens bei die Akkeholikers. Pross, Wottka, haht füä hahte Männer!"

As ihr nach Luff ringen tat as einen assmatischen Staupsauger, habbich mir übälecht, ob ich die Diäektschon vonnas Puschenkino veklagen soll. Erssens, wegen Gefärdunk vonnen Ehefrieden. Bün ich vielleich ein Milljenähr, dassich mich 'ne geschiedene Frau leissen kann? Zweitens, wegen die Kossen von sonnen Spezeahlkursus in Gleichberechchigunk. Füä hahte Sachen velangen die hoite scha Preise! – Kanns dich bald die Haare füä schneiden lassen.

Abers, Macker, innie Klage is keinen Sinn in. Indem innie Mahkwirtschaff du scheden so veklappsen darfs, wie du glaubs, daß es füä den sittlichen Zweck vonnie Umsazzsteigerunk nötich is. As ich bei das Ergebnis wa, hatte mein Natalje schon das vieäte Hochhaus stürzen lassen. Ich sach: „Bevoä du weiße Mäuse siehs", sach ich, „laß mir einen abkriegn. Du has inne Gleichberechchigunk schon bannich aufgeholt. Machen wir in düsses Tempo weiter, denn büss du schon zu die weißen Elefanten voägeschritten, wenn ich die weißen Mäuse zu fassen hap." Das hat mein Natalje eingesehn. Un mit eine Zunge, die auffas Fohmat von einen Bockshanschu angeschwolln sein müßte, sachte ihr, daß ihr gleiches Rech nich mit Unrech füä mir verbunnen sein sollte. Sie hat süßes, weißes Trampeltieä auf mir gesach. Un all so was!

Denn wurde ihr weiß. So ummie Nase rum. Assie nach 'ne gute halbe Stunne vonnen Lokus trüch kam, sach Natalje, dassie das mit die Vestähkunk vonnie weiblichen Akkeholikers nich mehr vefolgen will. „Düsse Aht Vestähkunk", sach Natalje, „erleichchert bloß mein Pottmaneh. Un an den Raufgeschmack vonnas Zoich merks nix davon, wie toier dich den Runnergeschmack kam."

Natalje sach, dassie die Gleichberechchigunk ümmer noch will. „Abers", sach sie, „ich will da auch 'n guten Geschmack bei ham. Kuddl, mohgen, wenn ich ausgeschlafen hap un mich besser zuwege is, sollten wir uns ma da 'übä einigen, wie es mit die zweitausendschährige Trampelei is. Wen weiß, obbich, Natalje Schnööf, da nich auch meine Zeit schon ümmer weit voraus wa?"

Macker, nu komms du! Gah nich wah. Macker! Schezz komm ich. Noch ham wir scha die Ein-Mann-Ehe!

Vonnie Sölpsentfaltunk

Öih, Macker, sach ma, kenns Schollie Schensen? Mein Nachber auffe Etasche. Ahbeitet auch noch in meine Bude. Asso, Scholli is mitte Nähven zu Fuß. Rundum fix un fähtich. Sein Frau Gudrun is inne Frauninnitschatife. Tschä, asso, sonn Klupp füä Ogianismus oder so. Un füä mohdäne Kinnerähziehunk. Damit die ihre Seelengewinne nich so vekehrt eingeschliffn un verbogn wern, as wie bei uns. Natalje sach scha, wir sünd alle beschädicht. Bloß, wir wissen es nich. Bis dahin hatte ich ümmer uns füä nohmal un Gudrun füä leich beknack gehaltn. Abers mein Natalje meint nu, bei mich as sochchen könnte das, asso, genau umgekehrt sein. Nu komms du!

Is so ähnlich, as wie bei die Mackers mit den Nachrüssunksbeschluß. Die wolln sche durch mehr Rüssunk zu weniger Rüssunk komm. Debei ham sie schon so viel Etombomben, dassie uns alle zehnma umbringen könn. Debei ischa zweima völlich genuch. Asso, füä den Fall, daß ma mehr as einer wieder auferstehn sollte. Ich halt dascha füä total plemplem. In düssem Fall, sach Natalje, bün ich nohmal!

Abers bezüchlich Scholli. Scholli sach: „Kuddl", sach er, „es ischa nich bloß so, dassu in Betriep 'ne Lohngruppe runner komms, füä weniger Geld auch noch mehr mallochen muss. Nee, du, schezz soll ich bei mein Sohn Voäbild spieln, bei Sölpsenfaltunk un Sölpsvewirklichunk." Ich sach: „Denn nehm den Schung man mit auffe Ahbeit", sach ich, „un lass ihn zukucken, wie du die Mackers innie Scheffetasche orntlich 'n paa innie Wäsche haus. Un wenn du schon ma dabei büss, Scholli, hau ihr noch ein mehr innie Kiemen. Un sachst: Hieä noch'n Gruß von Kuddl Schnööf."

Scholli meinte, wenn ihn damit anfänk, so die Grüße vonnie Belechschaff zu übäbringn, komp ihm mitten Zehnstunnentach nich aus. Un denn, sach Scholli, isses bezüchlich Sölpsenfaltunk un Sölpsverwirklichunk bei sonn Göör was anneres. Da isses, asso, rein seelisch. Hat mit deine Ahbeit nix zu kriegn. Bloß du has da deine Ahbeit mit. Sach Scholli.

Kurze Rede, lange Mettwuss. Scholli sach, daß sein Gudrun gesach hat, daß sonn Göör an liebsen in sein eichnen Schiet in rum ahbeitn tut. Das is füä ihm Gold. – Ischa schade, dasses nich wirklich so is, sach ich, wenn alle Scheiße, die gebaut wird, Gold sein täte, denn könnte die toire Heimat da scha Hochhäuser billichst aus baun! – Scholli sach, daß sein Gudrun gesacht hat, indem das aus hügenische Grünne un so nich geht, schon wegen den Geruch innie Wohnunk, nich, da ham wir Fahbe. Da muss die Wänne un diä sölps mit beschmiän. Un so komp den Miss ausse Seele nach außen. Debei muß denn ich, as Vadder, den Schung as Voäbild dienen. Sach Gudrun, sach Scholli.

„Die hat scha ein annie Ähbse", sach ich, „un wenn wir uns as wie die Siuck Innianers auffen Kriechsfad anmaln un ausstaffiän, glaubs du vielleich, daß dadurch Abgruppierunk un Nohmerhöhunk anners wern? Da kanns so lange anmalen un anpinseln assu wiss. Das bleip mehr Ahbeit füä weniger Geld."

Abers Scholli sach, daß Gudrun gesach hat, dasses bei ein lüttes Kind rein seelisch is. Un da muß was tun füä. Voä alle Dinge ich, as Vadder, muß da was unnernehmen. Sonns is ihm, seelisch gesehn, beschädicht bisser endlich abschrammt.

Ich sach: „Das mach bezüchlich sonn lüttes Kind woll angehn", sach ich, „das scha Scheiße füä Gold hält. Aber, Scholli, was is, wenner älter wird, un da achter komp, dasses nich andem is? Un was is, wenner kapiert, daß seines Ahbeitslehms Schiet füä annere Gold bring? Asso, ich weiß nich. Du kanns doch nich mit Fahbe gegenan!

Scholli glaup das auch nich. Abers Scholli sach, dasser sche nich as Fraunfeind un seelischen Kinnesmöhder dahstehn will. Un so schlimm isses ja auch nich, sach er, nachdem ihm von Ölfahbe auf Wasserfahben übägegangn is. Wasserfahbe krischa leich wieder ab. Asso, wennu dein innerlichen Seelenschiet diä außen angemaln hat. Un sein Schung, sach er, lach ümmer so fein debei. Da kanns woll auf ab!

Mein Natalje sach auch, daß dascha woll nich des Rätsels Lösunk vonnes Pudels Kern sein kann. Wennu lütt büss, behanneln sie deine Seele as'n Werk vonne Präzisionsuhr. Un wennu erwachsen büss, denn repariern sie düsse Seele mitten Vorschlachhammer. Damit du auffe Ahbeit richchich tickn tus.

„Abers Natalje", sach ich, „was soll da rauskomm bei?" Natalje sach: „Steht in schede Statissik, mein Bessen", sach sie, „nachdem den Fohtschritt so weit fohtgeschritten is, daß Ahbeiter 'ne Seele ham, schreitet die Akkeholsauferei vonnie Ähwachsenen zu die Schugendlichen foht. Indem das Lehm nur im Suff zu ertragen is. Von annere wirs so zusammgefaltet, dassu wieder was anneres brauchs, daß diä sölps wieder entfaltet."

Nu komms du!

Auffie Gedienstange

Öih, Macker, es geht je nix übä 'ne modäne emanzipiäte Frau. So, as es mein Natalje ihr Nichche Gesine is. Ihr sölps nennt sich sche Gay. Wascha engelsch-ammerekahnsch kling. Un da 'um woll schon fohtschrittlich is. Da ischa auch was an. In willen Wessen schießen sie sich schon hoite da 'um, wen sein Auto zuers tanken dahf. Wennas bei uns so weit is, Macker, denn kanns da auf ab, dassie Schiesserei annie Tankstelle nach strenge Duellregeln vor sich geht. Mit zwanzich Schritte Abstand un auf Kommando. Nach vorherige Anmellunk bei die zustännige Behörde. Un bloß mit doitsche Waffen. Doitsche massakriern bloß mit doitsche Waffen un unner doitschen Blick. Das doitsche Volk is ehm auch ein Volk von Radfahrern, das nich vor alle Augen auf dieselm umsteigen will.

Asso, bezüchlich düsse Gay, um auf ihr zurückzukomm, sie ischa so emanzipiät, dassie seit Schahrende mit ein Kääl zusammgeleb hat, den verheiratet is. Mit ihn hat sie ein Kind. Das hat ihr noch gekrich. Da ham sie noch nix geännert an. Abers schedes Schahr, Macker, issie alleine in Urlaup gefahn. Un den Vater konnte an sein eichnes Kind belehm, dasser Mensch von Affen abstamm tut. Wieso? Habbich doch sölps gesehn un beleb. Den Bengel saß ohm auffie Gedienstange un schmiß den Ollen mit Marmelade. „Was soll ich bloß machen, Onkel Kuddl?" hatter gebölk. Ich sach: „Hol den Swienjack da ohm runner", sach ich, „un hau ihn den Mors voll." Du, Macker, da hatte ich auch schon sonn orntlichen Klacks Marmelade auf meine hooge Stirn zu sizzen. War Vierfruch. Habbich gleich geschmeck. Die Erdbeerkonfitüre hatte den Bengel in Schrank stehn lassen. Die iss ihm sölps zun Frühstück. Da 'um issie ihn zum damit schmeißn zu schade füä. Un denn hatter gebölk, daß ich einen Wüsslink bün, den sich an lütte Kinners vegreifn tut, abers mit den Kapptalismus nich fertich wird. Nu komms du!

Ich sach: „Höä ma zu“, sach ich, „weiß den Edelknaben übähaup, wasser da sagen tut.“ – „Weiß ich“, sach er, „das hatter von seine Mutter, un ob die weiß, wassas bedoiten tut, das weiß ich doch nich!“ Auf scheden Fall bedoitete die Lage as sochche, daß den Lümmel weiter ohm auffie Gedienstange sizzen tat un mit Marmelade schmiß. Vierfruch. Wie gesacht.

Un denn hatter von anti-autoritäre Ähziehunk gekwasselt un so. Kenns das? Anti-autoritäre Ähziehunk? Asso, Macker, das is keine. Die übälass man spätere Schahre die Gesellschaff. Un schimff denn da 'übä dassie bös brutal is. Aber, was wiss in sonnen Fall auch machen. Du kanns die doch nich ewich mit Marmelade schmeißen lassen. So viel Vierfruch gip dascha gah nich.

Übäleitunk.

Gay: Ihm is geschieden. Ich will ihm nu heiraten? – Süh da, Timothois die Ibiche des Kranikus. Heiraten? So was altmodisches? – Wenn ers ma in mein Alter büss, Onkel Kuddl, denn kriss da bei lütten ein Intresse an, dassie mohgens auffas Koppkissen nehm diä ümmer die gleiche Bonnje zu liegen has! Macker, nu komms du!

Asso, Macker, rech diä nich so auf. Nach 'ne bestimpe Zeit komm sie alle wieder zu sich. Gay ihrn Bengel schmeiss auch nich mehr mit Vierfruch-Marmelade un is ers ach Schahre. Kuck, das is wie mit den Macker den sie grade aufhängten. Ihm sachte: Das is bloß die ersse Zeit 'n komisches Gefühl an Hals. Kuck, wennu die ersse Zeit übästannen has, denn pendels du dich ein.

(Da hat sich bannich viel mang die Geschlechcher verännert, Makker! Kuck, wennu frühere Zeit 'ne Schungfrau 'n Kind gemach has, nich, denn krichte einen Richter mit die Alimente bein Wickel. Un hoite? Hoite verklacht die schwangere Schungfrau die Firma, die die Pille hergestellt hat.)

Die Bibel, die ischa diesbezüchlich aussen Kurs. Von wegen: Er soll dein Hää sein. Oder von wegen: Du soss ihr auffen Kopp paun, sie aber wird diä innie Fähse stechen! Wenn einen gepaut un gestochen wird un einen einen Hään hat, denn sünd wir das! Hoit zu Tage, du, da hat unsenein in Betriep mehr zu sagen as zu Hause. In Betriep darfs scha wenichssens noch Mitbestimmunk fohdern! Was sach ich, du büscha as gewähkschafflich Ogganisiäten da verflichchet zu. Kuck, so velagern sie Konflickte aussie Keimzelle des Staates – wascha die Femielje is, nich – in annere Gegenden.

Asso, ich sölps, Macker, ich hatte sche mittie Emanzipatschon keine Lass mit. Mein Natalje hat mir gah nich ers auffie Ideh komm lassen, daß ich auch ma was anneres zu sagn hap ob as: Tschewohl! Tschä, un denn bün ich – außer das – stramm gewähkschafflich un pollitisch ogganisiät. Ich hatte asso ümmer schon Disseplin innie Knochen.

Viel geännert hat sich da übähaup nich. Sie schnacken bloß mehr da 'übä. Un – bumms – is ein Problem, was schon ümmer 'ne Ahschklarität wa.

Un mittie Kinner isses scha as wie mit die Hunne. Du denks, du ähziehs ihr. Dabei wirste ähzogen.

Die Gäh, nich, die hat zu mein Natalje sie ihre Emanzipatschon noch das Bewussein hinzugefücht – as Marx sachte – seitdem hat ihr das Gefühl, dassie eine Welt zu gewinn hat. Ich lang ihr nich as Ähoberunk.

Vonnie Emanzipatschon I

Öih, Macker! Du as sochchen hascha woll längs mitgekrich, daß ich mit die Gleichberechchigunk vonnie Frauns keine Probleme ham tu. Indem daß mein Natalje so emanzipiät is, daß ich demnächs die Pahtei füä die Gleichberechchigunk vonnie Männers grünnen werde. Abers mal wech mittie Polletik un ran annie Waheit un Warraftichkeit. Was ich mit mein Natalje so belehm tu, ischa rein gah nix. Ehrlich, es is ein Klax mittie Wixböss gegen das, was Kuddl Kohnelissen mit seine Töchters belehm tut. Den Klassenkamf in hähtesse Fohm ischa ein reine Erholunk gegen Kuddl seine Emanzipatschonskämfe.

Kuddl sach: „Kuddl", sach er, „es is ja bannich schenierlich, abers es muß mich ma vonnie Seele. Was mein Schüngsse is, ihr is virrsehn, die wollte doch im Sommer mit uns alle patuh an Nackbadestrand. Mit uns alle nach Abbesinien. Nu kommst du!" – „Tschä, un?" sach ich. Kuddl sach: „Ich sach", sach er, „was sachsu nu? In sonnen Fall. Du weischa gah nich wassu sagen soss. Ich hap denn auffen Tisch gehaun un gebölk: Nee! Weischa, so mit den Unnäton: bloß übä meine Leiche as sochche. Hat frühä jümmers geholfen. Hilf hoite auch nich mehr. Mein Schüngsse kuck mir an, as ein Bauän ein Ferd auf 'ne Aukschon. Denn sach ihr: „Erssens", sach ihr, „is Bölken kein Aggement." Kuddl, das sach dich sonn Gör hoite glatt bazz voän Kopp, du. As wennie Zittlichkeit was mit Aggemente zu kriegn hat. Un denn sach ihr: „Zweitens", sach ihr, „isses sicher kein Wunnä, dassu mit dein dicken Wanns diä nich an Nackbadestrand trauen tus. Kuck uns Muttä an. Die kann. Die hat 'ne Figuä. Ohm, die Bruss..." – „Aufhörn!", habbich gebölk, „Sünd wir hieä in ein Eroszenter oder sonns sonn Stall füä Igeleins oder sünd wir in 'ne doitsche Femielje. Dann ham meine Weibäs bloß gelach un sünd ohne mir los nach Abbesinien."

Ich sach: „Nu komms du!“ Kuddl Kohnelissen sach: „Ich kam denn innie nächsse Kneipe“, sach er, „un hap mir orntlich’n pa Lütt un Lütt genehmicht. Wennu wegen deine Zittlichkeit un deine Figuä bei deine eichnen Weibäs schon verschissen has, denn komp das auffas Saufen auch nich mehr auf an.“

„Unnie Öllste“, sach Kuddl, „die hat doch ein eigen Wohnunk eingerichchet un sach zu mich, mich sie ihr eigen, leibhaffigen Vater, dassie sich nu ein passenden Froind dazu suchen will. Nu komms du! Ich sach: „Wennu wenichssens Mann gesach hättes“, sach ich. Da sach sie: „Un mit den denn gleich so reinfliegn“, sach sie, „as uns Muttä mit diä, wa?“ Nee, du, die sach, so dösig issie nich, probiern geht übä studiern. Ich brauch keine Angs ham, sach sie, das gip die Pille un mit sonn Liederjahn as ich das in meine damalige Schunggesellnzeit wa, gip sie sich gah nich ers ab.“

Macker, dasses Problehm. Oder nich? Ich sach: „Wenichssens“, sach ich, „is ihr dennscha zittlicher as du damalige Zeit. Da tröss diä man mit.“ Kuddl sach: „Dassen schlechchen Tross“, sach er, „denn die Menschheit is schlech. Abers vielleich is ihr sche auch noch schlauer as ich.“ Ich sach: „Was reechse diä denn auf“, sach ich, „wir ham fessgestellt, daß ihr erssens zittlicher un zweitens schlauer is as du. Was wiss denn noch?“ Da bölk Kuddl: „Verdammich“, bölk ihn, „ich komm bei all die Emanzipatschon völlich mang durch, was nu einklich zittlich un schlau is. Ich weiß nich mehr was achtern un vorn is.“ Nu komms du! Weiss du das vielleich?

Vonnie Emanzipatschon II

Asso, Macker, steht da doch'n schungen Mann vor die Tüä un wollte ma kein Abbonemang vekaufen. Nee, du, ihm truch 'ne Aht Gasmaskenbrille, hatte ein Eierkopp, un wa auch einen sochchen. Ihm kam von den Veein „Billunk füä das Volk". Da wollte ihn übä schnacken mit uns. Un denn hatte ihn 'ne Resollutschon, oder so, mit. Zun unnerschreihm. Indem die da ohm düssen Veein nich die Gemeinnüzzichkeit as sochche zuerkenn wolln. „Dascha kein Wunner", sach ich, „sonns komp unseein noch da achter, dasses gah nich um'n polletikfreies Wochenenne geht, sonnern da 'um, dassie wenichssens innen Ress vonnie Woche richchige Polletik machen."

Allens was rech is, sabbeln konnte den Macker. Bloß wir konnten ihm schlech verstehn. Ihn wollte jümmers was Abschtracktes konkret in Raum stelln. Indem sonns die Wirklichkeit von unse Vefassunk, asso, 'ne Vefassunk kricht, nich, dassie abschtrackte Vefassunk sonns so konkret wird, dassu ihr in düsse Konkretheit nich ma abschtrack wieder erkenn tus. Daß, asso, die Vefassunk so is, dassu die Fassunk veliern tus.

Ich wa so aussie Fassunk, wie 'ne Glühbirne ohne Gewinne. Ich sach: „Kollege", sach ich, „halt ma die Luff an. Bevor du hieä ohne Punk un Komma weiter sabbeln tus, verklicker uns ersma abschtrack konkret. Sonns komm wir scha völlich zwischen alles mang durch!"

Das tat ihn denn scha auch. Asso, das sünd absolute Gegensäzze. Konkret isses Gegenteil von abschtrack. Un umgekehrt. Sach er. Das eine is wirklich un richchich. Un das annere, das is das ehm nich. Aber doch einklich auch. Bloß ehm auf 'ne höhere Ebene. Die is so hoch, dasses da schon geissich is. Von hieä bloß mit'n Fähnrohr zu sehn. Un deshalb ehm nich konkret. Nu komms du!

Asso, ich kucke da übähaup nich mehr durch. Das wa grade so, as wennu'n volles Kömglas inne Flosse has, du riechs den Vigerehl, abers wiss den Sprit saufen, isser wech. Oder, noch schlimmer: Is Buddermilch.

Da sach Natalje: „Nehm wir ma'n Beisppiel as sochches", sach sie, „nu sach ma: Was is ein Huhn in Pott? Isses konkret oder isses abschtrack?" Den Macker sach: „Das is konkret:" „Arrharr", sach Natalje, „un was is: Vielleich ein Huhn vielleich in sechs Monate in Pott?" – „Das is abschtrack!" sach den Kollegen „Kwatsch", sach Natalje, „das sünd den Lambsdohf seine konnschunktuägerechen Tarifabschlüsse."

Die Gasmaskenbrille sachte, wir sollten vielleich übä was anneres schnacken. Übä richchige Seckzualbeziehungen. Vielleich? Natalje sach: „Is das füä mir noch konkret un bald abschtrack? oder umgekehrt?" Den Kollegen sach, daß, asso, diesbezüchlich, die Bummserei bös un rumgehoichelt wern tut. Un, was komp da bei raus? Zack, has in deine Seelengewinde 'ne Veklemmunk in. Un der Bart is ab. Ganz konkret! Nu komms du!

Natalje krichte Glubscher so groß, as Teetassen. „Igittegitt", sach sie, „sonne Schweinerei is Billunk? Wiss du vielleich sagen, mein Schung, weil ich mein Kuddl mittels Stannesamp an mir gefesselt habe, ham wir beide 'n Knick innie Seele un könn nich mehr konkret, was wir abschtrack möchten?" – „Das grade nich", sach er, „abers ohne Stannesamp geht es sche auch. Un ihr beide wärd ansonnssen frei!" Nu komms du!

„Freiheit?" sach Natalje, „Freiheit, dascha 'n ganz anners Thema! As Frau, mein Schung, merks je ers nach Schahrende, wassu dich füä'n Blindgänger eingehannelt has. Aber den wiss doch wenichsens in deine späte Blüte sicher ham. Oder, wie seh ich das?"

Du, Kollege, aus den Eierkopp wurde 'ne Tomate. Ob Natalje denn nix vonnie Emanzipatschon halten tut? Vonnie gleichen Rechche, asso, ganz konkret, füä Mann un Frau. „Da halt ich rein gah nix von", sach Natalje, „ich hap Rechte genuch. Un wenn mich welche fehln sollten, so nehm ich ihr mir. Was heiss hieä Gleichberechchigunk? Glaubs du vielleich, ich will mir verschlechchern?"

Bevor den Macker sein Sauerstoffmangel übäwunnen hatte, sach ich: „Nu komms du, Macker“, sach ich, „Natalje ins Haus erspaht das Geld füä Emma. Wa? Abers, sach ma, büss du füä'n konkreten Fohtschritt innie Gleichberechchigunk?“ Asso, den Kollegen wa so Foier un Flamme, dass ich ihn bald mitten Minimax ablöschen mußte. Wegen Zimmerbrandgefah.

Ich sach: „Denn lass uns beide beikomm“, sach ich, „un lassen uns hieä 'ne Pahtei grünnen füä die Gleichberechchigunk vonnie Männer. Die Sache hat Zukunf. Du wirs Vorsizzenden. Ich Kassierer. Da könn wir beide prima von lehm. Un alle die Femieljenerhaltenden, geschiedenen Pollitikers ham wir kossenlos as Intressenvertreter. Biedenkopf wird unsen Haupredner!“

Den Kollegen sachte, das müßen sie ersma in ihr Billunkskollektif beschnacken. Abers da ham die Weibä 'ne Mehrheit. Mein Natalje kloppte mit ihrn Eheringfinger auffen Tisch. So! „Kuddl“, sach sie, „du kriss hieämit Grünnunksvebot. Bei Zuwiderhandlunk erfolcht Schnapsentzuch!“ Den Kollegen wa so auffen Dutt geschossen, daß ich ihm ers ma wieder grade recken musste. „Tschä, Macker“, sach ich, „abschtrack wolln wir Freie sein“, sach ich, „abers konkret lassen sie uns nich. Un bevor ich mir zu'n Antiakkeholvebot veknacken lasse, soll lieber allns so bleipen as es is. Mit ein büschen Billunk bei. As Sahne zu'n sauern Hering. Schung geüp is alt getan. Wozu bün ich Schmidt-statt-oder-un-Wähler? 'N Kopp in Sand zu stecken, da brauchs kein Strauss füä sein!“

Ähziehunk á la Meier

Asso, bezüchlich Ähziehunk as sochche, steh ich scha auffen Standpunk: Ähziehunk is, dass den ein den annern nich übä die Gemüsebeete latsch un nich mehr as unbedink nötich auffie Nähven rumtrampeln tut. Un was is? Bezüchlich uns bleipende Werte sieht das aus, as wie in Meier seine Küche. Un Ähziehunk ischa hoite woll, dassie liehm Kleinen auf deine Gemüsebeete mit deine Nähven Fussball spieln.

„Natalje", sach ich, „wo soll das bloß hin? Das Wachstum wächs um 180 Grad vekeht, die Nazzenalkomikers un Pollitikers berechchen statissische Kurven, nach die wir uns krümmen müssen, den Dollarkurs steich unnie Zittlichkeit fällt. Unnu solln die Görn sich auch noch so frei entfaltn, daß unse Nähven assen Nachschattengewäcks vekümmern. Denk bloß an Sonja ihren lütten Krischan. Den Bengel ischa keine Nähvensäge, den ischa 'ne ganze Sägekolonne. Asso, ich versteh das nich! Unsenein falln doch schon so viele auf 'n Wecker, daß wir da nich auch noch die Görn brauchen. Oder, wie seh ich das?"

Natalje sach, ich seh das ma wieder nich richchich. Zu den Zustand wie in Meier seine Küche gehöät ehm auch 'ne Ähziehunk à la Meier. Sach sie. Ähziehunk à la Meier! Kollege, nu komms du!

„Ähziehunk à la Meier", sach Natalje, „is 'ne Erfinnunk von den bayrischen Ähziehunksminisser gleichen Nahms. Ihm hat entdeck, dass den liberahln Schtaat ein stahken Schtaat sein muß, damit ihn die Freiheit von seine Böhger schüzzen kann!" – „Aha", sach ich, „dascha as wie: Wir müssen blind sein, damit wir sehn könn. Was hat das mittie Ähziehunk zu kriegn?" – „Kuck", sach Natalje, „den Schtaat schüzz die Freiheit, mit knappe Wohnungens Speckulatschongeschäffe zu machen. Un stahk muß ihn sein, damit er die Hausbesezzers vorn Keks haun kann, die scha ihre Freiheit dazu missbrauchen, dassie mein, Wohnungen sünd zum Wohnen." – „Tschä un?" sach ich. „Die Ähziehunk à la Meier", sach Natalje, „issie Vorbereitunk auf düssen Schtaat. Von Kinnesbeine an muss die Gören da'an gewöhn, dassie sich frei entfaltn, ohne Rücksich auf Sinn un Zweck. Denn gehörn sie später zu die geschüzzen Gewinner un kriegen nich die freiheitsstähkende Prügels. Vonnie Küche wie bei Meier, übän Schtaat à la Meier bis zu die Ähziehunk à la Meier is alles ganz logisch. Asso, Kuddl, wenn wir bei Sonja zun Kaff sünd, sabbel nich übä die Ähziehunk von ihrn Krischan. Da verstehs du nix von!"

Zu uns Begrüßunk haute Lüttkrischan 'n Stuhl auf's Kroiz un sach: „Brumbrum, ich bün ein Panzer!" Un sauste mittie Stuhlbeine dich annie Glasvitrine vohbei. Sonja vezoch keine Miene. „Hääzich", sach ich, „wie den Schung außen Stuhl 'n Panzer mach. Wenn sie Kriechsspielzoich vebieten, wern ja woll auch keine Stühle mehr hergestellt. Un schön ischa auch, daß sonn Panzer – gefahn innie gute Stube – die Glasvitrine heil läss."

Den Kuchen wa knapp auffen Tisch, da lach mein Krischan schon kwer übä denselm un pulte Zuckerguß nebs Stroiseln von ihn runner un Rosiehn aus ihm raus. „Was büssu bloß füä'n plietschen Dutt", sach ich, „du weiss scha schon wem was gut schmeck. Das schmeck Onkel Kuddl auch an bessen." Da mußte ich die Luff anhalten. Indem mein Natalje mich unnern Tisch gegn das Schienbein paute. Sonja sachte nix. Abers ihr glupschte mir schon schräch vonnie Seite an.

Weil auffen Tisch woll nix mehr zu versaun wa, nachdem ihm auch noch sein Kaukau ausgekipp hatte, geht Krischan auffas Büffeh los un räump das sülberne Feiertackseßgeschirr aus. Ihm schieß mittas große Bratenmesser auf mir los... Gottseidank an mir vorbei. „Was'n Glück", sach ich, „dasser mit seine drei Schahre noch nich Karl May lesen kann. Sonns hätte ihm mir womöchlich noch skalpiät!" Sonja sach ganz schnippisch: „Bis nu is noch nie was passiät!" – „Wie schön", sach ich, „abers einma muscha das ersse ma sein. Abers wenn, denn an bessen bei Tante Miene. Die hat orntlich was zu veähben!"

Irgendwie, Kollege, zoch nu die Eiszeit ein. Nich bloß Sonja glupschte noch schräger vonnie Seite, mein Natalje beflasserte mir mit ihre Dolchblicke. Un ich vestand den Spruch aussie Bibel: Der Gerechche muss viel leiden!

Ich wollte Tauwetter machen un mein Leiden ein Enne bereiten, vor alle Dinge, weil Krischan mir nu mittie Zuckerzange inne Waden kneifen tat. „Weiß was, mein Krischan, mein Schieter, mein Pummel, mein Dutt", sach ich, „weiß was? Du nimms den groten sülbern Suppenschleef un spiels da draußen in Sandkassen mit. Un wennu da kein Bock mehr auf has, denn vetausch du ihm gegen 'n schickes Plastikauto von ein Kollegen!"

Bevoä ihn mit den Löffel aussie Tüä witschen konnte, hatte Sonja mein Krischan schon bein Wickel. Un Krischan lechte los, dassu denks, wir ham 'ne Hoilboje in Zimmer. Abers Sonja bölkte noch lauter: „Ischa schon schlimm", bölkte ihr, „wenn sonn bevölkerunkspollitischen Blindgänger an meine Ähziehunk rummäkelt. Aber dascha woll die Höhe, wenn ein olln Knacker, den vernünftich sein will, ein unschulliges Kind beibrink, wertvolles Eigentum zu veschenken. Füä nix!"

Nach uns plözzlichen Aufbruch sach ich: „Natalje", sach ich, „Du siehs das richchich. Bei die Ähziehunk à la Meier billet das Eigentum den fessen Punk in der Freiheit Fluch. Un nachdem ich Sonja ihre moralischen Prügels übästannen hap, bleip bloß die Frage: Wie übästehn wir kommende Zeit den Angriff mit das große Messer?" – „Glaups du vielleich, mein liehm Kuddl", sach Natalje, „Hänschen Apel mach sich unnötich un umsonns Sohgen wegen den wackzenden Pazifismus? Die Ähziehunk à la Meier hat ehm auch ihre vorteilhaffen Folgen."

Macker, nu komms du!

Vonnen Lussgewinn

Asso, Kollege, Ich konnte beim bessen Willn nich mehr so tun, as lees ich Zeitunk un hör nix. Asso, innie Zeitunk kukken un so tun, as obbich nix höä, das mach ich ümmer, wenn mir was ganz besonners intressiern tut. Geht ganz prima. Muß die Kielä Noisse nehm. Da steht sche sowieso nix in, was diä irgendwie ablenken könnte. Dascha 'ne Zeitunk mit 'n regionales Monopol. Wennu die frischen Dooten inne Annonksen bekucken wiss, denn muss ihr ham. Ansonnssen issie scha nich viel wert. Die mellet sche ers dasses rechnet, wenn sie sich vorher tellefonisch erkunnicht hat, ob den Kohl 'n Regenschirm aufgespannt hat. Un sie ham die Kielä Sozis sche auch ihre absolute Mehrheit zu verdanken. Denn, wenn das, was innie Kielä Noisse steht, Zedehu-Polletik is, könn diä Helmut den Erssen un Graf Lampsdohf Ahm in Ahm mit zehn Perzent Ahbeitslose auch nich mehr schrecken.

Besachten Momang, wo ich abers nich mehr tun konnte, as ob ich täte, den wa gekomm, as Gudrun – weischa, die vonnie Frauninischatife, die mittas Gör as Nähvensäge – zu mein Natalje sachte, dassie – asso, genau genomm gah keine Männers brauchen. Auch das büschen Lussgewinn schaffen sie ehm so glatt sölps. Sach Gudrun.

Kollege, da nahm mein Rochus übähand. Un ich die Kielä Noisse von mein Gesich. Ich sach, so richchich mühsam schaumgebrems: „Nu halt ma stopp, Gudrun", sach ich, „Mach ma Pause un denk ma nach. Wennes auch weh tut. Vezeihunk sachte den Hahn un stiech vonnie Ente!" – „Kuddl", sach Natalje, „sach ma büss du gegen den Briefkassen gelaufn ? Was älaups du dich gegenübä mein Besuch. Du büscha woll ganz un gah von Gott velassen!" – "Ehm nich!" bölk ich nu, „Ganz in Gegentum, meine Besse. Sein heiligen Zohn hat von mich in düssen Momang Besizz ähgriffen. Ich bün so außer mir, daß mir sölps mitten Lasso wieder einfangen muss. Asso, wenn ich so was höärn muß, as wie das mitten Lussgewinn! Asso, ich muß schon sagen! Da muß den Menschen woll was sagen. Asso, so was! Da kann ich bloß sagen: Halt mir fess, ich reiß mir los!" – „Büss woll zutiefs in dein männlichen Größenwahn un Machanspruch getroffen, wa?" sach Gudrun. Das Weipstück griente dabei as Drakula, den die Kehle von 'ne koische Nonne sehn tut.

„Un du, Kuddl Schnööf", bölk mein Natalje, „hasses woll grade nötich, diä da 'übä aufzuregen. Die Drögenmöllersche von nehman jümmers auf ihrn dicken Mors stiän. So daß man deine Augen mitten Knüppel abhaun könnte. Abers, wenn zu Hause gegessen wern soll übä die Knochenahbeit in Betriep Stücke zu'n Fund stöhnen. Has su sölps nich noilich ahmts gesach..." – „Natalje", sach ich, „halt den Rand. Sünd wir hieä in 'ne troidoitsche Femielje, Keimzelle des Staates un annere Übäflüssichkeiten oder treihm wir Vorbereitunk von ponnografische Schriffen? Na, also! 'N Ress von Anstand muscha woll gewaht bleihm. Oder wie seh ich das? Asso, halt die Klappe!" Nu komms du!

Du, un da sach die Gudrun, düsses Aas: „Aha, nu fällt die Maske von Klassenbewussen, emanzipatorischen Ahbeiter un den männlichen Schauwinismus komp an Tageslich. Du veprügels sche woll auch deine ahme Frau!" Asso, Kollege, das wa nu den berühmten Troppen, den das Faß ins Rolln brink. „Da kanns auf ap", sach ich, „wegen die lezzen Prügel muss mein Ahz fragen. Den hat mich die Plazzwunne übäs Auge geklammert. Wenn so 'n paa Macker sagen, die Fraun sünd das schwache Geschlech, denn ham sie mir mit mein Natalje die falsche Rasse angedreht."

„Ganz tüpisch ischa, mein besse Natalje", tönt Gudrun inne Tonlage von 'ne Kreissäge, „daß düssen Wüsslink sein Inneres nach außen dreht, wo von den Lussgewinn die Rede is. An düssen Punk äfolcht ümmer die Entlahfunk vonnie Schauwies. Sie könn nich ab, daß ehm Lussgewinn..." – „Klappe", sach ich, „Schiet an Lussgewinn. Wenn ich auch ümmer mehr Luss da'an gewinn tu, diä deine dreckichen un schiefen Gahdienens ins Maul zu stoppen. Denn gehs du anne Racheninfekschon dood. Es geht mir nich um Luss. Es geht um Rente!"

Du, da warn die beiden platt. Un denn sach Gudrun: „Aha", sach Gudrun, „wir solln die Gebährmaschien spieln, damit du deine Rente kriss?" – „Kwatsch", sach ich, „da brauch ich weniger Sohgen um ham. Wenn mir die Statissik nich täusch, is füä meine Rente übän vekehten Lussgewinn zu Genüge vogesorch. Wie du deine Luss gewinns, daß is mir so egal as 99." – „Wa'um plazz du denn in uns Gespräch", sach Natalje, „as Begien in (...) in nahen Ohssen?" – „Was hat Lussgewinn ohne Männer", sach Gudrun, „denn mit Logik zu kriegn? Nix, rein gah nix!" – „Wenn ich diä ankuckn tu", sach ich, „un an dein Mann Schonni denken tu, muß ich dich völlich Rech gehm."

„Abers", sach ich, „da geht es scha gah nich um. Es geht da 'um, dassu voher die Hausfraunrente gefohdert has. Un du brauchs auch künftich Ahbeitskräffe füä. Menschen, Nachwuchs, Kinner. Un wenn die bloß die Roboters die Nase oder die Brille puzzen. Da 'um is die Aht von dein Lussgewinn oder Vegnügen völlich wumpe! Wiss du die Hausfraunrente, brauchs ehm ümmer noch Männer. Ers die Ahbeit, dann das Vegnügen, mein besse Gudrun. Un füä düsse Ahbeit, du Klookschieter, sünd wir ümmer noch nötich. Un wenn es da mitten Luss gehm sollte, so isses bloß die Frage, wie dein Schonni ihr aus düsse schwere gesezzliche Flich gewinnt!"

Vonnie modähne Kinnerähziehunk

Öih, Macker, kenns Scholli Jensen? Nich? Wohnt bei uns auffie Etasche. Ahbeitet mit mir in eine Bude. Asso, Scholli is doppelt geschlagen. Einma mit den Scheiß in Betriep. So, as wir alle. Tschä, un außerdem noch mit seine Frau Gudrun. Ihr is in 'ne Frauninniziatife. Füä Ohganismus oder so un modähne Kinnerähziehunk. Scholli sach, sein Gudrun sach, all düsse Sachen kanns nich den Zufall übälassen. Da muß mit Wissenschaff auf Ähfahrunksgrundlage bei. Sach Gudrun.

Asso, ich weiß nich. Abers, ischa woll möchlich. Wenn ich mich das so anhöä, denk ich, es ischa woll 'n Wunner, dassie Menschheit bis nu noch nich ausgestohben is. Un bei mir musses sich woll um 'n Natuätalent hanneln. So füä die Prackzis habbich da noch nix Noies bei gelähnt.

Un bezüchlich Ähziehunk muß ich scha sagen, dassa womöchlich was an is. Die wolln nu sche alle auffie Ähziehunk auf los. Da 'um sünd woll auch so viele schunge Lehrers ahbeitslos. Indem wir nich wissen, wie wir die Lehrers so schlau machen sollen, wie wir meinen, daß wir sölps es schon lange sein müßten.

As ich zu mein Natalje gesacht hap, bezüchlich Gudrun, daß es mich besser gefalln würde as sie ihr Inniziatife – wenn sie Gediehns grade hängen täten, du, da hing unsen Haussegen schief. Mannomann, hat Natalje mir da angenomm.

Natalje sach: „Wenn du, mein liehm Kuddl, diä füä normal un Gudrun füä beknack halten tus“, sach sie; „denn mähk diä ma, dasses ganz gut umgekehrt sein könnte. Wir sünd alle seelisch beschädicht. Un wenn ihre Gediehns auch schief hängen, Haupsache, ihr kann gradeaus kucken!“ Ich sach: „Dascha woll richchich“, sach ich, „wenn ich an den Nachrüssunksbeschluß denken tu. Das ischa so, as wenn ich bloß übä die Vebreitunk vonnie Geschlechskrankheiten zu ihre

Veminnerunk komm kann. Abers ich seh nich ein, was das mit 'ne Frauninniziatife füä Ohganismus un Kinnerähziehunk un außerdem noch schiefe Gediehns zu kriegen ham soll." Natalje sach: „Die Inniziatife hat damit zu kriegen", sach sie, „dasses Loite gip, die muß du sagen, dassie was trinken solln, indem sie sölps da gah nich auf komm, dassie Durss ham." Nu komms du!

Ich hap denn gesacht, daß ich – asso, bezüchlich den Durss – bei mir so was noch nie gemähk hap. „Nöö", sach Natalje, „bei diä isses bloß 'n Preblehm, dassu dein Durss mittie vekehrten Getränke bekämfen tus."

Un denn hat sie mir veklickert, daß Gudrun sie ihre Inniziatife nich bloß füä das Bewussein von Durss da is, sonnern auch da füä, dassu die richchigen Getränke zu die richchige Zeit nimms.

Ich hap denn Scholli das ähzählt, dassa was an is. „Bezüchlich den Ohganismus", sach ich, „asso Scholli, da kann ich diä nich bei helfen. Ich will mir sche nich in deine ehelichen Beziehungen in rein mischen. Sonne Igeleien sünd in unsere Gesellschaffskreise nich Mode. Aber, Scholli, an düsse Kinnerähziehunk, von wegen Sölpsentfaltunk un Sölpsvewirklichunk, da is was an. Sach mein Natalje." – „Mein Gudrun auch", sach Scholli, „den Kasus knacktus, Kuddl, ischa bloß, daß ich den Schung bei Sölpsentfaltunk un Sölpsvewirklichunk Voäbild sein soll."

Scholli sach: „Nehm wir 'ma 'n praktisches Beispiel – habbich zu Gudrun gesacht" – sach Scholli, „asso, bei uns in Betriep, da ham sie in Rahmen vonnie Krihsenbekämfunk das ganze Mänätschmang in Penkzion geschick, vieähunnert Kollegen zu Stempelmann un Söhne, so Stücker hunnert ham sie frühinwallidisiät, un uns as Ress ham sie innie Lohngruppen ersma runner gedrück unnie Nohmen so erhöht, daß wir noch mehr prodduziän as vorher!" – "Richchich", sach ich, „wir mallochen mehr, füä weniger Geld. So isses. Indem wir alle Opfer bringen müssen!"

„Gudrun, habbich gesacht", sach Scholli, „wenn ich nu den Schung bei Sölpsentfaltunk un Sölpsvewirklichunk Vöäbild sein soll, was muß ich denn tun? Denn muß ich ihm mit auffie Ahbeit nehm, innie Scheffetasche gehn un die da ohm richchich 'n pa innie Wäsche haun." – „Richchich", sach ich, „vollkomm richchich. Un Scholli, wenn du schon ma debei sein solltes, denn foiä sie noch 'n paa mehr innie Kiem un sach: Mit besse Grüße von Kuddl Schnööfl!"

Da hat Scholli gesacht, dasser denn Krach mittie Gewerkschaff kricht. Ersma, wegen den Betriepsfriede. Indem wir uns auffie Ahbeit nich so benehm dürfen, as den Begiehn in nahen Ossen. Zweitens, wenner so die Grüße vonnie Belechschaff übäbringen tut, schaff ihn das bloß in ungenehmichte un unbezahlte Übästunnen. Un da ischa die Gewähkschaff ümmer noch gegen, weil wir mit unse Steuän ersma noch Hänschen Apel sein Etahdefizit decken müssen, die scha dadurch enstannen sünd, daß 'n ehemaligen Viehnannsminisser mittie Grundrechenahten nich klah komp. „Un auch Gudrun hat gesacht: Um Gotteswillen bloß das nich", sach Scholli, „denn wirs frisslos gekünnicht!" – „Tschä", – sach Scholli, „was soll ich nu, den Schung demonstriän, was Sölpsentfaltunk un Sölpsvewirklichunk is oder soll ich da auf vezichchen un Maul halten un durchhalten?"

Gudrun hat das in sie ihre Inniziatife eingebrach, assie sagen, unnie Weibä ham denn rausgebrach, dasses bei ein Kind noch rein seelisch zu sehn is. Hat noch mit Scholli innie Ahbeit in uns Klamottenbude nix zu kriegen. Wen Ahbeitnehmer bleim will, den krümmp sich bei Zeiten, ham sie gesacht. Kinnerähziehunk kann bloß da sohgen füä, dasses was zu krümmen gip.

Mittleifkreiziss

Du, Macker, das gip Loite, die ham Zeit, Geld un Gelegenheit un denken übä sie ihr Lehm nach. Wenn sie das tun, komp da 'ne Mittleifkreiziss bei raus.

Paß ma Obach. Mittleifkreiziss is, wennu innie Halbzeit deines Lehms da achter komms, daß den Spielausgank fess stehn tut, du nix mehr gewinn kanns.

Das sachte wenichssens sonn Professer füä Seelenklempnerei ins Radio. Mein Natalje sach: „Das is Kwatsch", sach sie, „Mittleifkreiziss is 'ne Krankheit von Sölpsstännige un hohe Einkomms, die zu spät da achter gekomm sünd, daß Steuäerklärunk die Lehmsweisheit is, wie du 'ne Masse Geld veliän muß, um da noch mehr Geld mit zu gewinnen!" Nu komms du!

„Natalje", sach ich, „ümmer steichs du furts innie Niederungen vonnas Matehrjelle. As wenn es nix Höheres gehm tut. Un Mittleifkreiziss is ehm so was Höheres. Dein Lehm un sein Sinn as sochches. Oder so ähnlich." – „Was is denn mit diä los", sach Natalje, „mit die Mitte von dein Leif?" – „Tschä", sach ich, „da hatten wir die Weltkreiziss innen zweiten Kriech. Tschä, un sonns bezüchlich mein Lehm. Ich bün in Gahden geborn, Kielä Ossufer. Un wen da geborn wird, den fahn sie mitten Kinnerwagen auffie Werff un holn diä da mitten Leichenwagen wieder ap!"

„Sühs woll", sach Natalje, „die Kreisis deines Leifs könnte bloß da in bestehn, dassie Werffkreiziss diä ahbeitslos mach, bevor du die Höchsrente has. Tschä, un sonnssige Enscheidungens, Kuddl?"

Ich sach: „Dascha woll 'ne ganz besonners dösige Frage, von deine Seite aus", sach ich, „was hatte ich woll noch zu enscheiden, nachdem du diä füä mich enschieden hattes. Du hättes mir ja nich ma 'ne Mittleifkreiziss bewillicht." – „Kwatsch", sach Natalje, „Kuddl, wem sich düsse Kreisis leissen kann, den gab Gott auch das Lehm unnas

Geld dafüä. Wenn auch nich unbedink den Gripps, da das Richchige anzufangen mit."

Nu komms du! Abers, Macker, ich glaup, asso das Lehm ischa bekanntlich kösslich gewesen, wenn es Mühe un Ahbeit gewesen is. So gesehn hatte ich scha den rein Puddink as Lehm. Un denn hatte ich sche auch noch mein Natalje. Da wa Glücklichsein ehm Dienss. Hätte ich es gewach, in mein Leiff ne Kreiziss zu machen – sonne Sölpsmitleidskreiziss – Mann inne Tünn, die wär vielleich mit mir Schlitten gefahn.

Kollege, wiss dich 'ne Mittleifkreiziss unnie Büchers da übä erspahn: Werde Werfahbeiter un laß dich von 'ne Natalje heiraten!

Vonnen Baschtaht

Öih, Macker, Gäh kennscha, nich? Tschewoll, ihr wa sche eine vonnie Emanzepiäten un hat ümmer mein Natalje gegen sie ihr Sklafendasein aufgehezz. Ich hatte da denn die Lass von. Abers ich sach scha nix. Abers ihrn Vatä, den ischa damalige Zeit bald ummen Vestand gekomm – un, weischa, da hat ihm nich mal viel zu veliän, tschatscha, ihn wird ein leichen Dood ham, wenich Geiss aufsugehm – asso, den ischa bald verück geworn. Nöö, nich wegen die Emanzepatschon. Ihn hatte sche sowieso nix zu sagen. Seine Olle un seine Töchtäs ham ihm sche ümmer voll unnern Pantoffel gehap. Die hatten schon die volle Hääschaff errungen, bevor sie ihr innie Zeitschriffen erfunnen ham. Nöö, nich wegen das. Verrück wurde ihn ers, als Gäh pahtu ein uneheliches Kind ham wollte. Un denn noch von ein Schapahner. Nu komms du!

Mein Natalje sachte damalige Zeit sche auch: „Wenn schon", sachte sie, „denn lasses doch einen vonnie Ölprinzen sein. Hach, die ham außerdem so richchige Glutaugens. Da sizz das ganze Foiä vonnie sengende Wüsse in." Ich hap ihr gleich gefrach, ob ihr oder Gäh sich das Göör aufhängen lassen will. „Hör ma zu", habbich gesacht, „das büschen Hausahbeit mach ich denn auch noch sölps."

Damalige Zeit habbich gedacht – ischa gut zwei Schahre her – Fiete krich das übän Kopp. Sölps seine Elise hatta bloß noch rumgehoilt. Endlich hatte Fiete ma allein das Woht innie Femielje. Das hat ihn richchich genossen. Wenn sie bei uns zun Kaffe kam, duhfte ich ihn füä mein Natalje kein Konnschack gehm. Sie sach: „Denn kricht ihn das übän Kopp", sach sie, „'n Konnschack kricht ihn, wenn sie endlich gehn. Denn Fiete ischa von seine Bölkerei so fertich, dasser glatt vonnie Füße is. Denn geht ihm nich un kwasselt uns noch in Fähnsehn rein."

Un richchich, Fiete is in unse gute Stube so zu Knass gegangen, dassu denks, ihm will die Wänne senkrech hoch. „Soll das dumme Göör," hatter gebölk, „sich doch ne Kolonne Schauerloite oder Möbelpackers mit auffie Bude nehm. Wennas schon gah nich anners geht..." – „Fui", sach Natalje damang, „nu isses schon so weit, daß dem leiplichen Vatä seine Tochtä zun Gruppensex auffohdern tut. Nich genuch, dassa alle Illustriäten voll von sünd." – „Soss du Großvatä unehelich wern odä ich?" bölk Fiete. Du, ihm bölkte mein Natalje an! Da kannscha schon an sehn, ihm wa echch reif füä die Klappsmühle as sochche. Natalje hat gesach, dasses leider nich möchlich is, indem sie nich männlichen Geschlechs is. „Abers wenn das an dem sein täte", sach sie, „krichte das ahme Lütte nich ein Bekloppten un Waschlappen zu 'n Großvatä." Nu komms du!

„Un denn noch von ein Schapahner", gröhlt Fiete, „sonn Kääl mit Schlizzaugens unne Sprache, die kein Aas vestehn tut. Un gelp sünd sie auch noch. Kannscha nich ma erkenn, wennas Kind Gelpsuch kriegen tut. So was gehöät so wenich in uns Femielje als Mäuseschiet in Weizenmehl!" Natalje hat gesacht, daß Mäuseschiet in Stuten reingebacken auch füä Korinthen gegessen wird. „Abers ihm zerstöät den Geschmack da'an!" bölk Fiete. Natalje sach: „Schapahners solln ganz plietsche Köppe ham", sach sie, „un wenn ich mir dich so anhöän tu, Fiete Jansen, brauch das ahme Lütte 'ne ganze Menge von, wennas übä deine Erpanlagen wechkomm soll!"

Fiete hat denn wieder in höchsse Lautstähke gesacht, dasses nich die Frage is, wo den Baschtaht übä wechkomm täte, sonnern daß ihm das vedaun soll. Bevoä mein Natalje ihn ne Wase auffen Kopp sezzen tat, habbich mir eingemisch. Sonns sach ich scha nix. Abers sonne Krüschtallwase ischa nich billich. Ich sach: „Fiete", sach ich, „wa'um sprichs du bloß forte?" – „Weil ich außer mir bün," bölk Fiete, „ich bün aussie Forte raus!"

Ich sach: „Du, Fiete", sach ich, „sach ma, hassu rassische Voruhrteile as sochche?" – „Was soll ich ham?" sach Fiete. Ich sach: „Ob du rassische Voruhrteile has", sach ich. Fiete sach: „Wassen das?" Ich sach: „Mann inne Tünn", sach ich, „so assie Nazis damalige Zeit..." „Hör ma zu", sach Fiete ganz ruhich un faß mir so an Schemisett, daß mein Natalje schon wieder nachie Wase langen tat. „Ich", sach Fiete, „hap nix gegen Fremme. Bloß Italjehners un Sachsen kann ich nich veknusen." – „Denn isses scha ein Glück", sach Natalje, „dasses ein Schapahner is." – „Abers doch nich ausgerechnet", sach Fiete, „bei meine Tochtä in meine Femielje!" Nu komms du!

Tschä, Macker, hoite is den lütten Bengel bald zwei Schahre alt. Un Fiete is ganz verück nach ihn. Den Lütten mach ihn glatt zu 'n Affen. Wenn mein Natalje auch sach, dasser sich da nich groß füä anstrengen muß, so isses kaum möchlich un glaum an so was. Nach den Krawall.

Elise schieb ihrn Balkong vohne un ihrn Achtersteven hinten raus, wenn sie mit den Lütten Baschtaht zun Milchmann gehn tut. Un wenn alle Weibäs bölken, daß ihm scha sooo süüüß is, denn schmeiß ihr sich noch ma innie Bruss, as ein Schwein in Schiet. Kanns glauhm, ihr hätte dem Schapahner bezirz.

Wassie Muttä, die emanzipiäte Gäh mach, frachs du, Macker. Tschä, Gäh, die gip nu Heiratsannonksen auf. Sie sach, dassie lieber heiraten tut, as weiter zu kucken, wie ihrn Vatä das Kind veziehn tut... Ihr kann da bald nich mehr gegen an.

Ahbeitä, sie ihre Pahtei un Gewerkschaff

1. Revollutschonsfeier
2. Vonnie Pedderatuä des Prolletarjats
3. Vonnas Pehteigerich
4. Vonnie Vohwähts-Kurve
5. Vonnie Ahbeiterkulltuä
6. Vonnas Beschäffigunkspregramm
7. Vonnas rellegijöse Kapptal
8. Vonnen Diensleissunksbetriep
9. Vonnen Ödipus
10. Vonnie weiche Birne
11. Noie Solledarität

Revollutschonsfeier

Öih, Macker... moin, moin; düsses hieä? Das sünd Vedunklunksrollos aussen lezzen Kriech. Nöö, ich brauch ihr nich füä 'n nächssen un drütten. Den drütten Kriech, Macker, den komm sche so fix nich. Indem daß wir as Doitsche ihn diesma nich sölps anfangen könn. Düsma nich. Das dürfen wir nu bloß mittie Genehmigunk vonnie Besazzunksmächche. Die sche hoitigen Tachs Pahtner heißen. Wir sagen sche auch: Sozealpahtners, weil das Gechners sünd.

Die Rollos brauchen wir füä 'n Revollutschonsfeier in unse Wohnunk. Mein Natalje will ihr gestalten. Achzehn-Novemberrevollutschon! Has doch schon ma was von gehöät, Macker, nich. Du, asso damalige Zeit, da hätten wir as sochche noch sölps gekonnt... wenn wir gewollt hätten...

Was heiß hieä: Nu komms du! Mein Natalje sach, ihr will endlich ma wiedä das Gefühl ham, dassie Pahtei die Polletik machen könnte, voä die die Gechners seit hunnät Schahre wahnen. Un damalige Zeit, sach Natalje, da wär dascha – warraftigen Gotts – beinah passiät.

Die Rollos komm bei die Feier vor die Fensser. Brauch sche kein ein was zu wissen von, nich? Wieso schißrich? Solln wir uns ummie Rente bringen? Wo wir MAD un Vefassunksschuzz schon in Betriep ham. Macker, as Menschen mussu ersma lehm. Büss du dood, is da Sense mit, büss Leiche. Un as ein vonnie Lütten, da muß du vor alle Dinge ü-bä-lehm.

Kuck, denk bloß ma an zweiten Kriech. Da mußte unsenein doch ersma die doitschen Kriechsrichchers übälehm – in Nohwegen – damit er ihr später as Minisserpräsidenten wähln konnte.

Tschä, Macker, sowas komp von so was. Asso, achzehn – nich, da hätten wir sie bein Wickel kriegn könn. Hätten – könn, nich? Dafüä hatten sie uns dreiundreizich bein Schlawickel. Un frach nich, wie! Ham sche hoite noch 'n Lass damit un finnen ein Bunnespräsidenten, den nich inne vekehrte Pahtei wa.

Asso, was sie wollten – damalige Zeit – asso, ganz einfach Schluß mitten Kriech. Schluß mitten Kapptalismus. Alle Macht die Ahbeiters. Wen alle Werte schaffen tut, den muß auch allns zu bestimm ham!

Wa'um sie achzehn loslechten? Tschä, asso, klah wa scha, dasser Kriech veloän wa, nich? Unnie Marine – des Kaisers Kulis – hatten Schiß, dassie Admiralität unnie Affiziere sonn großen Untergank riskiän wollten. Das wa woll bloß 'ne Scheißhausparole, damalige Zeit. Unnie Mackers sachten sich: Wenn schon Untergank, denn ohne uns. Müssen scha 'n paa übäbleim, die nach den veloänen Kriech mit ihre Ahbeit all das Kaputte wieder heil machen. Un bei sowas kannscha mit die Admiralität nich rechnen, nich. Schiß, Macker, wird zu 'ne revollutschonäre Gewalt, wenn sie die Massen ergreif. As Marx unner anneres ganz richchich sachte: Ham 1. Kriech vehinnert, was nich anden wa, 2. Kriech nich vehinnert, as es anden wa.

Un – ruckzuck – bevoä die Pahteiführunk was dagegen tun konnte, hatten sie beschlossen, lieber lebennige Moiterer als doote Helden zu sein.

Den praktischen Nährwert von sonne Feiä? Is gegehm, Macker! Natalje sach: Damalige Zeit, achzehn, sach sie, ham wir gesacht: Gleiche Löhnunk, gleiches Fressen – wär den Kriech schon länks vegessen. Un wen sonne Schnacks vegessen tut, sach Natalje, den kriech bald Gelegenheit un lähn ihr noi. (Bein nächssen Schlamassel.)

Du, Macker, da denk ma an, wennu hörs, dassie mit den noien Heino un alle Strofen annie alten Grenzen wolln. Vonnie Maas büss annie Memel, vonnie Etsch büss annen Belt, Mann, Kollege, dascha impralissisches Pregramm. Da sünd scha Gegenden mang, da komms scha nich ma mit Neckermann-Reisen hin!

Kuck, mit den Übäallesfimmel sollte achzehn auch Schluß gemach wern. Aber, nee, lieber sünd wir mit ihm in zweiten Kriech bis achcher die Elbe getürmp. Da nüzzen hoite keine Gedenkfoier, Macker, so lange es in die Köppe zappendusser is.

Asso, wunnern muß ich mir scha, dassa die Alize Schwahzer nich gegen an gehn tut. Die ischa mit die Fraunemanzepatschon sonn Spätzünder von achzehn.

Die demekratischen Pahtein, sachs du, die solln? Macker, halt die Luff an! Die kloppen sich doch da 'um, wie weit ein Beampen ein Linksanwalt innie Unnerbüx grabbeln dahf, büsser an die Menschenwürde stöß. Die machen doch Terroä wegen die Antiterroägesezze.

Nöö, die Schwahzer, die müßte dagegen an. Wa'um? Weil innie Strofe mit Wein un Weip die Fraun ein Genußmittel gleichgesezz wern. Da 'um!

Da kanns Rech in ham, du. Da liecht das an. Die hält den doitschen Wein nich mehr füä 'n Genußmittel, wo ihn auf oiropäisch gesezzlich schemisch behannelt wird.

Tschewoll, Macker, das is den springenden Punk innas Zentrum vonnie Frage: Was issen Sozalismus hoite?

Asso, drühm, nich, da ham sie die Ahbeiterklasse von alles befreit. Bloß nich von sie ihre Ketten.

Un bei uns? Bei uns hannels diä bei stabilste Sockelahbeitslosichkeit un wackzendes Geld jümmer mehr Preblehme ein, die du mit Geld nich lösen kanns.

Asso, bezüchlich Sozalismus, das isses beides nich!

Natalje sach: Un Helmut den Erssen sein Sozalismus, den sezz scha voraus, daß den Kapptalismus funkscheniän tut.

Zun Sozalismus, da komp ihm sche gah nich zu, sach sie, denn Helmut den Erssen muß sche andauänd das internatschenale Kapptal veklickern, as wie es sich – kapptalissisch gesehn nich – richchich zu benehm hat. Das issen Dauerauftrach. Un so komp denn die Rentenerhöhunk unner den Ehrenberch.

Nöö, von den Strauss hält mein Natalje rein gah nix. Sie sach: Wen sich in Waschinkton oder so, sach sie, von zwei Nutten Pottmaneh un Brieftasche klaun läss un is debei nich ma voll bis annie Obäkannte vonnie Unnerlippe, wie will den Ahmloichter woll mittie Schunks vonnie Großbanken klahkomm!

Du brauchs nich so grien, Macker, weil ich Helmut den Erssen sagen tu. Wir Doitsche as sochche ham jümmers uns Obrichkeit Ökelnahms – Spizznahms – gegehm. Karel der Veschleimte un so. Asso, achzehn nich, da wollten wir sche mit die Obrichkeit Schluß machen. Abberufbarkeit vonnie Volksvetreters. Hoite berufen wir ihr alle vier Schahre, damit nimp die Staatsgewalt als sochche von uns Ausgank un tritt uns denn as sochche innie Gewählten nach Herbert Wehner seine Feife tanzend wieder gegenübä. Uns gegenübä!

As Obrichkeit hatten wir nachen zweiten Kriech: Konnrat dem Fuchs. Ihn folchte: Ludwich das Kind. Ihn folchte: Kuät-Georch den Kwalmer. Ihn folchte: Willy den Erssen. Ihn folchte: Helmut den Erssen. Mein Natalje sach jümmers: Kuddl, sach sie, dassu mich nich sie ihre Ökelnahms in alle Öffentlichkeit nenn tus. 'N Ress von Pahteidissiplin muß erhalten bleihm.

Tschä, Macker, wegen sonne Sachzwänge – assie Gebilleten sche sagen – un annere ähnliche Ausreden gip das in Momang kein Sozalismus. Dafüä stehn wir unner die Hääschaff vonnas friesische Süschtem as sochches.

Sach ma, Macker, kenns du das friesische Süschtem nich?

Macker, das is as wie bei die Steuäerleichterunk. Wen da hat, den wird gegehm. Das spahn wir denn ein bei Lehrers un Sozealahbeiters. Wir schicken ihr nich zu die Kinner un alte Loite, nee, wir schicken ihr bei Stempelmann un Söhne. Dafüä ham die Unnänehmers denn das Geld un kaufen Mikroprofessoren.

Du, sonn Klapparatismus kann denken, abers sich nich gewerkschafflich organisiän. Den hat ehm so viel Grüzze as ein doitschen Sachveständnigen. Tschä, unnie Mikroprofessoren, die nehm uns die Ahbeit wech. Un auffas Ahbeitsamp, nich, da treffen wir uns denn mit die annern, die wir nich dafüä bezahln wolln, damit sie aushelfen, sonnern die wir dafüä bezahln, dassie uns nich helfen tun.

Tschä, Macker, un auf unse Revollutschonsfeier innie Wohnunk, da sach mein Natalje: „Wen das nich kapiät", sach sie, „den kapiät auch nich, wieso wir Milljahden berappen as Stähbebilfe füä Kohle, wo wir doch Milljahden ausgehm füä schnelle Atombrütä. Den versteht sche nich ma, daß ihm beide Beähdigungen bezahlt. Abers wie hieä, so auch bei die Revollutschon. Wenn man bloß so tut, as ob man 'ne Revollutschon machen wollte. Denn bezahls du beide Beähdigungen. Deine Pleite unnnie anern ihre noien Geschäffe. Die Pleite vonnie Revollutschon unnie alten Hään ihre noien Geschäffe."

Wieso frachs du? Was die da ohm nich umbring, sach sie, das mach ihr nur stähker. Assie sche sölps sagen. Un wir, sach Natalje, ham ihr innie Revollutschon nich umgebrach, wir ham ihr später auch noch Apfinnunk bezahlt. Wo die abgefunnen wern, büss du länks mit deine Intressen abgemellet. Sach Natalje.

Öih, Macker, was drücks du mich zehn Mahk innie Hand? Has in Lotto gewonn? Steropur soll ich kaufen?

Da has woll Rech in. Bei sonne Rede genücht es nich, die Fensser zu verdunkeln. Da muß das Zimmer auch noch schalldich machen. Nich bloß wegen MAD un Vefassunksschuzz. Nöö, auch wegen die Nachbahn. Wenn die zu hörn kriegen, was sie as Ahbeiter innie Revollutschon ma gewollt ham... was solln die bloß von sich denken...

Vonnie Pedderatuä des Prolletarjats

Meine liehm Kollehgn... auch die von Betriepsrat! Indem sie euch alle ehrnde Wohte nachgerufen ham, soll ich bei die zwei Litä Freibieä vonnie Firma auch 'n paa Reihn sagen. Weil ich das Kanickel bün, das an länksen mit euch zusammgeahbeitet hat. Abers man bloß einundreizich Schahre. Da 'um hat mir das Sozeale nich voll innie Pupille getroffen. Abers euch, mit eure fünfundreizich Schahre in düsse Klamuttenbude, euch hat den Sozealplan voll erwisch. Ihr geht innie Grabbel, so as Schrott. Wenn ihr auch besser seid assie olln Meschien. Den Fohtschritt as sochchen, Kollehgn, heiß euch abtreten un ruhn.

Mein Natalje hat gesacht – Fiete, grien nich so dösich, sie hat auch gesacht, dassu nich so viel Bieä mang den Kööm saufen soss – asso, Natalje sach, ich soll da an denken, daß dies noch keine Beädigunk un kein sochchen Nachruf is. Wenn sie ein einkuhlen, denn pastern sie rum, dassie nich wissen, wie es ohne die Dahingeschiednen weitägehn soll. Ihr aber, Kollehgn, scheidet dahin, damit das weitägeht. Mittie Preduktifetät, die Dividenne un so. Dafüä kriecht ihr 'n Pedd in Mors. Ihr seid nich dood. Ihr seid bloß Rentners, bevor ihr Rentners seid.

Nu isses scha nich so, dasses mit die Malloche 'ne reine Froide wa. Das isses nich. Abers wennu nix anneres gelähnt has as ahbeiten, denn gewöhns diä glatt da'an. Is beinah wie Ehe. Die Olle krallt sich diä un – so suttje un bei lütten – wirs beinah glücklich. So auch hieä.

Da 'um, Kollehgn, isses ein bannigen Unnerschiet innie Differenz, ob du in Sack haus oder ob du in Sack gehaun wirs. Aber, wenn ihr nu vons Auto auffie stillgelechche Straßenbahn umsteigen tut, jümmers an den Fohtschritt in düsse ganze Angelegenheit denken. Kollehgn, da könn wir as Ahbeiter stolz auf sein.

Kuck ma, dassie Firma noie Meschiens übähaup den Einzuch halten lassen konnte, das ham wir mit unse Steuän berapp. Den Fluch ohne Flügel, den wir euch machen ließen, Kollehgn, den macht ihr nich füä naß. Lehm wir von Spesen? Nee, den ham wir sölps bezahlt.

Den weiteren Fohtschritt is da'in zu sehn: Früher kriechten wir as Ahbeiter Penunnse, damit wir ahbeiten. Hoite kriegen wir Kies, damit wir nich ahbeiten. Un vor den Pedd in Mors stoppen sie diä achtern 'n Kissen innie Büx. Kriss Ausgleich, Übäganksgeld, Abfinnunk, nehm den Zaster von Stempelmann un Söhne. Bar auffie Kralle! Wennu denn Rentner bist, knöppen sie dich das mittels Rentenrefohm wieder ab. So sichern wir unse Renten un brauchen uns wegen die Pangsions un so keine Sohgen machen. So has ein sohgenfreies Alter.

Tschä un denn: Frühere Zeit, Kollehgn, asso, wenn den Schlamassel ma wieder da wa, füä den wir nix könn, in den wir aber mitten in sizzen, früher, da mußte die Diäekschon sölps beikomm un gehm diä den Pedd in Mors. Hieä ham wir den größten Fohtschritt erreich. Wir dürfen sölps aussuchen, Kollehgn, wen in Mors gepeddet wern soll un dürfen auch noch sölps pedden! In Rahmen vonnie finanzielln Möchlichkeiten vonnen Betriep. Dascha klah.

Natalje sach, daß wir nich die Dicktatuä, sonnern die Pedderatuä des Prolletarjats errungen ham. Wir sünd diesbezüchlich viel weiter assie Kommenissen. Da pedden die Diäekters noch sölps. Natalje sach, wenn wir schon sölps pedden dürfen, wascha einklich das Vorrech vonnie hääschende Klasse is, nich, denn könnten wir – sach sie – könnten wir einklich beikomm zu simeliän, un gehm die Diäekschon das Geld von den Sozealplan, damit sie aussen Betriep wech bleipen tut. Nu komms du!

Ich hap scha furts gesacht, nee, das geht nich. Die brauchs du füä 'n Betriep zu leiten. Da muß auf studiät ham. Abers Natalje sach, auffen Sturz so ratschenalisiän, dassa viel mehr Loite rausfliegen as da wieder reinkomm, un Loite dafüä bezahln, daß sie nich ahbeiten, da brauchs nich auf studiän. Sie sach: „So dösich", sach sie, is unsenein schon von Natuä. Da denk ma übä nach", sach sie.

Na Kollehgn, in düssen Sinne, rinn in de Rinne. Pross!

Vonnas Pahteigerich

Die kohlen Gräsen liefen mich lang den Puckel. Aus 'ne dicke Wolke, wechsölbige aus 'ne Feife kam, donnäte 'ne Stimme: „Genosse Schnööf, du has gesacht, daß den Apgeohdneten Hansen gah nich so vekehrt liecht. Un zu deine Frau Natalje, schon länks durch Abweichungen bekannt, hassu gesacht: „Das is keine sozealdemekratische Polletik mehr. Stimp das? Antwohte!"

Macker, nu komms du! Wolke un Stimme gingen mir durch Mahk un Fennich. Das wa 'n böse Situatschon. In düssen Momang habbich kapiät, wieso innie ollen griechischen Sagen düssen Zois seine Blizze ümmer aus 'ne Wolke schloidern tat. Un wa'um – ganz damalige Zeit – aus 'ne Wolke schene Stimme kam, die Moses die zehn Chebote veklickerte. Aber düsma hannelte es sich um Häbät Wehner.

Ich sach: „Asso, Onkel Häbät", sach ich, un drück die Achterbakken zusamm as damalige Zeit bein Kommiß, „höä ma zu, asso ganz so wa es scha nich! In Betriep ham mir die Kollegen innie Mittachspause gefracht, wassen nu sozealdemekratische Polletik is. Un da habbich gesacht, daß ich das auch gerne wissen möchte. Mehr nich! Un da ham die Kollegen gesacht, obbich mein Beitrach da füä bezahln tu, damit ich was vetrete, wo ich nich von weiß, was das is."

„Un denn habbich das mein Natalje berichchet", sach ich, un da hat sie gesacht: „Mein liehm Kuddl", sach sie, „was das is, sozealdemekratische Polletik, das hat Willy den Erssen mit seine bekannte Klahheit – unmißveständlich – von sich gegehm. Willy sach: Sozealdemekratische Polletik is, daß kein Einzelnen beikomm soll un sagen, was das ist." „Tschä, un da, Häbät", hap ich gesacht: „Das ischa, as wennu sachst: Seife is, wennu keine has, nimms du Bimsstein!"

„Unnas Woht Schweinerei", bölk die Stimme, „is in düssen Zusammenhang woll auch nich gefalln, wa? Is das vielleich sozealdemekratische Solledarität?" „Dascha auch sonn Punk as sochchen", sach ich, „wenn ich nich weiß, was sozealdemekratisch is, woher soll ich wissen, was hoite Solledarität is? Vielleich is das 'ne Geschenkpakkunk zu Weihnachchen. Bestehend aus Gürtel un Hosenträger.

Un mein Natalje, Häbät, asso die hat gesach, wenn den Loderer zu Pepiä gip, sie sünd sich mittie Kapptalissen übä alles einich – übä alles völlich einich – bloß übä die Perzente vonnie Lohnerhöhunk nich, denn sünd wir beide, Kuddl, uns woll da einich übä, daß wir da'in nich einich in gehn." –

„Du büss einen Spalter!" donnert Häbät aussie Wolke.

Ich wurde nu bei lütten fünsch. „Tschä", sach ich, „das ischa woll as wie bei die Frau Lüttjehann. Sie sah ihrn Fiete innie Bunneswehrkompanie maschiän. Un sie sach: „Alle ham falschen Tritt, bloß mein Fiete nich!" – „Un Fiete Jungjehann, Genosse Schnööf," bölk Häbät, „bis in düssen Fall ehm du. Du has falschen Tritt!" Ich sach: „Dascha woll möchlich", sach ich, „abers ehm so gut isses sche auch die Möchlichkeit, dassu, Häbät, die Frau Jungjehann büss!"

Un in düssen Momang, Kollege – du machsas glauhm oder nich – kam aussen Achtergrund ein Macker. Ihn stannen die Backen übä 'n Kragen. In eine Hand hatte ihm 'ne Leiter. Mittie annere zoch ihm ein Kääl in weißen Kittel. Debei griente ihm, as ein Kater vorn Vogelkäfich. „Wer issen das", sach ich, „den kenn ich sche gah nich!" – „Das is Egon Franke", sach Häbät, „er is ehm aussen Kanal aufgetaucht." – „Unnie Leiter", sach ich, „un den Kollegen in weißen Kittel?" – „Sie begrenzen die Bandbreite vonnie Solledarität", sach Häbät, „Karrjehreleiter un Seelenklempner." – „Komm mich nich mit so was", sach ich, „bei beides is bei mir ganz hohe Kante. Kein Bedahf, Karrjehreleiter is übäflüssich: Fachahbeiter bün ich schon, Seelenklempner wird nich benötich: Inne Pahtei bün ich bald nich mehr!"

Du, da verschwannen beide Figuän. Un aussie sich veziehende Wolke kam nochma die Stimme: „Damit issie Spaltunk ersezz durch Sölpsausgrenzunk!" Nu komms du!

Asso, Macker, mohgens bein Kaffe hatte ich noch ’n Tatterich. „Natalje“, sach ich, „dascha ganz was Furchbahres. Mir flattän die Nähfen scha noch. Was soll so was bloß?“ – „Kuddl“, sach Natalje“, du has belep, was gemeint is, wenn Onkel Häbät sach, einer vonnie Spizze ohm muß die Genossen unten hilfreich zu Seite stehn!“

Was soll sonn Hühn un Pedühn? Macker, das frach ich dich! Ischa kein Wunner, dassie da ohm gah nich zu die Polletik as sochche komm. Nich? Asso, wenn die unsenein schon in Schlaf übäraschen müssen, damit wir nich ma in Traum denken, was nu ihre Polletik einklich is! Da ham sie viel zu tun. Debei ham sie das gah nich nötich. Nee! Sie müßten bloß wissen, was sozealdemekratisch is...

Vonnie Vohwähts-Kurve

Mein Natalje lecht das Blatt aussie Hand un sach: „Tschä", sach sie, „das is nu hunnnät Schahre ‚Vohwähts'. Un was is mich das mit das? Den ‚Vohwähts' is auf Null. Das einzich Rote bei uns is nu sche woll den Rotstich vonnen Fahbfähnsehn. Un den ham wir noch nich ma abgestottät."

Macker, nu komms du! Das hat unsenein nu davon, dasser as Mitglied vonnie AFA as sochche, den Kern vonnie Ahbeitäklasse dahstelln soll, die bloß bei die Studentens noch eine sochche is. Wen hunnät Schahre auf vohwähts gemach hat unnu auf Null is, den brauch füä den Spott unnä die eichne Zimmerpalme nich zu sorgen. Was machs denn? Denn benimms diä deine Olle gegenübä as Mitglied des Volkes, dassas selbe füä Helmut den Erssen regierunksfähich un füä Jochen Vogel pahteifähich machen soll. Den 'Vohwäts' is dabei auf Null gegangen. Abers ich, oiän Kuddl, kam da auf achzich bei.

Ich sach: „Natalje", sach ich, „du befinnes diä ma wiedä in einen falschen Irrtum in. Dem ‚Vohwähts' is nich auf Null. Ihm is höchssens seit Schahre an Rande desselm. Abers mit die Anzeigenplantaschen ging ihm das da ganz gut bei. Nee, es hannelt sich um eine Nullnummer. So kwasi gewissermaßen um ein noien Staht." – „Un wohin", sach Natalje, „soll den Staht gehn? Auffen noien Klimmzuch los, aus den denn ein Aufschwunk oder 'ne Bauchlannunk wern tut?" Ich sach: „Ihm muß 'ne Kurve kriegen", sach ich, „in welche ihm das Volk in meine Pehson veklickän tut, daß den ‚Vohwähts' un ich jümmers nochas sölbe wolln as damalige Zeit vor hunnät Schahre." Mein Natalje sach: „Das issen Stück mittie Kunss", sach sie, „un fahren 'ne Rechskurve auffie linke Seite nach vohwähts in Rückwähtsgang." Nu komms du!

„Hör ma zu", sach ich un wurde richchich so'n büschen fünsch, „wennu schon achter die rote Fahne hermarschiät büss – damalige

Zeit – assa noch kein weißen Kreis mittie Wollhandkrabbe in wa, denn has du auch ein Vestehsdumich davon, was nu Strategie un Taktik is." – „Un das is denn die Kurve", sach Natalje, vohwähts, wir müssen zurück? Un wen das nich kapiän tut, assie noie akadömliche Linke, den muß sich ehm mit den Rotstich innen keputten Fähnsehn zufrieden gehm? Mensch, Kuddl, die ham doch bloß geglaub, dassas mitten Sozealismus keine Kurve, sonnern 'ne grade Vohwähtsstrecke is."

Ich sach: „Siehste", sach ich, „das ischa man grade sie ihren Fehler, nich? Wir wolln doch den Kapptalismus mit seine Profitgieä un so mit Rupp un Stupp abschaffen, nich?" – „Tschewoll", sach Natalje un kuck auffen ‚Vohwähts' auf Null, „das wolln wir. Seit damalige Zeit mit Liebknech un Hasen- wie heiss er? Klewer. Tschewoll!" Ich sach: „Nu komm ich dich ma mit Logik", sach ich, „ham wir vielleich – düsse Zeit – Kapptalismus? Mit Kapptalissen, die da fix auf losmachen, nichachchend Schtaat, das Risiko un alles? Ham wir das vielleich?"

„Nöö", sach Natalje, „nich die Bohne. Sie wolln noch mehr vonnen Schtaat. Un noch mehr von uns Geld, damit das sie ihre Gewinne wern. Wir sünd 'ne Gesellschaff mit unbegrenze Haftunk, wo wir füä die Kapptalissen haften tun." Ich sach: „Sühs Schütt", sach ich, „asso müssen wir ersma wieder richchich Kapptalismus einfüän, damit wir ihm denn abschaffen könn, sünd wir nu grade bei. Nu komms du!"

Weiß du, was mein Natalje da auf sagen tut? Natalje sach: „Das is nu Strategie?" sach sie. Ich sach: „Tschewoll!" sach ich, „so ganz von hinten durchie kalte Küche." Natalje sach: „Denn laß dich man beide Beine amputieän", sach sie, „damit du ein Kwerschnittsgelähmten besser mit 'n Rollstuhl schieben kanns. Wenn die Macker vonnen ‚Vohwähts' nix besseres einfallen tut, geht das mit sie nich bloß rück- sonnern abwähts!"

Kuck, Macker, auf sonne Tuä komms denn da achter, dasses gah nich so einfach is un liefän hoitichen Tachs mehr Rotstich assen keputten Fähnsehn. Mit meine Logik vonnie Kurve nach rechts, die du links nach vohwähts in Rückwähtsgank nehm muß, da wa das Essich mit. Abers die Kollegen vonnen ,Vohwähts' ham da sche auf studiät. Die wern das mein Natalje schon beibiegen, as wie du das Volk as sochches regierunks- un pahteifähich machen tus... wennas irgend angehn tut mit Rotstich... abers einen heilen... Wir brauchen ehm 'ne Vohwähts-Perspektife.

Vonnie Ahbeitäkulltuä

Noilichs mit düsse Sennunk übä Ahbeitälitteratuä, asso, da wahn ich un mein Natalje sche gah nich zufrieden mit. Da hatten sich einen Oskah Neck un den Blühm bein Wickel. Abers bloß sich. Un nich das Themata as sochches. Wa so ähnlich, as wenn 'n geschiedenen, ketolschen Femieljenpolletiker übä die Heilichkeit vonnie Ehe schnacken tut.

Was isses Preblehm, Kollege? Das ischa: Kulltuä kam früher – wie alles Gute – von ohm. Un hoite? Hoite komp ümmer noch alles von ohm, bloß nix Gutes! Un so steht denn die Frage as sochche in Raum: Soll Kulltuä von unten komm? Ischa möchlich, dasses bei die Kulltuä is as wie bei die Katoffeln. Bei die Katoffeln sizz scha das Wichtichse un Nahaftesse unten. Vielleich isses scha dort wie hieä.

Tschä, un denn, asso auffas Gelbe vons Ei – bezüchlich Ahbeitäkulltuä – da sünd sie in düsse Sennunk gah nich auf gekomm. Natalje sachte furts, dassie die Ahbeitädichchunk inne Pohesie-Albums, damalige Zeit, völlich vegessen ham. Da hatte sie ihre Mudder schon 'ne Perspektife auffie Emanzepatschon entwickelt. Damalige Zeit. Da denk diä ma rein. Ihr schrieb Natalje innas Album:

Die Lampe brennt so trübe,
es fehlt sie woll ans Fett.
Den Schünglink, den ich liebe,
is auch all lang zu Bett!
Deine dich liehmne Mudder Dora Piepenbrink.

„Un übä Ahbeitäfillesefie", sach ich, „da ham sie gah nich übä geschnack. Die wissen woll gah nich, dassas so was gip. Die mein, wir komm mit sie ihrn Kwatsch schon aus. Aber, so isses scha nich. Schon damalige Zeit ging die Begehrlichkeit weiter. Mein Mudder schrieb in alle Albums rein:

Veilchen un Vergißmeinnich
blühn in meinen Gahten.
Auf einen, den dich ewich lieb,
kannste lange wahten!"

„Richchich", sach Natalje, „debei ischa düsse Fillesefie voll Saff un Kraff. Bei uns hieä ins Viddel gip es scha noch den Spruch übä das Lehm vonnie Macker aus Schlesienober. Wascha damalige Zeit die Ausländer wahn un hoite nich mehr as sochche emfunnen wern, indem wir dafüä Türken un Spagettis ham. Menschliches Lehm, is wie eines Radfahrers,

färrt sich hinunter Abhank steiles,
färrt sich gegen Baum
zerbums sich das Schäddel,
futsch is sich menschliches Lehm."

„Tschä", sach ich, „unnie Verse vonnie Frau Wirtin, die ham sie ganz un gah vegessen. Debei is das hoite lebennige Volksdichchunk. Blüht auffie Werff un an akadömliche Stammtische! Natalje, bei uns innie Werkstatt ham wir 'n ganz noien!" – „Kuddl", sach Natalje", „bidde! Bei Kulltuä keine Schweinigeleien! Seid ihr Grass oder das Salz vonnie Ähde?" „Höa ma zu", sach ich:

„Frau Wirtin plant 'nen Geistesmohd,
sie ogganisiäte Stoltis Radio Nohd.
Sein Pregramm is nohdoitsch-krisslich, netürlich;
man will es, oder will es nich,
man pennt ganz unwillkürlich!"

„Sühs woll Schütt", sach Natalje, „is doch 'ne Schweinerei. Wenn auch von besonnere Aht. Die machen sich bei die Kulltuä füä Ahbeitä viel Ahbeit. Un behanneln uns so dösich, daß wir in den Zustand – unwillkürlich – vefalln, den sie staatspolletisch gesehn füä notwennich halten!" Nun komms du!

Vonnas Beschäffigunkspregramm

Asso, Kollege, Beschäffigunkspregramm is, was die da ohm nu tun, nachdem sie siehm Schahre lang so getan ham, as op sie was täten. Gegen die Ahbeitslosichkeit.

Bis nu ham sie ihr differenziät betrachchet. As den Minisser Ehrnberch sachte, büss ihm bei die Rentenanpassunk mit den erssen Teil seines Nahms unner den zweiten geraten is.

Un Willy den Erssen hat siehm Schahre lang gesacht, daß er sich mit Massenahbeitslosichkeit nich abfinnet. Während düsse Zeit wurden die Ahbeitslosen mit die Versicherunk abgefunnen. Un mußten sich damit abfinnen.

Abers nu ham wir ein Beschäffigunkspregramm. Das Pregramm is schon da. Bloß die Beschäffigunk muß noch komm. Un dafüä brauchs Geld, Zaster, Kies, Moneten, Zechinen. Umsonns is hoite sche nich ma mehr den Dood. Wo sölps 'ne Papsreise mit anschließenden Segen mehr kosset as 'ne modähne Gesampschule.

Das Geld füä die Beschäffigunk sammeln wir übä mehr Mehrwertstoiä zusamm. Mein Frau Natalje sach: „Das is sozeal gerech", sach sie, „da brauch den Ahbeitslosen nich mehr Stoiern zu bezahlen as ein Milljonär. Voä die Mehrwertstoiä sünd alle gleich. Un wen keine Mehrwertstoiä bezahln will, den kauf ehm nix. Kein Brot, keine Katoffeln, keine Milch. So wird die Freiheit des Konsumenten un Stoiäzahlers voll gewaht."

Tschä, Kollege, un düsses Geld gip den Schtaat die Unnernehmers. Damit sie was unnernehmen un nich bloß die Polletikers un uns auffen Ahm. So lange die Unnernehmers düsses Geld kriegen, stellen sie diä ein. Lassen diä Luff übä die Planke schaufeln oder in Keller Briketts fotografiän. So was Sinnvolles ehm.

Füä sich sölps kaufen die Unnernehmers von unser Geld düsse bekannten Mikroprofessoren. Die nehm denn noch mehr Kollegen die Ahbeit wech. So sichert das Beschäffigunkspregramm auf scheden Fall, dassie die ohm sich bald wiedä mit unse Beschäffigunk beschäffigen müssen.

Asso Macker, wenn diä das Beschäffigunkspregramm nich viel bringen sollte – sei getross! Wir alle gemeinsam ham was füä echche Pahtnerschaff getan. Mittels die mehr Mehrwertstoier tus du was füä dein Sozealpahtner!

Du bewahrs mit dein Geld doitsche Unnernehmers davor, dassie as Nichleissunksfähige annie Straßenecken um Brot betteln müssen. Nu komms du!

Vonnas rellegijöse Kapptal

Asso, Kollege, ich sach sche ümmer: Besonnere Zeiten ähfohdern besonnere Maßnahmen. So sachte Kaisä Willem den Zweiten, bevoä den großen Schlamassel mitten ersten Kriech losgehn tat: „Ich kenne keine Pahtein mehr, ich kenne nur noch Doitsche!" Un so sachten noilich die Betriepsräte von Krupp, die sche mitten mang den Krihsenschlamassel sizzen" „Ich kenne keine Rellegijons mehr, ich kenne bloß noch Ahbeitsplätze!" Deswegen vehinnerten sie – zusamm mit Khomeni sein Beobachcher bei Krupp – 'ne Massenentlassunk. In Pähsiän mach den Khomeni den Staatspräsidenten mittels frisslose Künnigunk ahbeitslos. Abers hieä – wo die Betriepsräte das Auge Allahs richchich innie Hand nehm – da vehinnert ihm, dassie Kollegen fliegen, bevoä ihr die Rentnerflügels gewachsen sünd. Nu komms du!

Mein Natalje sach, das düss 'ne hüstorische Stunne is. „Ersma", sach sie, „ham die Betriepsräte – die sche sonns ümmer mang Schnaps un Schullen sizzen – ma wirklich sölps was zu bestimm gehap. Sonns wern sie, wenn übä euch bestimp wern tut, mitbestimp! Hieä ma nich! Zweitens", sach sie, „hat ein vonnie großen Weltrellegijonen ma gezeicht, daß sie ihr Sittengesezz un Sozeallehre doch 'n praktischen Nährwert hat."

Das ischa ganz richchich gesehn. Denn bezüchlich Sittengesezz un Sozeallehre geht es scha die Rellegijonen so as ein Klassenkämfer, den zu 'n Schtaatsmann geworn is. Wegen die Vehältnisse, die sche nich so sünd as sie sein sollten, tun sie das Gegenteil von das, was sie einklich wollten.

Deswegen steht sche auch übä die Bank vonnen Watikahn den Schnack aussie Bibel: Ihr sollt keine irdischen Schäzze anhäufen! Abers wennie Bank in Börsenspekulatschon große Velusse gemach hat – asso, ihre irdischen Schäzze veschenk hat – denn giep das 'n großen

Krach. Statt dassie sich froin, dassie Spekulatschon das besorch hat, wassie einklich freiwillich tun müßten.

Aber – assu sölps bei die Pähsä bezüchlich Krupp sehn un belehm kanns in Ausland, da könn sie ma so, as wie sie zu Hause sollten, abers nich tun. Sie ham die Massenentlassunk vehinnert. Unnie Betriepsräte konnten endlich ma so assie wollten. Das is den modähnen prolletarischen Intänazzenalismus auffe Grundlage vonnas rellegijöse Kapptal!

Natalje sach: „Aus düsse Ähfahrunk", sach sie, „ergip sich genau genomm 'ne noie Strategie. Mit revollutschonäre Folgen, Kuddl!" – „Mach kein Kwatsch mit ernsse Sachen", sach ich.

„Denk doch ma sölps", sach Natalje, „kuck, die Bank von Watikahn muß bei die Moslemiten mit sie ihr Geld rein. Unnie Bank vonnas Auge Allahs mit ihr Geld muß bei uns noch mehr innie Betriebe rein." „Tschä un denn?" sach ich.

„Mensch, Kuddl", sach Natalje, „du siehs den Ähfolch vor lauter Defizite nich. Denn könn sie doch bei die scheweils Ungläubigen sie ihre Sitten- un Sozeallehre voll zun Tragen bringen. Wassie scha zu Hause nich zuwege kriegen. Un Ahbeitsplätze samp Betriepsräte sünd übäall aussen Schneider!

Was is asso die Parole füä 'n nächssen erssen Mai?

Es lebe den modähn prolletarischen Internazzenalismus auffie Grundlage vonnas relligiöse Kapptal! Damit wir ins Ausland könn, was wir zu Hause wolln!" Nu komms du!

Vonnen Diensleissunksbetriep

Natalje", sach ich, „mohgen komm ich vonnie Ahbeit nich nach Haus. Ich geh in Gewähkschaffhaus. Vetraunsmännervesammlunk." – „Wozu 'n das?" sach Natalje. „Wegen sie ihre geheime Strategie un Taktik von' Klassenkamff innie Krihse", sach ich. „So", sach Natalje, „ham sie doch sowas? Un dennoch geheim!" – „Muscha woll", sach ich, „denn wassa innie Zeitungens un so in stehn tut, ich mein, das kannes sche woll nich sein."

Nachche Vesammlunk hatte ich 'n Kopp voll un 'n Magen leerich. Ich rein in Ressorank. Komp Jonni den Ober. Kenn ich noch aussie Gewähkschaffschugend damalige Zeit. Jonni is noch ein von ollen Schlach.

„Na, Kuddl", sach er, „wie isses Befinnen? Allns klah, vohwäts Kollegen, wir müssen zurück?" – „Asso, Jonni", sach ich, „ich weiß nich, ob sie was gesacht ham oder op sie bloß das Maul gehn tat. Schedenfalls brauch ich ersma 'n Bieä. Gegen den Druck unner das Kinn." – „Druck unner das Kinn?" sach Jonni, „ich dachte, du has eher Schmerzen in Kroiz, indem sie dich das Rückgrat zu doll gestähk ham." – „Nöö", sach ich, „die ham bloß ümmer wieder gesacht, daß wir in Sturm den Helm fesser binnen müssen. Bei lütten wah ihn so fess gebunnen, daß mich die Spucke wechgebliehm is."

Jonnie komp mittas Bieä. „Chottseidank", sach ich, „bloß 'n halben Liter. Nachdem ich eure Preise gesehn hap, denk ich schon, du muß 'ne ganze Brauerei anschleppen!" Jonnie sach: „Aus liberale Grünne nehm wir den Preis füä 'ne Brauerei", sach er, „un aus sozeale Grünne – damit wir Kellners uns nich 'n Ass schleppen – liefän wir da 'n halben Liter füä."

Ich hap mich denn 'n Stehk bestellt. So mit was bei un umrum. Nach meine Berechnunk kossete die Kahtoffel so bummlich fünfunswannsich Fennich pro Stück, unnie grünen Bohnen Stück 'n Groschen. denn hatten sie ein Stangenspahgel in vieä Stücke geschnitten. Ein sonn Schnippsel kam so um eine Mahkfummsich rum. „Jonni", sach ich, „von wegen den Gürtel enger schnallen, da haltet ihr woll gah nix von?" – „Wieso, bidde?" sach er. Ich sach: „Das Stück Fleisch hättet ihr auch bekwehm unner drei Spahgelstücke vestecken könn!" – „Wo den Kansler seine Gahtenfeste billiger wern", sach Jonni, „un wir seine Polletik voll stüzzen, denken wir annie Gesundheit von unse Kunnen. Die Kollegen essen zu Hause sowieso viel zu fett."

As ich füä 'n Kännchen Kaffee mit knapp zwei Tassen in, noch fünf Mahk berapp hap, sach ich: „Hoffentlich komp ihr damit aus", sach ich. Jonni sach: „Vorausschauend ham sie die Benzinpreisgestaltunk von Matthöfer schon auffen Kaffe übätragen. „Un denn", sach er, „is allns inklusife!" – „Richchich", sach ich, „in düsses Heißgetränk wah das Spülwassä inklusife. Bloß keine Kaffebohnen." Jonni sach: „Richchigen Kaffe", sach er, „kann füä fünf Mahk schließlich scheder kochen. Die Besonnerheit des Hausses isses, mittels düsses Getränk die Kollegen zu echche sozeal-liberale Gesinnunk zu ähziehn." Ich sach: „Ich denk", sach ich, „ihr seid 'n Dienssleissunksbetriep? Un bezüchlich meine Pehson is einen Dienssleissunksbetriep, daß ICH in Betriep fix was leissen muß, was **die** dient. Un wenn ich das nich bringen tu, is füä mir an Fünfzehnten den Erssen." – „Wir sünd ehm gemäß die Gewähkschaffslienje 'n sozeal-liberalen Dienssleissunksbetriep, gewohrn. Hieä is das Sozeale da'in zu sehn, dassu die hohen Preise berapps, unnas Liberale is ein stännigen Ähziehunksauftrach gegenübä die Kundschaff. Denn die Liberalität is da'in zu sehn, dassie zahlen ohne zu klagen." – „Unnie Konkerrenz", sach ich, „da hap ihr keine Angs vor?" – „Bei die Konkerrenz kriss dassölbe", sach Jonni, „densölm Schiet, die gleichen Preise! Bloß da isses krisslichkonserwatif!" Nu komms du!

Vonnen Ödipus

Kalli Piepgras wah vonnie Socken. As Mensch, as klassenbewussen Ahbeiter, as Betriepsratmitglied un as Beisizzenden von Ohtskrankenkasse. Weswegen? Wegen die steigennede Frühinwallidität un Krankfeiän von wegen seelische Ähkrankunk. „Kuddl", sach er, „Nu komms du! Den Ahbeiter hat 'ne Seele, die krank wern kann! Dascha ganz was Noies." Ich sach: „Kalli", sach ich, „wenn du – damalige Zeit, innie Gewerkschaffjugend – den Professer Froid nich bloß füä 'n Erfinner von böhgerliche Schweinerein gehalten ham täte, denn brauchtes du hoite nich die Äheichnisse achterran laufen, indem euch die Kossen davonlaufen."

„Besachten Professer is nämlich frühere Schahre da achter gekomm mittels Träume. Träume sünd nich Schäume, hatter gesach, da steck noch ganz was anners achter. Ihn hat ausklamüsert, dassu, mein liehm Kalli, das Bedürfnis has, dein Vater doodzuhaun un mit dein Mutter innie Betten zu gehn." – „Siehste", sach Kalli", doch 'ne böhgerliche Schweinerei. Was hat das mit uns Krankenstand zu kriegen?"

„Richchich ischa", sach ich, „sie ham das rausgepult aus reiche Loite. Was in die ihre Seele sich allns so abspieln tut." – „Sünd wir reiche Loite", sach Kalli, „ham wir sonne Schweinerein in Kopp?" – „Nee", sach ich, „abers den sogenannten Ödipus-Komplex innie Seele!"

„Kalli", sach ich, „du muß die Entwicklunk vonnie Ahbeiterseele in ökonomischen Zusammhang in sehn. Die Ahbeiterseele – asso nich die unsterbliche, sonnern die, die krank wern kann – fänk mittie Produktiffitätssteigerunk an. Die Kapptalissen komm da achter, wenn sie so tun, as ob wir 'ne Seele hätten, denn tun wir mehr. Leissen mehr pro Stunne. Damit steicht die Produkschon. Un damit sie uns ihrn Schiet vekaufen können, steicht unsen Lohn. Un so ging das ümmer weiter." – „Aha", sach Kalli, „seh ich das richchich? Mit die Ahbeitspüschologie gehtas los. Un denn kriegen wir so bei 2500 Eier brutto 'ne Seele. Un die wird krank an düsse böhgerlichen Igeleien. Unnie Ohtskrankenkasse unnie Rentenvesicherunk sizzen an mittie Kossen von düsse Schweinerein. Da ham wir doch Pollezei un Gerichche gegen. Is Mohd un Blutschanne!" „Du siehs es vekehrt", sach ich, „ganz vekehrt. Püschologische Behandlunk un Seelenklempnerei bezahlt die Kasse sche gah nich." – „Ischa auch vollkomm richchich", sach Kalli, „denn deine Seele is dein prifates Eigentum. Da kanns so böhgerlich mit wern assu wiss. So lange das seelisch bleip oder so, berührt das nich Produktiffität un Produkschon. Un wennas nich seelisch bleip, ham wir ümmer noch das Strafgesezzbuch!"

„Tschä", sach ich, „nu ham die Ahbeiters abers ma 'ne Seele. Aber, Kalli, sie kann nich bloß krank wern von Ödipus oder so, sie kann auch krank wern von Angs un Streß. Asso, Angs vor Ahbeitslosichkeit, wegen höhere Nohmens, wegn Ratschenalisierunk." – „Dascha nix Noies", sach Kalli, „den Schiß kenn ich. Von Schugend auf an. Abers Kuddl, dagegen hilf doch nich Ohtskrankenkasse un Seelenklempnerei. Dagegen hilf doch bloß Klassenkamf. Asso, das wissen wir sche woll noch beide. Aussie Gewerkschaffjugend. Damalige Zeit."

„Un wo wiss den mit führn", sach ich, „einen Klassenkamf? Vielleich mittie Pahtei? Oder den Loderer? Oder die polnische Regierunk?"

Kalle sachte ers ma nix. Un denn machte ihn Pause. Un denn sach Kallie: „Asso, Kuddl", sach er, „irgendwie hatte ich damalige Zeit doch Rech. Achter all düssen sölischen Krankheitskram, da steck doch 'ne große böhgerliche Schweinerei achter. Unnu fühl ich auch schon düssen Ödipus in mir wirken!" – „Mach nix innie Gänge", sach ich, „Kalli, denk annas Strafgesezzbuch!" – „Kuddl", sach er, „ich spüä ech das Bedürfnis, einen zu erschlagen. Abers nich mein Vater!" – „Klah", sach ich, „den ischa schon lange dood!"

Kalli is nu dafüä, dassie Ohtskrankenkasse auch Seelenklempnerei bei Ahbeiter bezahlt. Wennes auch keine Uäsachenbehannlunk is. „Besser 'ne Schmähzteblette", sach Kalli, „as gah keine Behannlunk." Nu komms du!

Vonnie weiche Birne

Mein Natalje sach: „Wenn ich mich das Getühne aussas Radio hören tu“, sach sie, „denn glaup ich meiss, daß wir woll eine vonnie häätesten Währungen ham tun. Abers wir ham woll auch die weichesten Birnen!“ Macker, nu komms du!

Wennu auch as Doitschen davon ausgehn muß, dassu as sochchen ein lütten annie Hacke has, denn muscha nich auch noch beikomm un sagen das laut un schedenein bazz vorn Kopp. 'N büschen nazzenale Würde muß da mit bei. Annere sünd auch beklopp. Die zeigen das bloß nich so. Da 'um hap ich mein Natalje nix geantwortet. Ich hap ihr bloß sonn büschen fuchtich angeglupsch. Das brachte ihr ers richchich auf Tuän.

„Dein Heinz Oskah Vettä“, bölk ihr, „hat noilichs gesach, dassa bei uns noch Resse vonnen Kapptalismus mang sünd. Ick krich dat Krupen! Den solln sie man auffen Kursus vonnie Ahbeitäschugend schicken. Resse von Kapptalismus! Den Macker kennt sche nich mal den Unnerschied vonnen Anfank unnas Enne von ein Schüttelfross. Wen in düsse Zeiten das Sozeale innen Kapptalismus suchen tut, den hat Vollbeschäffigunk. Da kanns lange nach suchen. Wo nix is, kanns auch nix finnen. Un so was is nu deinen Vorsizzenden!“ Nu komms du!

In meine Ehe habbich mir as sochchen an einiges gewöhnen müssen, Macker. Abers wenn ihr annie Gewerkschaff geht, denn is zappenduster. Dascha nich bloß, dassa mein Geld in stecken tut, da steck auch unsenein sein Schangse in. Besonners denn, wennas wieder 'ne richchige wern tut. Das habbich sie denn auch laut abers doitlich gesach. Un auch, dassu nich übäall mittie Brechstange bei kanns. Bei von wegen Ahbeitslose, keine Lehrstellen un all so was, da steck noch ganz was anners achter. „Da, meine Liebe“, sach ich, „muß du ganz anners bei.“ „Tschä, sach Natalje, „wie denn?“

„Nu höä ma zu“, sach ich, „so was kanns nich so auffen Stuzz erklärn“, sach ich, „da muß beikomm as Willy den Erssen. Ihm hat ersma gesach, daß wir das nich hinnehm könn. Damit geht das los. So suttje un bei lütten. Natalje sach: „Das kann ich nich hinnehm, sachte den Bockser. Da hatte ihm sein Gechner ein vor die Platte gehaun, daß ihm alle Stäänbillers auf einmal sah." – „Was soll das?" sach ich. Natalje sach: „Das soll diä, du Klookschieter", sach sie, „da'auf aufmerksam machen, dasser schon eine geplättet gekrich hatte, schon eine voll genomm hatte. Ihn hatte schon hingenomm!"

Macker, manchma denks du, die Olle wah auffie Schudenschule un hat da auf Spizzfinnich studiät. Ich sach: „Abers nu", sach ich, „nu geht das los." – „Was geht los?" sach Natalje. Ich bölk: „Den Kamf gegen Ahbeitslosichkeit un fehlende Lehrstelln un so!" „So", sach Natalje, „wie denn?" Nu komms du!

Ich sach: „Da wern wir denn mit alle staatlichen Möchlichkeiten nu gegen an gehn", sach ich, „mittie orale Stoierunk – oder assas heißen tut – vorne wech." – „Allns Tühnkram", sach Natalje, „was muß ein Bockser machen, wenner von den annern kein beigebügelt kriegen will? Ischa klah, Menschenskind, ihn muß den annern eine plätten. Schümmers nachas Leissunksprinzip. Hau ihm oder du wirs gehaun!"

Ich sach: „Vielleich schnacken wir doch lieber übä harte Währunk un weiche Birne!" – „Da sünd wir grade bei", sach Natalje.

Macker, ich glaup, wir müssen bei die Wirtschaff in Bocksring.

Noie Solledarität

An besachten Tach as sochchen, as das Schicksal mittels den Spiegel zun venichchenden Schlach ausholn tat gegen die Geschäffe vonnie Toire Heimat – as wir nu schwahz auf weiß lesen konnten, was wir in schwähzesse Träume seit Schahrende befüächet hatten – as die Kollegen in Betriep Heinz Oskah Vetter as den größten Kusäng aller Zeiten benamst ham – as die Kollegen auffie Werff bölkten: Eugen, Eugen gip mich meine Heizunkskossen wieder – asso, an düssen besachten Tach, as wir Beitrachszahlers merkten, daß wir das Grundsazzpregramm von DGB völlich vekehrt vestannen ham, as klah wah, dassie Beseitigunk der Ausbeutunk der Gewerkschaffsmitglieder durch die Gewerkschaffsunnernehm die Voraussezzunk billet der Beseitigunk der Ausbeutunk aller durch die Kapptalissen – an düssen Tach traute ich mir nich nach Hause. Vor mein geissiges Auge sah ich mein Natalje durch unse gewerkschaffseigenen vieä Wänne tigern un allns **das** in Klump haun, was den „Spiegel" zufällich noch heil gelassen hatte.

Abers 'n bannnich kalten Osswind, sonn piesiges Nagen inne Magengegend unnas Bedürfnis nach geissige Heimat, triep mir denn doch nach mein Natalje annie häuslichen Gerüchen.

Mein Natalje strahlte as tausend Brummer an ein offenen Honichpott. Nu komms du!

„Kuddl", sach sie, „has vielleich zufällich schon gelesen, was den Spiegel übä die Noie Heimaht schreip?" Ich wah so platt, du glaubs es nich. Höchsen fünf Zentimeter mit Hut wah ich noch hoch.

„Polletisch gesehn", sach Natalje, „is dascha unerhört wichtich." – „Das kanns woll laut sagen", sach ich. Natalje sach: „Nu is auch Helmut den Erssen mittie Bunnesregierunk gerettet", sach sie, „nachdem nu auch die Gewerkschaff den ganzen ollen idologischen Ballas übä Bord geworfen hat, sünd sche alle **seine** sozealen Maßnahm un so auffas glänzenste gerechfertich. Ihn hat bloß das offen getan, wassie Managerkollegen seit Schahre heimlich taten. Nu kann keinen mehr sagen: Helmut is 'ne falsche Ausgabe vonnas Godesberger Pregramm. Wo scha in stehn soll: Soviel Profit as möchlich, so viel Ahbeitslose as nötich! Nee, nee! Nu hattes scheder – klah as Kloßbrühe – auffie flache Hand zu liegen: Helmut hat bloß Tehorie un Prackzis auf den einen, wahren Nenner gebrach!"

Macker, nu komms du! Wah mich in Betriep schon die Spucke wechgebliehm, schezz konnte ich nich ma mehr trocken runnerschlucken.

Un schon sabbelte Natalje – völlich schaumentbremst – weiter: „Kuddl", sach sie, „die Kollegen da ohm vonnie Noie Heimat ham die Zeichen der Zeit völlich richchich erkannt: Wo wir durch mehr Rüssunk zur Abrüssunk komm wolln, da komm wir auch bloß übä mehr Ausbeutunk zu weniger Ausbeutunk! Isses klah? Das issie mohdäne Klassendialektik. Oder so." Ich sach: „Asso, die Kollegen in Betriep sehn das nich so", sach ich. „Denn sehn sie das vekehrt", sach Natalje.

„Kuddl", sach sie, „wa'um steht den Menschen in Mittelpunk vonnie Zielscheibe? Weil du denn von dreihunnertsechzig Grad aus ihm gleichzeitich in alle Taschen langen kanns. Nach den solledarischen Spruch: „Was dein is, is auch mein. Abers, was mein is, is noch lange nich dein!"

Indem ich da übä sinneliäte, ob nich vielleich doch Neuschahr un Fingsen auf einen Tach gefalln sünd, wah mein Natalje schon wieder hell ans Woht: „Düsses Süschtem der Ausbeutunk aller durch alle", sach sie, „bedahf nu bloß noch einige flankiände Maßnahm. Es muß 'n büschen sozeal gerechter wern. Un 'n büschen Leissunksprinzip muß auch bei.

Da 'um sollte die Scheffetasche vonnie Gewerkschaffsunnernehm alle Schahr noi mit noie Kollegen – Ahbeitslose un Niedrichrentner – besezz wern. Bis Lehmsenne ham die denn ihr sozeales Preblehm gelöss. Den Aufsichsrat wird ehmso besezz un weckselt alle zwei Schahre. Weil es da mit die Lösunk des sozealen Preblehms 'n büschen länger dauern tut." – „Abers Natalje," sach ich, „ich bitte dich. Aufsichsräte, asso, Aufsichsräte, die müssen doch..." „Vor alle Dinge kein Aufsehen erregen", sach Natalje, „un das tun sie, indem sie nix sehen un nix raten!"

„Damit", sach Natalje, „hätten wir schon ma mehr Veteilunksgerechichkeit. Sodann wern die Gewerkschaffsvemögen ogganisatschonsintern sozealisiert. Un investiät. In Bruchbuden füä die ausländischen Kollegen. So komm die in angemessene Wohnungen zu unangemessene Preise. Oder in Abschreibunksgesellschaffen, die so gemeinnüzzich sünd, daß der Nuzzä gemein is. Na, ehm in alles, was viel Gewinn bring. Düsse Gewinne wern zu zehntausend Mahk gestükkelt un unner die Gewerkschaffsmitglieders veloss. Die Mitgliedsnummer entsprich die Losnummer.

Es gip ein Haupgewinn von hunnerttausend Mahk. Denn weiß schedes Mitglied, dasser as ogganisiäter Kollege das große Los gezogen ham könnte."

„Schließlich un endlich", sach Natalje, „kricht scheder Gewinner ein Unnerschriffenautomat – Mahke Leisler Kiep – damit unnerschreip ihm die falsche Steuererklärunk annas Finanzamp." – „Wozu denn noch den Heindudelkram?" sach ich, „Issas Ganze nich schon Beschiß genuch?" – „Kuddl", sach Natalje, „das is die Einführunk des Leissunksprinzips! Vestehs du das wirklich nich? Wenn dich das Finanzamp nich erwischen tut, denn has Glück gehap, oder? Un wen hat Glück? Nur der Tüchtige!"

„Unnu den Gipfel vonnie Krone", sach sie, „ich – Natalje Schnööf – as Erfinner des gemeinnüzzigen, gemeinen Nuzzens, nuzze meine Erfinnunk aus un krich schährlich ein Prozent von Gesampumsazz: Denn hap ich 'ne Masse Geld unnie annern ham den Schnuppen. Das Ganze nenn wir: Noie Solledaretät! Wo alles rafft, kann Natalje wie Albert es nich lassen!" Nu komms du!

Polletik

1. Abschiedsansprache inn Kieler Landtag
2. Kanzlersprüche
3. Vonnen Beähdigunksspaß
4. Von Schleswich- un Sibierjenfaht
5. Richchichstellungen zu 1980
6. Süschtemschüzzer
7. Vonnie Luxusse
8. Vonnas Elpwasser
9. Akkehol
10. Vonnie Führungskwallität
11. Von'n Friedensfroind
12. Vonnie trojanischen Kamele
13. Folgen vonnie Geschichche

Abschiedsansprache inn Kieler Landtag

Öih, Macker, ich nehm nu Abschied von düsses hohe Haus als sochches. Schahrende hab'ich hieä rumgesessen. Ich hap diä als Volk un Aggumente vetreten. Dieselm warn ümmer schon 'n paar Tage früher falsch in die „Kieler Nachmüzzen" in apgedruck. Als Vetreter von das Volk sollte ich die Regierunk kontrolliän. Wa'um?

Damit ihr mit die Vefassunk un uns heilichste Güter – unse Steuägelders – orntlich mit umgehn tut. Un – was komp dabei raus? Das soss du furts hörn:

- Die Vefassunk schüzz dem Verfassunksschuzz.

  Schezz ist es bloß noch die Frage, wen Bürger un Vefassunk vor düssen Schuzz schüzzen soll.
- Die Regierunk wird von die hoogen Beamten kontrolliät.

  Schezz ist es bloß noch die Frage, wie du die hoogen Beamten füä das, was sie tun, auch veantwortlich machen kannst.
- Die Steuägelders sünd schon in die Etahs festgelecht oder vesickert, bevor sie dem Schtaat bei diä kassiän tut.

  Schezz ist es bloß noch die Frage, wie wir bei das fehlende Geld komm füä die Loite, die hoite fix in Brassel stecken.

Kuck, un weil das so ist, sach den Professä Warmeflöter von die Kieler Unität, daß es sich um 'ne re-prä-sen-ta-tife Demokratie handeln tut. Weshalb wir das Volk echt vetreten, indem wir so tun, als ob wir, als Volk, noch was zu kontrolliän oder zu sagen hätten. Das Volk entscheidet denn in die Wahlkämpfe da 'übä, wen als Regierunk von die hoogen Beamten kontrolliät werden soll. Denn, dassie Steuän aus das Geld komm, wo in die Induschtrie fix füä malloch werden muß un hieä denn auf die hoogen Beamten un die großen Landwirte veteilt werden tut, da ännert sich sowieso nix an. Das ist einen doitschen Sachzwank. Als sie sagen. Ein doitschen Sachzwank ist: Mit das Kroiz, das du dich selbst auffen Puckel geladen hast, segnen sich andere!

Mein Froind Hermann Klingenberg, den wollte mal loswerden, was hieä wicklich so anliegen tut. Hermann lechte los un sachte: „Das einzige, was in dies hohe Haus hoch ist, dascha woll die Dekke!“ Da war seine Rede auch schon zu Enne. Sie ham Hermann furts das Wort als sochches entzogen. Nu komms du!

Du darfst hieä auch nich den doitschen Gruß entbieten. Nich mal das. Dabei ham hieä je viele Mackers gesessen, die schon achter die rote Fahne rangelaufen sünd, als da noch den weißen Kreis mit die schwarze Wollhandkrabbe in war. Das hab' ich mal sölpst vesucht, mit den doitschen Gruß. Nich mal so: Arm hoch – so hoch liegen die Leichen in Keller! Nee, den nich. Den haben sie alle vegessen, den kennt bloß noch Kappler! Nee, den modänen: Mit ein Finger an Dööz tippen. Un, was ist? Kriss ein Ohdnunksruf! Sölpst wenn du den doitschen Gruß entbieten tus, biet se di in Mors. Da siehst du an, Macker, du kannst nich bloß nich sagen, was du denkst! Du darfst es nich mal zeigen!

Un nu noch die Haupsache. Sie betriff uns Traditschon. Jene Traditschon, die uns sowohl lieb als auch schon toier genuch zu stehn gekommen ist. Kuck, alles in die Landwirtschaff kriegt Zubwentschonen. Wir zubwentschonieren die rot-weißen Ochsen! Wir zubwentschonieren die schwarz-weißen Ochsen! Abers, Macker, wir ham ümmer noch keine Zubwentschonen füä die schwarz-weiß-roten Ochsen! Un das geht ja wohl nich an! Mackers, wir müssen auch traditschonell das scheinen, was wir sünd! Oder nich? Macker, nu komms du!

Kanzlersprüche

Den Kohl wirk auf mir ungemein demokratisch. Wenn ich ihn so hören tu, denk ich ümmer: Das kann ich auch! Du kanns es nich! Mit deinen Quatsch kriss du keine Mehrheiten zusamm.

Abers Quatsch sach den Kohl doch auch!

Ihm vemittelt abers die Loite damit den Glaum, dassas dicke Enne – obwohl es vor sie steht – nich komp. So kriss Mehrheiten. das schaffs du nich, nich ma mit zwei Zentners.

Wieso nich? Meine Aggumente sünd denn doch minnestens so gewichtich as den Kohl seine.

Abers nich mehrheitsfähich! Asso, angenommen as Bunneskanzler dahf ich nix annehm. An den Fall Lambsdohf ischa klah geworden, dassu nich nur mit ein Messer bestochen wern kanns.

Nehm wir ma an, du as Bunneskanzler, soss vor die „Junge Union" – nich bloß in Kohlenkeller schwahze Schatten werfen – sonnern auch noch was zu das Waldsterben sagen. Was sags du denn?

Ich sach: Liebe Froinde, sach ich, mit den Zimmermann sein Pregramm werden wir den doitschen Wald gerettet haben, nachdem den lezzen Baum dood is. Der Zimmermann im Innenministehrjum erspart die Axt im Wald.

Sühs woll Schütt, so geht dascha grade nich. Denn kapiert je auch den dusslichsten Rechtsgläubigen, dassie Regierunk den Wald links liegen läßt. Un das, das ist nich mehrheitsfähich.

Weil das links is?

Quatsch! Mann inne Tünn, wo wiss du all die Bretter vorn Kopp oder die notwennigen Holzköppe herkriegen, wenn kein Wald mehr has? Schon kapiät, schon kapiät Du meins, mit die Bäume is nich bloß den Wald, sonnern auch die Mehrheitsfähichkeit as sochche gefährdet. Abers da brauchen wir bloß mehr Briefkästen.

Briefkästen?

Klah, denn bei mehr Briefkästen können auch mehr Loite mitten Kopp dagegen laufen. Du brauchs kein Holz, wenn Briefkästen has. Un die Mehrheitsfähichkeit as sochche is gerettet.

Mann des Himmels, es geht doch nich umme Mehrheitsfähichkeit as sochche, es geht da 'um, wie du ihr kriss. Un was du deswegen zus Waldsterben zu die Junge Union sagen muss.

Habbich scha gesacht!

Abers so geht es nich. Nu hör ma zu, was den Kohl gesacht hat. Kohl hat gesacht: „Für die Doitschen ist der Wald nich eine Addition von Bäumen." Un reicher Beifall lohnte den Redner.

Ischa, inhaltlich gesehn, das was ich gesacht hap. Mit Zimmermann keine Bäume. Ohne Bäume kein Wald.

Grade un genau das hat den Kohl nich gesach. Ihm hat vielmehr die Möchlichkeit eröffnet, daß es füä die Doitschen noch Wald gehm tut, wenn keine Bäume mehr zu addieren sünd.

Dascha so, as wenn du von den Geruch von einen Schweinebraten satt wern sollst, abers kein Schweinebraten has.

Tschä, du, düsses is abers mehrheitsfähich!

Macker, du siehs das nich richchich. Mehrheitsfähich is sowas bloß, weil die Loite glaum tun, wen Gott ein Amp gip, denn gip ihm auch den Vestand. Un deswegen nehm sie ihm ab, dasses Wald ohne addierte Bäume gehm tut.

Un du glaups das nich?

Nöö, nich die Bohne!

Denn ham wir scha genau den Punk, wo das Ei des Kolumbus am Schwert des Damokles hängen tut. So lange du das nich glaum tus, büss du denn nich so mehrheitsfähich as den Kohl es ma is. Un wenn du drei Zentner wiegen tus. Du kanns keine Mehrheit befruchten ohne düssen Glaum.

Nu vesteh ich ers, was den Kanzler gemeint hat, as ihm sachte: Befruchtung ist keine Einbahnstraße! Klah, um sonnen Glaum zu vemitteln, muss du ihm sölps haben. Un ich hap ihm nich!

Vonnen Beähdigunksspaß

Macker, es ischa nich schlimm, un machen ein Fehler. Schlimm is es, wenn den Menschen bei seine Fehlers bleip. Ich un mein Natalje ham da 'um Voäschläge füä'n Wahlkamf der Zukunf erahbeitet. Nach die Polletik sünd aus denselm auch die Pollitikers rauszuhalten. Wahlkämfe velaufen denn in den Sinne: Spaß muß sein, auch auf' ne demokratische Beähdigunk. Sohn geht sche kein mehr hin. Un wählt Repräsentannen, die uns Probleme präsentiern, die nich unse sünd. Nebs die Rechnunk dafüä. As Volk der Dichter un Denker un Liedermacher mussas allns 'n büschen musisch sein. Füä die ollen Loite ham wir den neckischen Tecks:

Lass mich ma annie Staatsschullen drehn, wolln ma sehn, wie denn die Renten stehn. Nachie Melodie:

Strumpfband ziehn, Orangen blühn! Südfrüchte sünd sche in, weil Strauß sich auf Ananaszuch statt auf Schmidt un unse Hochgeräte schmeißen will. Bei den schungen Loiten isses scha was schwieriger. In ihre Staatsvedrossenheit wolln die sich nich meh besoffen kwasseln lassen, sonnern sich sölps bestimp besaufen. Wascha besonners bei die Bunneswehr ein Problem is. Bunneswehr is keine Bonner Pahti. Auch wenn hieä wie doht das Lehm bloß in Suff zu ertragen is. Da muß in Tecks was Kritisches bei: Wo den Etommüll sich häuf in Frühtau zu Bähge, vesammeln sich Ratten, Schmeißfliegen un Unnerwannerunkszwänge. Un wurden wir gessern auch kräftich geknüppelt, an Wahltach man hähzlich die Hänne uns schüttelt. Nach Liedermacherstil brauch da kein diäeckte Melodie zu. Wer den Tecks hört, kann sich da schon seine Melodie auf machen. Es kann deshalb auch auf den Reim vezichtet wern: Was füä den Soldaten is der Marsch, is ne Kohlrede füä deine Vedauunk! Oder so ähnlich. Es muß bloß ansprechen. Das tut den beliebtessen Reim auf Marsch ümmer. Indem sie die schungen Loite an denselm können.

Aber, es dahf nich zu pollitisch wern. Asso, mit die Wirklichkeit zuviel zu tun ham: Kenns du das Land, wo die Betrüger blühn, wo die Ahm die Karre vonnie Reichen ziehn, wo das Geld mach die Musik? Das is uns geliebte Bunnesrepublik! Die Melodie wäre: Kenns du das Land, wo die Zitronen blühn? Aber weil die Loite schon sauer genuch sünd, lassen wir das wech. Füä die Wähler von Besizz un Billunk – asso, füä die, wo das zufällich zusamm falln tut – gehn wir auffie Bretter. Nich auf die vorn Kopp, sonnern auf die, die die Welt bedoiten. Mit das Theaterstück: Kabale und Hiebe. Ein demokratisches Trauerspiel. Füä unnere Volkskreise nehm wir: Seid veschlungen Milljohnen! Oder: Wie die noie Heimat 'n Großkrankenhaus baut. 'N Volksstück füä steigende Flegesäzze. Um die Wahlkämfers völlich zu entlassen, wern die Hirtenwohte gesammelt veöffentlicht. Vonnie Ketolen un vonnie Efangölen. Auch da is füä alle alles in. Un insofern hochpollitisch. Weil sich die Repräsentanten da auch nich um kümmern. Die Repräsentanten präsentiän weiter das Nato-Gewehr un uns die Rechnunk füä alles. Nu komms du!

Von Schleswich- un Sibierjenfaht

Ich komm ma wieder nach Haus. Is wieder was los. Mit mein Natalje, natürlich. Ihr pack ein Koffer mit sie ihre Klamotten. Ich tu so, as wenn ich gah nix merken tu un sach: „Gott zum Gruß", sach ich, „un frohe Verichchunk." Mein Natalje sach: „Du soss den Nahm des Häärn deines Gottes as Nich-Kirchensteuäzahler nich unbezahlt führen", sach sie, „sonns kriss Lähm wegen ungerechtiche Benuzzunk. Ins übrige, ich packe." Ich sach: „Das sehn meine enzünneten Augens glasklah." Natalje sach: „Ich fah nach Sibierjen!" Nu komms du!

Ich sach: „Genücht nich Schleswich", sach ich, „da ham wir nämlich die lanneseigenen Klapsmühlen." Natalje funkelt mir an un sach: „Muß man sich übälegen," sach sie, „füä mein Zweck genücht vielleich Schleswich." Ich krich ein Schreck. Man weiß je nie so genau, wann ein Nohmalen verrück un ein Verrückten nohmal is. Un denn geht ihr je menniges mal so komisch zu Knass. Ich sach denn so ganz suttje: „Was wiss du denn, meine Besse?" Sie sach: „Ich will vekünnen", sach sie, „daß uns Regierunk bei is un baut Scheiße." Ich sach: „So was soll je vorkomm", sach ich, „abers dazu brauchs je nich nach Sibierjen. Das kanns nach die Verfassunk auch hieä un sölps as Beampen." Natalje sach: „Ehm nich", sach ihr, „denn will ich auch wieder sagen könn, daß ich füä die Regierunk bün, auch wenn ihr Scheiß baut." Ich denk, nu muß ihr doch nach Schleswich. Ich sach: „Un wa'um, mein Liebe?" Natalje sach: „Ich mach das as Häbät Wehner." Ich bin ersma bein Wassähahn un zapf mir ein halben Helvvesoichtes. Ich sach: „Was wiss denn sagen?" Natalje sach: „Ganz einfach", sach sie, „ich mein: Wenn Getreide nach Schile, denn Gefangene dafüä raus. Wenn schon nur vefassunkstroie Beampe, denn alle ollen Nazis raus aussas auswähtige Amp. Wenn schon keine Kommenissen as Beampe, denn wie bei die Entnazifizierunk, bloß nach Prüfunk vonnen Einzelnen. Wenn schon Mitbestimmunk, denn die füä die Gewerkschaffen. Un wenn schon Ossveträge, denn richchich mit Hannel un anstännige Kredite. Un wenn schon..." – „Denn schon", sach ich. Natalje sach: „Allns kann ich je ab", sach sie, „bloß nich, daß sie mir veklappsen wolln. Den Wehner hat je rech, Scheiße kann scheden baun. Abers rechzeitich damit aufhörn, das kann nich scheden. Un dassie das müssen, daß muß die da ohm ma gesach wern. Un wenn Onkel Häbät nun sagen tut, dasser das so gemeint un doch nich so gemeint hat, denn muß ich ehm bei un sagen, wasser gemeint hat. Un dazu muß ich wie das Beispiel zeicht, nach Sibierjen." Ich sach: „Pack dein Koffer man wieder aus", sach ich, „du büss dein Senf je nu los. Is auch zu toiä zu fahn da hin. Un denn weischa auch nich, ob sie diä ins Pantoffelkino laufen lassen." Natalje sach: „Has rech", sach sie, „ich pack aus, denn ich hap je nun richchich ausgepack, was mir auffe Seele lach. Un nach Schleswich brauch ich nich. Da müssen ganz annere hin."

Richchichstellungen zu 1980

Öih, Mackers, asso, wo das Schah sich sein dickes Enne zu geneicht hat, müss ihr mir ma euer geneichtes Ohr leihen, indem dassa einige Dinge in Raum stehn, die schief hängen un ma grade gerück wern müssen. Ich bün sche nich den Biedenkopp, den sich mittels seine akadömliche Billunk so zwischen alle Stühle sezzen kann, dasser unabsezzbar is. Mir un mein Natalje liecht viel da'an, daß alle Mißveständnisse so behannelt wern, daß einerseits Veständnis hääsch un annerseits den Miss übäbleip. So isses falsch, ganz un gah vekehrt, daß wir gesach ham solln, zwischen Franz Josef den Bayern un Helmut den Erssen is gah kein Unnerschied mang.

Richchich is vielmehr, daß mein Natalje ümmer gesacht hat: „Wenn den Wähler auch mittels seine Stimmabgabe vehinnern wollte, daß den Bock zum Gähtner wern tut; so is scha nich sicher, ob nich den Gähtner zum Bock wern kann!“ Falsch isses auch, daß ich gesacht ham soll: Die Regierunk kümmert sich nich ummie Ahbeitslosen un tut füä die wirklich sozeal Schwachen nix!

Richchich is vielmehr, daß Helmut den Erssen uns Mut zu Zukunf gemach hat, indem ihm innas kommende Nullwachstum kein Geld hat un deswegen die Vesaufenden den Tipp gip, sich durch Nichschwimmen übä Wasser zu halten. Ins Schwimmen gekomm is ihm nämlich selber. Richchich is auch, indem dassas zu die Entspannunk keine Alternatife gip, dassie Regierunk die össliche Polletik des irrealen Sozealismus bezüchlich die Ahbeitslosen übänehm wird. Da sagen sie je die ahbeitslosen Kollegen, dassie sich praktisch in ein üdologischen Irrtum in befinnen, weil es tehoretisch bei sie keine Ahbeitslose gehm tut. das wird – gemäß die üdologische Impertinenztehorie vonnie feindlichen Brüdersüschteme – nu auch unse Methode. Wir sagen die Ahbeitslosen: Kollege, dich gip das gah nich! Ehm so falsch isses, daß ich un mein Natalje die krissliche Polletik von CDU un CSU angegriffen ham. Richchich is, daß wir ümmer gesach ham: Wir können in diesölben nix Krissliches in entdecken. Es handelt sich – biblisch gesehn um – PP – Pahtein. Das heiß: Ponzius Pilatus – Pahtein. Das, asso, nich, weil besachten Kollegen seine Hänne in Unschuld statt innie Staatsverschullunk waschen tut, sonnern weil ihm lieber 'n Möhder laufen ließ, as ein üdologischen Apweichler. Weswegen wir einen Koch bei die Bunneswehr entlassen ham, weil nach den Genuß von den seine Ähbsensuppe die Schüsse inne vekehrte Richtunk losgehn könnten. Un, Kollegen, gelogen isses, daß wir den Springer wegen seine Zeitungen un seine Rundfunkpolletik beschimf un veloimdet ham. Nix ischa vekehter as das. Die Warheit ischa, daß wir gesacht ham: Den Springer hat gesorcht füä, daß den NDR neps Musik bloß noch die gesammelten Bedenken vonnie Vewaltunk zu die Ausgewogenheit zur Sennunk bring. Un wir zwei beide warn die einzichsen innie Bunnesrepublik, die Springer sein Vorschlach zu die doitsche Polenpolletik voll gewürdicht ham. Das muscha ma gesacht wern. Ackzel Zesah hatte je vorgeschlagen, wir sollten die Polen sie ihrn heiligen Noiheimatboden abkaufen. Wir ham das Fohtschrittliche da in nich bloß erkannt, sonnern auch noch gewürdicht. Während es sonns so is, daß 'ne ganze Natschon den Heimatboden veteidigen muß un bloß 'n paa ihm versilbern dürfen, isses bei Springer nu so, daß 'ne ganze Natschon ihren Heimatboden väsilbern dahf un keinen ihm veteidigen muß! Natalje un ich ham auch nie gesacht, dasses egal is, ob wir weiter mit Schimmi Kahter auf 'ne Ähdnuss segeln oder unner Regen stehn un nasse Füße kriegen.

Wir ham ümmer gesach: Wen die Butterberge nich ehrt, is die Rüstunkshalden nich wert. Die Natokossen inne Hand sünd besser, assie Mittelstreckenraketen aufs Dach. Nur wenn mehr Spannunk innie Entspannunk komp, wäcks die Spannunk, wie wir 1981 um drütten Weltkriech um rum komm. Deshalb isses auch völlich falsch, daß wir zwei beide – as wie den Strauß gesach ham: 1980 isses Schah der Enscheidunk, ob die Probleme gelöß wern oder nich. Richchich is, daß Natalje sach: 1980 is ein Schah des Übägangs. genau zwischen 1979 un 1981. Un – bezüchlich die Probleme as sochche – stannen wir ümmer auffen Regierunkstanpunk as sochchen: Einkliche pollitische Probleme gip das nich. Alle Probleme wern übä Wirtschaffswachstum un den Mahkt gelöß. Abers nur denn, wenn bei sie ihre Lösunk ehm sonn Reibach zu machen is, as bei sie ihre Ähzoigunk. Was Wirtschaffswachstum un den Mahkt nich lösen, das bleip ehm ungelöß. Es is denn ein weltweites Problem. Aber: Es is in seine doitsche Ungelößheit ümmer noch viel besser gelöß as bei unse Nachbahn!

Asso, Macker, vesteh uns richchich: Es hannelt sich um ein Übägang. So, as den Fuchs sachte: Es is alles ein Übägang, sachte den Fuchs, da zogen sie ihn das Fell übä die Ohrn! Nu komms du!

Süschtemschüzzer

Asso, Macker, Sachen gip das, die gip das gahnich. Scheden ein hat ihr klah auffie flache Hand zu liegen, abers kein Aas sieht ihr. So geht nix auffie Welt los – wolln ma sagen, beinah nix – wenn wir beide da nich mitmachen. Oder wenichssens die Schnauze halten. Nix geht los, du. Das sach ich diä. Ers wenn wir beide sagen: Los! Denn geht das los. Mit vorherige Stahterlaubnis von mein Natalje, natürlich.

Was heiß hieä, wir sünd unbekannt, Macker! Kein Schwein kennt uns? Kollege, Mitmensch, Genosse mittas blaue Pahteibuch, das isses scha man. Wir sünd unbekannt! Das is den Pudel sin Zentrum innen Kern vonnie springende Frage. Wir sünd unbekannt! Kuck, as ich anfanks unner anneres ganz richchich sachte. Du hasses sölps klah auffie flache Hand zu liegen, abers du siehs das Kamel vor lauter Strausse nich!

Kuck ma, Macker, wen feiern sie nach ein großen Kriech? Den unbekannten Soldaten. Wa'um? Weil ohne den die Gennerale un Pollitikers gah kein Kriech machen könn, Mensch. Da feiern wir an Muttertach all'die unbekannten Mütter. Wa'um? Ohne all die unbekannten Mütter, keine unbekannten Soldaten. Nich? Nöö, den Vatertach lass wir ma ganz wech. Das gip in düssen Zusammenhang 'n falsches – asso, ganz vekehrten – vestehs du mich. Auch unbekannte Väter müssen bekannt sein. Wegen Alimente, Macker! Den unbekannten Soldaten seine Aufzuch, nich, kann nur denn von den unbekannten Vater bezahlt wern, wenn ihn bekannt is. Nee, denk lieber annen Tach vonnie Ahbeit. Den feiern all'wir unbekannte Ahbeiters. Wa'um? Damit all'die Unbekannten nich sehn, daß den Ress vonnas Schahr die paa Bekanntensich an sie ihre Ahbeit gesund stoßen.

Was das soll? Das frachs du noch? Kuck, Macker, wenn die unbekannten Ahbeiter bloß füä sich ahbeiten täten, denn hätten die paa

Bekannten keine Difidenne, nix zu knacken, zu beißen un innie Suppe zu krümeln. Wenn die unbekannten Mütter mit die bekannten Väter sich einich sünd, dassie keine unbekannten Soldaten aufziehn, oder die unbekannten Soldaten sagen, dassie keine sochchen sein wolln – asso, ma nich die Schnauze halten bisses zu spät is, nich – denn gip das füä den auch kein Grab. Gip das den nich, gip das auch kein Kriech.

Asso, Macker, nu komms du! Es is dich nu bekannt, das grade in uns Unbekanntheit die Schangse as sochche liegen tut, dassie bekannte Scheiße nich stattfinnen tut. Mein Natalje sach: „Tschä", sach sie, „wennas so is, mein liehm Kuddl, denn kuck diä man nach eine Schuzztruppe um!" Nu komms du! Ich sach: „Asso", sach ich, „das wird man je woll noch sagen dürfen. Oder? Is das vielleich auch gegen die Effdehgebeh? Du, auf die steh ich ganz fess mit beide Plattfüße. Oder ham sie mir die auch schon unner die Füße wechgezogen un keinein is das bekannt?" Natalje sach: „Dascha woll möchlich", sach sie, „indem das, wo du auf stehn tus, du je nich auffie flache Hand zu liegen ham kanns." Abers, Macker, da müssen wir ma später auf zurückkomm, ob wir nich auf was as bekanntlich rumstehn, was unbekanntlich gah nich mehr da is. Da wollte mein Natalje auch gah nich auf los. Natalje sach: „Du muß füä deine Sicherheit sorgen", sach sie, „indem dich nu bekannt iss, dassu as unbekannten Ahbeiter ohne Stüzze vonnas ganze Süschtem büss, wo die Terrorissen sche auf los wolln!"

Macker, nu komms du! Asso, mein Natalje sach, dassie Terrorissen sche nich so dösich sein könn un sehn nich, was ich un du klah auffie flache Hand zu liegen ham. „Un wenn die das sehn", sach Natalje, „denn gehn die nich mehr auf die Bekannten los. Denn müssen die auf dich, den Unbekannten, auf los. Denn du, Kuddl, hascha sölps gesach: Du büss die Hauptschtüzze vonnas Ganze!" Macker, nu komms du! Un ich muscha nu as Unbekannten füä die bekannte Sicherheit sorgen. Sonns liech ich bald ins Grab des unbekannten Süschtemschtüzzers.

Vonnie Luxusse

Öih, Macker, wir sünd nun sche schon so weit, dassu vor die Wahrheit geschüzz wern mußt. Wenn die Macker vonnen Vefassugsschuzz, vonnen Emm-Ah-Deh un was da noch alles so vor sich hin schüzzen tut, daachter komm, was mein Natalje aussie Wirtschaffsmellungen entnehm tut – und, noch schlimmer – so bei sich sölps dabei denken tut, Mann innie Tonne... Du, Macker, die komm bei un wiegen das Pantoffelkino as sochches noch so aus, dassa von Wirtschaff nix mehr in is. Un was sie doch bringen müssen, das komp innen Landfunk unner „Gemischtes", as wie: Was tue ich mit meinen Mist un wie behandle ich ihm?

Mein Natalje sach: „Nu ham sie uns ehm verklickert", sach sie, „daß auf die Gebrauchswarnmessen die Nachfrage nach Luxusgüter steigen tut un die Ahbeitslosenzahln desgleichen. So was von 'ne verrückte Welt. Die ein kaufen sich ein Lokus, den bei Benuzzunk spielen tut: Oh, wie wohl is mir an Ahabend... oder: Erhebt euch von die Erde, ihr Schläfers, aus die Ruh... allens nach Tageszeit, unnie annern? Die annern stoiern sie bei Stempelmann un Söhne aus. Die können denn mit sie ihre paa Piepen sölps singen: Hab` kein Heller in Boitel mehr... Asso, Kuddl, wenn ich düsse Welt im Mors ham täte, du, ich würde ihr in die Elbe sch..." – „Stopp", sach ich, wenn du as sochche auch keine Dame büss", sach ich, „so könntes du sche wenichssens vesuchen, diä as so eine zu benehm!" – „Nöö", sach Natalje, „das kommt bei mich nich innie Tüte. Füä Fremdgehn, da bin ich zu alt füä." Nu komms du!

Ich sach: „Du hast vielleich 'ne Ahnunk von Vornehmität", sach ich, „wenn das Fremdgehn innie böberen Kreise auch vornehmlich üblich ist, meine Liebe, so ist das Fremdgehn noch lange nich üblich vornehm." – „Brech'diä man keine Vezierungens ab", sach Natalje, „füä mir ist wenichssens einen dicken Wurm innas Sozeale vonnie

Mahkwirtschaff, wenn den Reibach mit Luxusgüters unnie Zahlen von die Ahbeitslosen gleichzeitich steigen. Das ist 'ne polnische Wirtschaff un gehört aus nazenahle Grünne sofoht veboten."

Macker, da hap ich ersma nachgekuckt, ob achter unse Gadienens eine Wanze is. Denn wir ham nu Rüstunksaufträge in Betriep. Un damit alle möchlichen Schüzzers. Wenn du nich als erssen bei die Ratschenalisierunk rausfliegen wiss, denn mußt du diä ersma vor gefährliche Meinungen schüzzen. Das sünd alle, die die Waheit nahe kommen könnten. Macker, du mußt so fest mit deine Füße auf die Eff-De-Geh-Oh stehn, dassie Pilze mang deine Zehen da in Wurzel schlagen. Un, was sagen sie, daß in die Eff-Deh-Geh-Oh in stehn tut? Dassu sche die Freiheit dafüä hast, damit du diä aussuchen kannst, ob du diä Luxusgüter kaufen wiss oder bei Stempelmann un Söhne ausgestoiert wirs. Kanns sche sölps entscheiden. Liech bei diä. Sagen sie.

Mein Natalje sach ja, daß es Kwatsch is. „Denn müß ich mir auch aussuchen könn", sach sie, „wo ich geboren werde. Un – das kanns glaum, mein liehm Kuddl – denn hätte ich mich nich den Hafenahbeiter Fiete Piepenbrink un sein Frau Meta als Eltern ausgesucht, du. Ich wär bei Krupp geborn. Oder bei die Sommerlatte, as Könichskind!" Nu komms du!

Ich hap es mir vekniffen zu sagen, daß in den lezzen Fall in Schweden woll bald die Repeblik eingeführt werden täte.

Denn ich hap es sche lernen müssen un können mein Natalje ab. Abers ein ganzes Volk? Sonne Nähven ham sölps die ruhigen Schweden nich. Mein Natalje merkt davon nix. Sie ist ehm einen richchigen Doitschen. Ihr fällt bloß annere auf die Nähven. Un ist tief beleidicht, wenn die ihr da 'um nich liehm.

Mein Natalje sach: „Füä mir", sach sie, „wenn ich auch bloß das Strohdachgümnasium besucht hap, liecht es klah auf die Hand as Klossbrühe: Ahbeitslose sünd einen Luxus, den wir uns nich leissen könn. Un wenn wir uns deswegen keinen Luxus mehr leisten könn, da müssen wir gegen an. Was heiß hieä: Freie Mahkwirtschaff? Da nehmen wir uns ehm die Freiheit un gehen auf den Mahkt auf sochche Luxuswirtschaff los!"

In diesem Augenblick, Macker, hap ich beschlossen, daß ich mit mein Natalje bloß noch auf Spaziergänge übä unse polnische Wirtschaff schnacken tu. Denn, as ich schon anfanks unner anderes ganz richchich ausführte, wenn unse Schüzzers das mitgekricht ham sollten, was denn? Denn sagen die sich, dassie Olle bloß da 'um auf sonne Gedanken kommen kann, weil ihr Informatschonen kricht. Un denn leistet sie sich den noch größeren Luxus un sach das frei vonnie Leber wech. Ihr ischa nich in ein Betriep mit Rüstunksaufträge. Un so. Kuck, un sowas is füä unsere Schüzzers den Luxus, den wir uns nich leisten könn. Asso, so sagen die sich, müssen wir gegen die Informatschonen gegen an. Keine Informatschon, kein Denken un denn noch sölpstännich. Un weil Springer alleine noch nich langen tut, sollst du sehn, gehn sie auf das Pantoffelkino los! Bis dahin, Macker, singen wir gemeinsam: Warte, warte nur ein Weilchen... Denn kommp mein Natalje nich mehr!

Vonnas Elpwasser

Asso, Kollege, du kenns scha das Stück vonnie Elbe. Die ham sie vonnie Innuschtrie aus so mit Kwecksilber un so vollgepump, dassie die Hamborger Kinner nich mehr mit Elpwasser taufen tun. Weil sie sonns as wie 'ne Kwecksilbersäule ins Tähmometer sich bei Hizze ausdehnen un bei Kälte zusammenschrumpeln. Mein Natalje sach scha, daß düsses schon seit übä fümmsich Schahre so sein muß. Ich sach: „Dascha woll das Noiste", sach ich, „wie komms auf übä fümmsich Schahre. Die Vegiffunk vonnie Elbe ham wir voä zehn Schahre geahnt, vor fümf Schahre gewuss un seit ewige Zeiten nix gegen getan. Außer, dasses nu veboten is, Elpaale zu fangen, zu vekaufen un zu essen. Wascha so 'ne Methode is, as wenn du mit das Vebot vonnie Foierwehr das Großfoier abschaffen wiss. Abers du, Natalje, muß natüälich beikomm un sagen, dasses schon übä fümmsich Schahre so sein muß. Mittas Kwecksilber un so. Wie komms bloß auf so was?" – „Durchchas Fähnsehn", sach Natalje, „un durch Helmut den Erssen sein Gebuätsdatum!" Nu komms du!

„Das ischa sonne Berechnunk", sach ich, „as wenn aus die Tonnasche von 'n Schiff, die Knoten, die es machen tut un aus seine Schornsteine aus rausdiffidiers, wie alt den Kapptein is." – „Sonn Tühnkram is deine Sache, nich meine", sach Natalje, „ich, as logisch denkende Frau, ich stüzze mir auf Tatsachen un Beobachtunk. Streng wissenschafflich, mein liehm Kuddl!" – „Das soll mir ma velangen", sach ich.

„Asso", sach Natalje, „Helmut den Erssen is 1920 geborn un mit Elpwoter döfft, asso getauft. Nich, un in Fähnsehn habbich sölps gesehn un belep, as wie Helmut innie Hizze vonnie Diskuschon wegen die noien Etomraketen ümmer größer wurde. Dasser, asso, lieber zurücktreten will, as dasser sich vorwärts treten läss. Nich? Un ganz genau habbich gesehn, wie ihn inne ammerikahnsche Kälte, die scha das Geld füä Waffen, die wir nie einsezzen wolln, auf Kossen vonnie Sozealpolletik nochma vegrößern wolln, wie ihm da zusammgeschrumpelt is. Un da aus folgert ganz klah, mein liehm Kuddl, dassas Elpwasser damalige Zeit schon das reine Kwecksilber gewesen sein muß." Nu komms du!

Natalje, sach ich, has das veinnerlicht – assie sagen – mittas Elpwasser? Klah, sach Natalje, das ischa in 'n Zustand von all den Innustrieschiet, dassu nich mehr sagen brauchs: Vor düssen Kommentah ischa den Walden wolln Ziegelstein auffen Kopp gefalln. Du kanns auch sagen, den ham sie woll mit Elpwasser getauf. Das hat sche dieselm Folgen. Ischa voll von Cattmium un Kwecksilber. Un all sowas. Mit fuchbare Folgen.

Ich sach: „Da 'um ham sie sche auch veboten", sach ich, „dassu Fische ausse Elbe essen tus." Natalje sach: „Die sünd woll auch schon mit Elpwasser gedööf worn", sach sie, „denn das ischa, as wenn du diä beis Rasiän schneiden tus un klebs das Flasser auffen Spiegel."

„Natalje", sach ich, „so lange isses Elpwasser sche noch gah nich kaputt. Ischa ers, seitdem den Fohtschritt ümmer weiter übä uns fohtschreiten tut. Asso, nachdem sie inne DDR den Umweltschuzz durch Leninismus ersezz ham. Wascha ehm so viel nüzzen tut, as wenn die bei uns die die Elbe wegen Geld keputt gemach ham, ers ma bei das Saubermachen noch mehr Zaster machen könn.

Asso, das mittas Cattmium un Kwecksilber ischa so lange noch nich." – „Ich weiß nich rech", sach Natalje, „wenn ich da an Hänschen Apel denken tu, ischa auch mit Elpwasser getauf, nich, hat auf Wirtschaff un Viehnansen auf studiät un bei den Tohnado un düsse Raketenpanzers, da fehlt das schon annie Grundrechenahten... Muscha irgendwo an liegen, daß den die Wohte fehlen, wenn den Viehnansminisser die Spucke wechbleip. Da steckt doch irgendwas achter, Kuddl. Wenn das man nich auch annas Elpwasser liegen tut. Irgendwas, wo du gah nich an denks, das wüscha da achter stecken. Sölps mit grösser Anstrengunk schaffs dascha nich, un büss as Einzelner so dösich. Das schaff doch höchssens ein Schub in kollektife Anstrengunk." Asso, Kollege, das as sochches gab mich zu denken. Ich mein, wenn ich auch nich weiß. was Cattmium is, so weiß ich noch ausse Schule, as wie Kwecksilber sich vehalten tut. Es dehnt sich bei Wähme aus un zieht sich bei Kälte zusamm.

„Natalje", sach ich, „da brings mir auf was. Kuck ma, Helmut den Erssen is doch auch mit Elpwasser getauf. Oder? Tschä, un asser sachte, von wegen die Raketennachrüssunk – wo wir durch mehr Rüssunk zu weniger Rüssunk komm solln – dassa ersma übä vehannelt wern muss. Du, da wa ihm bannich in Hizze. Da hatter gesach, dasser damit steht un fällt. Wir asso, bevor wir düsse Dinger statschonieren, damit wir abschreckend-gleichgewichtich damit umkomm, ersma vehannelt wern soll mit Moskau, op die den Kollektewismus auch so sehn. Du, da wa ihm so in Hizze, dasser bald – rein äußerlich – auffie Größe von den de Gohl kam.

Tschä, un denn kam ihn bei den Riegenn. Den begieß sche die sprießenden Reketen mitte Kürzungen ausse Sozealetahs. Da konns in Fähnsehn diäektemang sehn, as wie kalte Füße Helmut den Erssen krichte.

Wenn den kalten Kriech komp, kriss ehm zuers kalte Füße. Un da, Natalje, du da wurde ihn richchich lütt. So groß wa ihn bloß noch mit Hut. Wie den Hansen vor Pahteiausschluß. Den hat sche nix so gesacht, wie ihm das gemeint hat. Un nich gemeint, wasser gesach hat. Un so auch den Helmut in Waschinkton bezüchlich Raketen." – „Und?" sach Natalje.

„Wassu gerade gesach has. Das, asso das Elpwasser, schon viel früher wenichssens mit Kwecksilber vollgewesen sein muß. Sonns isses sche gah nich zu erklärn, daß Jungs, die sie in Elpwasser getauf ham... asso, dassie ers so groß un dann so zusammschrumpeln... muscha 'ne natürliche Ursache ham."

Akkehol

Du, Macker, da sagen sie ümmer, den Akkehol as sochchen, das issen Betrügä. Ihn gip dich Gefühle, was du gah nich büss. Wennu ein innie Krone has, denn fühls diä stahk, glücklich, froh, has plietsche Idehn un siehs mitten Ma allns ganz anners. Asso, sagen sie, du siehs es anners, as es wirklich is. Wie es wirklich is, Macker, das sagen uns denn die Sachveständigen. Sagen sie. Und, was is? Knapp is die Sachveständigen das Woht enflohn, bumms, ruckzuck, komm annere Sachveständige schon. Die ein sagen, dassas – asso, wennas so weitägehn tut – mittie Freiheit berchab geht, weil die Unnernehmers demnächs an Ecke von Holssenstraße um Brot betteln wern. Un was is denn? Denn wird den Schtaat auch noch die annere Hälfte vonnie Produkschon diäigiän. Un denn, Macker, sagen sie, gehn in Europa die Lichters aus. Da 'um ham die sachveständigen Schurissen, die sche von Freiheit bannich viel vestehn – vor alle Dinge, wie sie die da ohm die Ellbogen freihalten solln, nich – asso die Schurissen ham gesach, wennas nich so komm soll, denn muß den Unnernehmer diä rausschmeißen könn, wenner will. Denn, sagen sie, wenn sein Schoßstein nich rauchen tut, hat unsenein nix innie Suppe zu krümeln. Denn is mittie Freiheit von uns alle Sense. Und mir as Rausgeflogenen solln sie denn mit die Steuän ernährn, die sie vorher die Unnernehmer geschenk ham, damit sein Schoßstein rauchen tut un ihn mir rausschmeißen kann, indem ihm sich Mikroprozessorn un Lazurusstrahln kaufen kann, die mir ersezzen.

Das gip abers auch ganz annere Sachveständige. So, as bei den Atomschiet, nich. Asso, die behauppen das Gegenteil. Asso, bezüchlich den Schoßsteinrauchen, da sagen die, du muß die Menschen ersma Penunse gehm. Tus das nich – sagen die nu wieder, nich – denn ham die Unnernehmer sche nix, wassie ausboiten könn. Und, wenna nix zun ausboiten is, nich tschä, wovon soll den Schoßstein denn rauchen. Macker, Nu komms du! Die ein Sachvestännigen sagen, asso, wenn wir ein sozealen Rechsstaat as sochchen bleihm wolln, nich, wascha einen Auftrach is, denn muß mir ersma meine sozealen Rechche nehm, indem den Auftrach das höhere Rech füä die Höheren is. So as den Schurissen Freisler – damalige Zeit, un nich bloß Schurissen mit Eff an Anfang von sie ihrn Nahm – das höhere Rech durch niedriges Unrech herstelln tat. Tschä, unnie annern sagen, indem den Menschen in Mittelpunk stehn tut, muß du ers ihn was gehm, damit du was zun Ausboiten has. Und da, sagen sie, muß bein Mittelpunk anfangen. Wenn da nix is, denn is nix.

Unnu, Macker, komm wiä auf den Akkehol as sochchen zurück. Daß sie sagen, den Akkehol läss die Wirklichkeit vekehrt sehn. Nöö, ich will nich behauppen, dassie Sachvestännigen besoffen sünd. So nun sche wieder nich. Ich wollte diesbezüchlich bloß gesacht ham, dasses gah nich gesacht is, daß unsenein die Wirklichkeit – ich mein, dascha ümmerhin möchlich, nich – richchich sieht, wenner besoffen is. Da soll ich ma Helmut den Erssen fragen, weil den nich bloß alles, sonnern auch noch allns besser weiß? Tschä, Macker, das sachte mein Natalje auch. Abers sölps den ischa nich unumstritten. Nee, nu lass ma, sabbel nich damang. Asso, wo ich auf raus will, ischa, daß unsenein frühä saufen mußte, um die traurige Wirklichkeit zu vergessen. Un hoite? Hoite müssen wir ein saufen, damit wir die Wirklichkeit erkenn, na, sagen wir, vielleich erkenn könn. Kuck, un da steck sche den Fohtschritt in. Deshalb ischa auch den Akkeholvebrauch so gestiegen. Ehm nich, weil du so den Pregramm in Fähnsehn an bessen abkanns. Nee, weil wir ein gestiegenes Bedürfnis nach Erkenntnis ham. Tschä, un da 'um sünd mein Natalje un ich inne Kneipe, nachdem wir Dregger seine rosige, schwahze Zukunff in ein froindliches Hellbraun unnie Tagesmellungen genossen hatten, die den Kollegen mit den Staatsanwaltblick – wie heiß ihn noch, richchich, Stefan – sachvestännich richchich innie Seele träufels, damit du ihr auch in richchigen Hals kriss un dich nix Vekehrtes dabei denken tus, tschä, asso danach brauchten wir Akkehol. Nachdem den össlichen Kohl uns velassen un wir bloß noch den wesslichen Kohl ham, wollten mein Natalje un ich wissen, was den Menschen wert is. Un das, weil mein Natalje innie Kneipe wollte. Tschewoll, ihr wollte. Nu komms du!

Natalje sach: „Wenn ich so seh", sach sie, „wie innie Zoffjetunjon un so die Menschenrechche vefolcht wern – un ich rech mir da übä auf – un denn sehn tu, wie den Somoza in Nikaragua ihr sichert, zusamm mit sein Besizz vonnas Land, Diskauntläden un Banken – un ich seh, kein Aas recht sich da übä auf – denn kann ich da zuviel bei kriegen. Ich, Natalje Schnööf", sach sie, „will nu ma wissen, was den Menschen wert is. Bei all die Dooten von A – as wie Atom – bis Zett – as wie sozeale Sicherheit – nix as Schinnerei, Ausboitunk, Mohd un Doodschlach. „Komm, Kuddl, wir gehn ein zaufen."

Tschä, Macker, ich hap sie, natürlich, furts auffen Fohtschritt as sochchen hingewiesen. As ich schon unner anneres ganz richchich ausführn tat, früher, da soffen wir, um A büss Zett zu vergessen. Hoite, hoite wolln wir wissen, wa'um A büss Zett so is, as es is un es frühä schon wa. Wa'um wir wissen wolln, wasser Mensch wert is? Das frachs noch? Weil ihn in Mittelpunk stehn tut. Häär, des Himmels, das sagen sie doch alle. Oder nich? Na, siehste!

Vonnie Führunkskwallität

Asso, Kollege, nix auf düssen runnen Globus ischa so Schiet oder Miss, dassa nich einen füä sich noch Dünger aus machen kann. Unnie Wirtschaffslage as sochche ischa füä mein Natalje Dünger auf ihre pollitischen Mühlen. „Kuddl", sach sie, „was liecht nu einklich wirtschafflich gesehn an? Helmut den Erssen prob nu bald sechs Schahre den Aufschwunk. Un was is? Ihm mach Klimmzüge an sozealdemokratische Positschonen. Was man nich in Kopp hat, muß man unner die Füße kriegen. Abers aufgeschwungen is ihm ümmer noch nich. Un den Professer Schiller sachte damalige Zeit, wir müsseten bloß konzätiät vorgehn, seine Masche häkeln – zwei rechs, links drei falln lassen – Gas gehm un dann, hatter gesach, schmilz die Ahbeitslosigkeit as Schnee annie Sonne. Un, Kuddl, nu sach ma sölps, was is?" Ich sach: „Es hääsch totale schillersche Sonnenfinsternis", sach ich, „wir stehn in Schnee bis annie Knie un es wird rechs gewirk un links wird gewalk." – „Genau, sach Natalje", „asso, das kann ich auch. Da 'um solln sie mir da ohm ma ran lassen!" Nu komms du!

„Asso, Natalje", sach ich, „nu hör ma zu, düsse Krihse ischa nich as wie annere. Da brauchtes du das Wirtschaffsauto bloß Gas gehm, bummsdich, lief die Karre wieder. Abers, hoite? Hoite hat das Auto kein Benzin mehr! Da läuf das an bessen berchab." – „Ischa mein Schnack seit eh un je", sach Natalje, „besonnere Umstänne ähfodern besonnere Maßnahmen. Wenn es nich von vohne geht, Kuddl, muß es von hinten durchie kalte Küche komm. Wir brauchen 'ne noie Strategie un Taktik. As die Arabers innie Kriege mit Israel. Un danach müssen wir mit die Arabers tauschen!" – „Wa?" sach ich, „büss du noch zu retten?" – „Kuck", sach Natalje, „die Arabers hatten die Russen sie ihre Strategie un Taktik nachgemach. Den Feind ins Land rein lassen, den Winter abtöfen, un denn, auf ihn mit Gebrüll un gip ihn Saures. So ham die Arabers das auch gemach. As die Israelis loslechten, zogen sie sich innie Wüsse zurück un töften auffen Winter un Schnee." – „Wassen Kwatsch auch doch", sach ich, „innie Wüsse Sahara oder so, da kanns lange auffen Winter töfen. Da sizz doch innie Sonne!" – „Unnu", sach Natalje, „komp es. Helmut den Erssen un Professer Schiller tauschen mittie Araber die Plätze. Denn ham die Arabers den Winter, um zu siegen un wir ham die Sonne, die die Ahbeitslosen wechschmelzen tut." – „Dascha den reinen Unvestand", sach ich, „du, Natalje, büss scha as den Kapptein." Ihm krich die Mellunk:

„Stoierbohd, Unnerwasser großes Leck!" un sach: „Haut backbohd Unnerwasser 'n ehmso großes Leck, damit das Wasser ablaufen kann!" – Mit sonn Heindudelkram geht es nich. Das belehm wir scha tachtächlich." – „Das ischa grade mein Reden", sach Natalje, „was die da ohm können, das kann ich auch! Da 'um solln sie mir ma ranlassen, annie Führunk." – „Tschä, einklich, wa'um nich?", sach ich, „wa'um nich du mit deine Führunkskwallität? Nachdem den Stoiber ähklährt hat, dasser bereit is, das doitsche Volk geissich zu führn, was soll da den Bürger noch schrecken!"

Von'n Friedensfroind

Ich steh' in Paul seine Kneipe an Tresen un trink 'n Bieä. 'N lüttes wegen die Wittschaffslage. Abers, zun Ausgleich – um mein wittschaflichen Optimismus zu beweisen, asso, daß ich Helmut den Erssen sein voä siehm Schahre profezeiten Aufschwunk ümmer noch hoffnungsvoll entgegenkucke, genehmige ich mich da zwei lütte Schnäpse zu. Un währtdem ich so meine doitsche Innerlichkeit begieße, bekuck ich mir sonn Vetreter von uns nazenale Hoffnunk. Ihm stand gleich nehm mich bei.

Lange Haare, Natojacke, Turnschuhe. Das besonnere an düssen Kollegen wa, dasser da as Litfaßsäule stehn tat. Die ganze Jacke voll mit Paroln. Von „Sollidanosch" zu „Etomkraff – nein, Danke" übä „Frieden schaffen ohne Waffen" bis „Schwerter zu Fluchschaare" wa allns da, auffie Jacke.

„Is was?" fracht er. Un kuck mir an as Muhammed Ali, wenner in seine bessen Schahre in Ring das Fallobs bekuckte. „Nöö, nöö", sach ich, „da is gah nix! Was soll auch schon sein? Ausser, dasser Doibel los is." – „Pass diä was nich?", sach er, „is diä was zu eng?" Unnu kuckte ihm schon as zwei Muhammed Alis. „Stöä ich?" – „Mann inne Tünn", sach ich, „was is denn? Asso, mir pesöhnlich gesehn, as sochchen, mir stöän lange Haare nich die Bohne. Ganz in Gegentum! Lange Haare wa schon bei die ollen German das Zeichen des freien Mannes. Da 'um laufen die meissen sche auch mit 'n Hinnenburchgedächnisschnitt durche Gegend. Un Natojacken passen mir primstens! Voä alle Dinge, wenn Zivillissen sie tragen. Un Turnschuhe sünd sche praktisch. Machen leichfüßich. Wennie Staatsgewalt mittels schlagenne Aggemente Ruhe statt Ohdnunk herstelln will. Nöö, nöö, asso, das seh ich alles in weiteren Sinne nich so eng! Bloß, ähä, bloß..." – „Was, bloß...?" sach er. Ich sach: „Asso, bloß bezüchlich düsse Schwerter zu Fluchschaare", sach ich, „die dich da bein Hals rauskomm, asso, ich weiß nich..." – „Was weiß du nich?" sach er. Un kuck mir an, as wenn die Würsschen knapp sünd. Un kam noch 'n Schritt näher. Mit mein graden Blick sah ich so aussen Augenwinkel, daß Paul schon unner die Theke langte. Nachen Gummiknüppel.

Ich sach: „Höä ma zu", sach ich, „ich mein sche bloß, man mussas in Zusammhang sehn. Mittie technologische Entwicklunk, nich! Schwerter zu Fluchschaare! Is'n büschen angestaup! Oder? Asso, Etomstrahln zu Höhensonne; Giffgas zu 4711, oder Bonner Bunker zu Disco-Schuppen! Ich mein bloß, sonn büschen mehr auffe Höhe des Fohtschritts. Denn, kuck ma Kollege, die Bibel fänk sche mit Mohd un Doodschlach an. Un höät sche damit auf, dassie die Friedfertigen abnageln."

„Büss du vielleich kein Friedensfroind?" sach er. In ein Ton, du! As wenn den Generalbunnesanwalt diä fracht: „Was halten sie von unse Vefassunk!" Un da kanns scha bloß sagen: „Mein sie die Vefassunk, die wir ham? Oder mein sie die Vefassunk, in die wir sünd?" Abers, – auf so was stand mein Friedenskämfer nich. As ich das sah, stand ihm in Momang mehr auf Kamf as auf Frieden. Un in sochche Momangs, nich, da soll den Menschen sche nich denken, sonnern gemäß das Gesezz vonnie Sölpserhaltunk der Aht reagiän. Blizzahtich!

„Kollege", sach ich, „ich bitte dich! As ich auf große Demonschtratschons gebölk hap: Nie, nie, wolln wir Waffen tragen! Du, da hatten deine Öllern knapp das Planunksstadjum übäschritten. Ich wa schon füä'n Frieden, as es noch höchs ungewiß wa, ob es dich gehm täte!" – „Und?" sach er. Un läss den rechchen Ahm so locker baumeln.

„Tschä,", sach ich, „un as ich das nich mehr rufen durfte, da habbich das klammheimlich gedach. Denn da bölkten sie: Doitschland erwache! As sie das bölkten, ging den Vestand pennen. Abers ich wollte nie Waffen tragen, bis sie mir die Knarre inne Hand drückten." – „Du büss ein richchiger Scheißkerl!" sach er.

„Richchich", sach ich, „richchich. Sachte mein Unneroffiziä auch ümmer! Ich mein, die Parole da: Viel Panzer, wenich Gehirn! Die ischa richchich. Richchich is aber auch, dassu mit viel Gehirn plözzlich in Panzer sizzen kanns. Un das geht bannich schnell! Währentdem du da noch übä simeliäs, ob vielleich Weihnachchen un Ostern auf ein Tach gefalln sünd, is füä diä schon Himmelfaht! Kuck ma, Makker, du kanns viel Geschrei machen, aber sie kriegen diä doch bei die Wolle!" – „Opportunissischer Defätiss!" sach er. Mit ein so tiefen Abgrund von Veachtunk, daß mich richchich schwinnlich wurde, as ich da reinkuckte. Un denn kam ihm noch näher...!

„Asso, Kollege", sach ich, „ich mein bloß, pollitisch gesehn, könn die da ohm diä auch bei viel Geschrei annie Wolle kriegen. Den Fisch beginnt an Kopp zu stinken. Du muss pollitisch ohm, an Kopp, was ännern, wenn sie diä – unten – nich milletärisch bei die Büx kriegen solln. Mein ich bloß..." – „Wir vetraun auffie massenhaffe Aktschon von unnen", sach er, „von unnen wird unnernomm! Da 'um steh ich so auf Pazifismus, daß ich scheden inne Fresse hau, den kein Pazifis is. Du, Opa, has Bewährunksfriss!" Sach das, kipp sein Bieä runner un latsch raus.

„Tschä, Kuddl", sach Paul, as ich den Angsschweiß von 'n Dööz trockne, „is as wie damalige Zeit. Von: Unternehme inne Zeit, denn haste inne Not – da halten die nix. Wenn unnernomm wird, wern die hochgenomm. Un – nach meine Erfahrunk – mellet sich düssen Tüp von Friedensfroind zu `ne Elitetruppe as Einzelkämfer. Vonnie Dooten sagen sie: Ihr seid nich umsonns gefallen! Unnie Lebennigen sünd umsonns nich gefallen!" Nu komms du!

Vonnie trojanischen Kamele

Asso, Macker, mein Natalje war reinwech aussie Tüte. Die Wohte sprudelten so aus sie raus, dassu bei düsse Unnerhaltunk 'n Regenschirm brauchtes. „Kuddel", bölk sie, „Kuddel! Has vonnie Sache in Stähn gehöät? Von wegen Etombomben in Doitschland. Un all sowas! Sach ma, sünd wir noch zu retten?" – „Was füä 'ne Frage übähaup", sach ich, „obbich da was von gehöät hap! Auffe Ahbeit krissu nix anneres zu höän. Fähnä: Bezüchlich ob wir noch zu retten sünd. Das weiß ich doch nich! Habe da abers bestimmpe Zweifel as sochche. Schon ma düsse plözzliche Aufregunk. Das ischa, as wenn ein, den sie inne Enziehunksanstalt einliefern, fracht: „Wieso bün ich einklich Akkeholiker?" Un den Ahz sach: „Einklich müsses du du von dein banniges Saufen sche sölps was gemerk ham. Steter Tropfen schrumpf die Leber." – „Kuddl", sach Natalje, „ich frage dich: Was solln wir mit den Schiet? Solln wir nu mit Mut die Zukunf meissern, oder soll das doitsche Volk – mittels Etome – ein Volk von totale Aussteiger wern?" – „Was weiß ich", sach ich, „wenn wir nichma ohne den Unnerschied mang Übälehm un Sölpsmohd kenn. Ich weiß bloß: Den Ami sein Etombomben in unse Hand sichern uns den Iwan seine auffas Dach. Un: Den bessen Etomkriech aller Zeiten is den, wo annere füä dich in denselm stähben. Abers, Natalje, wir wollten dascha nich besser ham. Innie Nato reingegangen, mit Etombomben aufgehangen!"

Natalje wa so aufgerech un so hiddelich, Macker, daß ihr sich annie eichnen Wohte veschluckte. „Abers, Kuddl", sachte sie, „das ischa in düsse olle Geschiche – mit den ganzen langen Baht – wo sie, asso, damalige Zeit, innie Stadt – wie heiss ihr noch – Cola oder so, sölps un selber sonn Ungetüm reinholten, wo sie ihr Dood un Vedähben in wa." – „Wa?" sach ich, „Cola is'n Getränk un keine Stadt. Un denn geht's nich an 'n Lehm, sonnern höchssens auffen Magen." –

„In Momang komm ich da nich so fix auf", sach Natalje, „abers, Kuddl, weiss doch, da stamp doch düsses Denkmal aus Gips von. Steht in alle Musehums rum. Kenns du doch auch, Kuddl! Den großen Kääl mit zwei lütte annie Seite. So, mit Schlangen! Na, sach schon! Den großen Lulatsch mach 'ne Figuä as Helmut den Erssen bei das Vebiegen vonnie Pahteilienje. Un den ein Lütten spielt Matthöfer, den die Schlange vonnie Schtaatsveschullunk umringelt. Den annern – ganz Lütten – steht da as wie Hänschen Apel, den sich die Tohnadomilljahden vons Bein wischen will. Die Figuän kenns doch, Kuddl! Sach schnell, wie den Kääl heißen tut. Ich hap es auffe Zunge. Wa'n Nahm as'n Apführmittel. La...la...oo...ton... oder so ähnlich."

„Natalje", sach ich, „komm zu diä. Nu weiß ich wo du auf los wiss. Du meins Laokoon. Den wollte die Loite innie Stadt wahnen Un damalige Zeit schickten sie diä wegen Geheimnisverrat nich 'n Staatsanwalt auffen Hals, sonnern Schlangen. Unnie beiden Lütten sünd nich Apel un Matthöfer, sonnern den Kollegen seine Söhne. Damalige Zeit hääschte noch Sippenhaff. Hoite höchssens den Radikalnerlaß. Un, Natalje, schließlich un endlich, düsse Stadt hieß nich Cola. Ihr hieß Troja." – „Dascha gah nich so wichtich", sach sie, „den springenden Punk ins Zentrum vonnas Problem ischa: Düsse Etombomben bei uns sünd ein lehmsgefährliches trojanisches Kamel!" – „Natalje", sach ich, „Menschenskind, nu schmeiss doch nich allns durchenanner! Das wa das trojanische Ferd!" – „So", sach Natalje, „'n Ferd wa das damalige Zeit? Na scha, denn spielen wir hoite die trojanischen Kamele!" Nu komms du!

Asso, Macker, nu soll mir ma velangen, ob den Staatsanwalt nu auch mein Natalje bein Wickel kricht. Denn, du, innas trojanische Kamel, da liecht scha den einklichen Geheimnisverrat in. Un bezüchlich sonne Sachen spielt sche die Juschtiez den trojanischen Esel, den die Horizonterweiterunk vonnie Kamele unnerwannern muß.

Folgen vonnie Geschichche

Macker, das gip Sachen, die gehn mir ech un diäeck auffen Magen. Hat 'ne praktische Seite. Indem ich 'ne träge Vedauunk hap. Asso, gewisse Loite un sie ihre Noischahrsansprachen wirken auf mir so ech, daß ich keine Pille brauch. Abers, auch sonns...

Sizz ich noilich innie Kneipe. Fähnsehn zeicht Bähliner Straßenschlachen. Wo sie schunge Loite den Sinn von Rechsschtaat innie Köppe rammsen. Un ein an Tisch lecht los: Unner Hitler wäre dascha reinwech unmöchlich gewesen, sach er. Den hätte sonne Banditen gleich vegast. Was heiß übähaup vegast? Is ja alles Lüge von Linksintellektuelle, die ganz Europa den Bolschewismus in Rachen jagen wolln. Oder hat vielleich ein Schude jemals vor Gerich unner Eid ausgesacht, dassie ihm vegast ham? Na, also! Un wenn, denn wahn das noch nich genuch. Nach 'm Kriech wahn sche gleich alle wieder da. Sezzen die jungen Loite Grappen in Kopp. Un man sieht scha, wo das hinführen tut.

Auf Dönizz seine Beähdigunk wa von die Lümmels keiner! Gehn da in Bählin zu Knass. Nich ma die Straßenbahn fährt. Asso, das wa damals nich ma nach schwersse Bombenangriffe den Fall. Wenn aussen Bunker kams, ruckzuck, Trümmer räumen, Leichen bergen. In Handumdrehn wa Ohdnunk. Un es gab wahme Suppe. Un das noch füä umsonns.

Was Rech is, muss Rech bleihm, bei Adolf hääschte Zuch innie Kolonne vonnie doitsche Jugend. Haare kurz, Blick frei, sach der Bräunlink. Das Denken wurde die Ferde übälassen. Die ham den größern Kopp. Aber da häärschten Ideale, die hatten wir so massenhaff, da wars glatt vonnie Socken. Bei denen da, von wegen: Brech dem Senat die Gräten, alle Mach den Räten! Was is das übähaup füän Ton? Was heiss da Gräten? Asso, die traun die Obrichkeit woll nich ma 'n Rückgrat zu! Denen muß die Menschlichkeit ersma beigebrach wern, sach er, mit ganz annere Saiten, die da aufgezogen werden müßten. Asso, ich wüßte schon... Abers, natürlich sach ich nix. In düsse angepliche Demekratie ham je bloß die Lannesverräter Redefreiheit. 'N aufrechchen Doitschen mit 'ne anstännige Gesinnunk muß das Maul halten! Freiheit wolln die! Freiheit! Die ham je woll 'n lütten Wurm? Total plemplem! Was heiss 'n hieä Freiheit? In meim Zuch hap ich gesach, wo's langgeht. Un denn alle: Zackzack! Freiheit is, inne befohlne Richunk zu flizzen. Da lief den Laden. Da sünd wir groß gewohden mit! Lesen sie man ma nach innie Geschichche, Häär Schnööf. Da ham wir Achunk innie Welt, asso, hektoliterweise, genossen. Die Pollacken unnie Judenlümmel musseten runner vons Trottoah, wenn wir kamen. Hoite fahn die Bengels da mit Fahrad auf! Un allns is voll von rassisch Minnerwertige, die nich ma Wasserklosett kenn un keine Menschenwürde!

Abers is ja kein Wunner! Wenn scheden ungelähnten Ladenschwengel Gerechichkeit bölken dahf. Wo solln wir da hinkomm! Wie? Geht doch allns ech Doitsche in 'n Eimer bei. Die hätte ich – damalige Zeit – in meine Einheit ham mögen. Den hätten wir die Gerechichkeit beigebogen, dassie die Engel in Himmel zwitschern hörn. Da sünd wir mit ganz annere Tüpen fertich geworn. Ham ihr zu Menschen gemach. Mit `n höheres sittliches Bewussein. Oder so!

Ich sach: „Natalje“, sach ich, „asso, das schluch mir so auffen Magen! Ich konnte den Kääl nich ma ein inne Wäsche haun. Ich musste – stante peh – auffen Lokus. Asso, so was! So was, nee!“ Natalje sach: „Da has den Beweis“, sach sie, „dassie Doitschen ihre Geschichche lähnen, weil sie rein gah nix vegessen ham.“ – „Abers, Natalje“, sach ich, „ich bidde dich: Was ham wir da'aus gelähnt?“ – „Dassu, mein liehm Kuddl“, sach sie, „sofoht produziäs, was sonns ers ans Enne bei sonne Geschichche rauskomp!“ Nu komms du!

Nachwort

Wie eine Jungfrau zu einem Kinde kommt

Wie eine Jungfrau zu einem Kinde kommt, weiß ich nicht. Aus natürlichen Ursachen konnte ich hier keine praktischen Erfahrungen machen. Dafür weiß ich, wie man ohne eigene Absicht, eigenes Zutun oder gah Wollen zum Mundartschriftsteller wird. Dazu sind zwei Dinge erforderlich. Einmal: Mundart muß plötzlich so „in" sein, wie sie vor zwanzig Jahren „out" war. Zum anderen: Man muß vor zwanzig Jahren, sagen wir: aus Daffke, Schriftliches in Mundart zu Papier gebracht haben.

Bei mir war es so, daß wir im Kollegenkreis beim Bier darüber sprachen, daß man die Wochenendglosse der Zeitung einmal „ganz anders" machen müsse. So kamen wir auf die tatsächliche Umgangssprache, in Norddeutschland Missingsch genannt. Eine Sprache des plattdoitschen Kopfes, der Hochdeutsch zu sprechen meint. Diese Sprache wird geschrieben nach der alten Volksschullehrerweisheit: Schreibe, wie du richtig sprichst. Die Aufgabe war, alles – vom Alltäglichen zum Erhabenen – in der mundartgefärbten Umgangssprache, möglichst in der Sicht von unten, zu beschreiben. Bis zur Satire oder bis zur Offenlegung des Lächerlichen war es weniger als ein Schritt.

So wurde ich Mundartschriftsteller. Weder Literat noch Philologe, haben mich die soziale Wurzel, die sozialen Bedingungen, welche zur Umgangssprache und ihrer wechselnden Bewertung führen, besonders interessiert.

Natürlich, denn sie haben den Verfasser journalistischer Glossen zum Schriftsteller avancieren lassen. Warum? Nun, weil das, was vor zwanzig Jahren kopfschüttelndes Staunen erregte, heute eine ziemlich gefragte Ware auf dem florierenden Mundarten-Markt ist. Vor zwanzig Jahren wußten die missingsch-sprechenden Macker nicht einmal, daß sie so sprachen. Sie fragten: „Sach ma, Jochen, was issen das, wassu da schreihm tus? Is nich Hoch un is nich Platt. So schnack doch keinein!“ Ich verstand ihr Nichtbegreifen sehr gut. Als ich mich zum erstenmal vom Tonband hörte, war ich entsetzt. Das sollte ich, meine Sprache sein? Dieses knarrende Kielä Doitsch? Halbbewußt hatte ich wohl gemeint, astreines Bühnendeutsch zu artikulieren. Die gegenteiligen Erfahrungen schärften Ohr und Interesse für die Abstufungen zwischen Ur- und Oberklassenmissingsch und seine regional verschiedenen Prägungen. Neu war der Gebrauch des Missingsch nicht. Teilweise war das der Klein Erna-Witz. So, wenn die Mutter der Lehrerin antwortet, sie beschwerte sich darüber, „daß Klein Erna immer so riecht“: „Sie sollen ihr nich riechen, sie sollen ihr lernen!“ Diäks Paulun verfaßte köstliche Sachen im Hamburger Missingsch. Aber das alles machte noch lange keinen großen Mundart-Sommer und fand meist keinen großen Markt. Vorher mußte die soziale Minderwertigkeit des Plattdeutschen abgeschafft werden, sich in einen Gütestempel für humane und landsmannschaftliche Identität wandeln.

Vor wenigen Jahren wäre es keinem Menschen eingefallen, sein Auto mit dem Aufkleber zu zieren: „Wi snackt Platt“. Ich erinnere mich noch sehr genau jener Zeit, als es im Dorf allgemeines Gespräch war, „wenn een Auto dörch Döörp kom wür.“ Damals erlebte ich die Geburt des Missingsch aus dem Bewußtsein der Minderwertigkeit des Plattdeutschen und dem Wollen, den Kindern soziale Startrampen zu planieren.

Man bemühte sich – vor allem unter den nichtbäuerlichen Einwohnern des Dorfes – seinen Kindern selbst Hochdeutsch beizubiegen; es nicht der einklassigen Dorfschule zu überlassen. Dahinter steckte die Erfahrung: Wenn man nicht hinter dem Pflug herlaufen wollte (was saumäßig schlecht bezahlt wurde), dann mußte man in die Stadt, einen Beruf lernen. Und dort bestand eine Sprachbarriere. Sie machte auch einem „anslägschen Kopp“ (einem intelligenten Gehirn) zu schaffen. Die Sprache des Industrieberufes war Hochdeutsch, selbst wenn damals die Umgangssprache im Betriep vorwiegend noch Plattdeutsch (neben Missingsch) war.

Was bei dieser Sprachlehre heraus kam, war Gegenstand des Spotts und des Gelächters – nicht nur „der Gebildeten“ sondern auch „der Hochdeutschen“ (die meist missingsch sprachen). Plattdeutsch war „unten“, so lange das Dorf den zivilisatorischen und kulturellen Rückstand, für die Besitzlosen die soziale Chancenlosigkeit, repräsentierte. Das galt um so weniger für die Bauern, je mehr „se an de Fööt harn“ (sie an den Füßen hatten, besaßen). Aber auch sie prägte der Minderwertigkeitsstempel des Plattdeutschen. Um so mehr entwikkelten „die Plattdeutschen“ – nicht zuletzt aus der historischen Erfahrung sozialer Unfreiheit oder Halbfreiheit – eine schlitzohrige Technik des Sich-dümmer-stellen-als-man-ist. Sie erlaubt dem Tölpel, den großkotzigen Herrn zu übertölpeln. Der „Dumme“ ist schlauer als der sich klug Dünkende. Er muß sogah klüger sein als der Gebildete. Den diäekten Angriff kann er nicht wagen, dazu ist er zu schwach. Aber er kann dadurch überleben oder gah siegen, daß er nicht auf große Worte, Sprüche oder Glaubensartikel hereinfällt, sondern den Sinn hinterfragt, „achtersinnig“ denkt und danach praktisch handelt.

Die Aufkleber „Wi snackt Platt“ signalisieren das Ende des Kultur- und Chancengefälles zwischen Stadt und Land. Das Dorf ist nicht mehr der Nachzügler der Industriegesellschaft. Es ist ein Bestandteil der Industrielandschaft. Es hat aufgehört, „Dorf“ zu sein, so wie der Bauer „Unternehmer“ wurde. Und das Plattdeutsche wandelte sich vom Minderwertigkeitsstempel zum Gütezeichen landsmannschaftlicher Identität. Man gehört hier hin, Lebensraum und Sprache bestätigen wechselseitig die Person. So ist man wer. Dabei ist sehr die Frage, wer außer alten Menschen überhaupt noch richtig Plattdeutsch spricht. Das Plattdeutsch hat keine Begriffe für die moderne Arbeits- und Wirtschaftswelt, von der man ein Teil ist. Der plattdeutsche Bauer spricht hoch, wenn es um Marktordnungen in der EG geht.

Der zum Kleinunternehmer arrivierte plattdeutsche Handwerksmeister spricht hoch, wenn er den Geschäftsbericht gibt. Der Betriepsrat erläutert seinen Kollegen die Lage der Firma auf Hochdeutsch. Oder was man dafür hält. Gesprochen wird dann meist „missingsch".

Der Übergang ins Plattdeutsche erfolgt, wenn Folgen, diäekte, menschliche Betroffenheit zum Ausdruck drängen, wenn Werturteile gefällt werden. Dann wird Sprache blutvoll, plastisch, derb, bildreich und handgreiflich. Sie wird unfreiwillig komisch-satirisch. So sachte ein Arbeiter eines stillzulegenden Zweigwerkes eines großen Betriebes, nachdem der Vertreter der Zentrale die „sachliche Notwendigkeit" dargelegt hatte, zu mir: „Du, Jochen, dat will ick di seggen, die da oben, nich, du, de geiht dat so schlech, dat se bald den Kitt ut de Fensters pulen un freten mööt. Asso, noch fünf Minutens so weiter, un ich hätte sie mein lezzen Wochenlohn geschenk. Das wa scha nich zum aushalten, as wo leech se dat geiht." Diese Mischung von Hoch- und Plattdeutsch ist Ur-Missingsch. Es verfeinert sich in dem Umfang, wie Platt nur noch gedacht und diäekt in Hoch übersetzt wird. Die letzte Spitze bietet Minister Hans Apel, wenn ihm der Satz entflieht: „Da möchte ich nix sagen."

Nun zurück zu der Frage: Wie kommt es, daß Mundart plötzlich „in" ist? Das ist natürlich auch „Mode". Es gehört eben zu der Wirklichkeit unseres Lebens, daß wir „Werte" und „echtes Gold" so lange vermarkten, zu Geld oder Wahlstimmen machen, bis es wertloses Blech geworden ist. Aber, ich glaube, hier steckt „echtes Anliegen" dahinter. Mundart, Regionalismus oder das Streben nach Dezentralisierung drückt – wie neuerliche Dickleibigkeit von Romanen – die häufig verzweifelte Suche nach humaner Identität aus. Die Menschen suchen nach dem, was sie selbst zerstört haben. Originalität, Mitmenschlichkeit, Nähe zum Nächsten, Nestwärme. Alles, was einer „zweckrationalen" Mengensteigerung zum Opfer fiel, wird erhofft und gesucht.

Mundart erweckt das Gefühl, dem Volk nahe zu sein. Es ist ein Streben, das dem ähnelt, was Rousseau in die (meist falsch interpretierte) Formel brachte: Zurück zur Natur! Er wollte nicht zurück auf alle viere, wie Voltaire ihm unterstellte. Es sollte über „die Natur" Tugend und Vernunft die Beziehungen zwischen den Menschen bestimmen. So etwa sucht man über Mundart den Weg zurück zum Volk. Das scheint mir vor allem für viele Konsumenten der Mundartliteratur zu gelten. Die sozialen Produkte unserer „zweckrationalen" Mengensteigerungsgesellschaft – vor allem auf den Anstalten für Vermittlung „höherer Bildung" – erhoffen, „die Natur" im Volk zu finden. Irgendwo muß doch Wahrheit und Wahrhaftigkeit sein. Vom Kindergahten an auf Leistung und Konkurrenz getrimmt, vereinzelt und kontaktgehemmt, tief mißtrauend den Werten, zu denen Hitlers Marinerichter sie mit Mut erziehen wollten, sucht man den festen Punkt außerhalb dieser Welt und den genügend langen Hebel, um sie aus den Angeln zu heben. Verschreckt durch staatliche Repression, enttäuscht von sektiererischen Diskussionen über die „Arbeiterklasse" und „die Strategie", die sie nach Meinung der Diskutanten einzuschlagen haben, sucht man „das Volk". Die Mundart ist die vermeintliche Brücke zu seinem Denken und Fühlen. Dort bei dem Volk, „dem großen Lümmel", glaubt man Wahrheit und Wahrhaftigkeit, die Quellen der Kraft für ein menschliches, natürliches Leben. Die Mundartdichtung soll den Weg zu den Quellen zeigen, damit man selbst auch Volk sein könne. Nun, auch das Volk ist von dieser Welt. Und vor die zielgerichtete Entfaltung seiner Kraft ist die bewußte, zielgerichtete Organisation gesetzt. Konsum von Mundartdichtung ist dafür kein Ersatz. Es scheint mir bezeichnend, daß ich häufig gefragt wurde, was mein „Anliegen" sei. Ob ich dem armen Volk in seiner sprachlosen Objektrolle Geist und Stimme leihe? Und ähnlichen Unsinn mehr.

Nach meiner Erfahrung sind „de lütten Lüüd" (die kleinen Loite) – wie sie sich selbst nennen – meiner Heimat keine Wozzeks; sprachlos Leidende, die in äußerster Bedrückung, tiefem Leid und Zerstörung ihres humanen Kerns das Messer nehmen und den Peiniger niederstechen. Das ist ein Verhalten, das der Ghettosituation von Minderheiten entspricht, denen eine barbarische Gesellschaft das humane Rückgrat gebrochen hat und jegliche humane Chance verweigert. Das ist etwa die Situation des Subproletariats in den USA. Das gibt es bei uns noch nicht. Es bildet sich erst in den Gastarbeitervierteln unserer Industriestädte. Ich glaube, dassie Mundart eine Waffe der kleinen Loite ist. Sprache, die aus ihrem Maul wächst. Gelegentlich ordinär, aber meist treffend. Sie bewältigt und erklärt ihre Wirklichkeit, die Wahrheit ihres Lebens. So sach der Briefträger zu mir, als ich schwitzend im Gahten arbeite: „Nu man nich so doll da auf los. Ümmer da an denken: Hoite isses scha keine Kuns zu ahbeiten. Hoite isses die Kuns zu halten seine Ahbeit fess." Diese Sprache, verbunden mit der Sozialtechnik des „Achtersinnigen", ist Waffe und Mittel der Selbstbehauptung in einer feindlichen Umwelt. Sie schafft andererseits menschliche Nähe, signalisiert Zusammengehörigkeit. Man wird Wir und Ich. Das gilt für die Selbstbewußten unter den „kleinen Loiten". Dieses Selbstbewußtsein wurzelt meist in dem Wissen, daß man „sein Kram orntlich mach", daß man „gediegen sein Ahbeit kann". Der zerbrochene Mensch im Obdachlosenasyl spricht ebenfalls Missingsch. Seine soziale Lage und seine menschliche Befindlichkeit verändern dessen Charakter. Sie ist hier eher zynisch, aggressiv; Verständigungsmittel zwischen einsamen, gejagten Wölfen. So gibt es weder „die Mundart" noch „das Volk".

Die tatsächliche Sprache ist immer sozial – wenn man will, politisch – determiniert. Deshalb ist für mich der Purismus des Dialekts ebenso sinnlos wie seine Benutzung zu Wortklingelei und Sprachspielen. Überfordert man die tatsächlich gesprochene Sprache nicht, bleipt man bei ihren Leisten, so ist sie ehrlich bis zur Rücksichtslosigkeit. Schön ist das nicht. Aber das liegt an dem, was diese Sprache zu enthüllen vermag. Und wenn wir häufig dabei lachen, so auch wohl deshalb, weil wir nicht weinen wollen.

Editorische Notizen

1. Das Buch
2. Der Autor
3. Der Herausgeber
4. Die Sprache
5. Der Dank
6. Der Inhalt

Das Buch

Kuddl Schnööf – ein „alter ego“, ein „Wunsch-Ich“ seines Autors Jochen Steffen gar? So „normal“ ist er, der Werftarbeiter Kuddl Schnööf, so normal ist auch „sein Natalje“. Sie leben in Bescheidenheit, haben ihren täglichen Ärger aber auch Freuden. Sie sind interessiert an vielem und sie diskutieren über alles.

Wenn „arbeiterschlau“ das proletarische Pendant zu „bauernschlau“ ist, dann sind Kuddl und Natalje „arbeiterschlau“. Pfiffig, kritisch manchmal hinterfotzig – und links.

In manchem sind sie jedoch nicht „normal“. Sie reflektieren viel, analysieren und kritisieren. Nichts und niemand ist vor ihnen sicher – Kollegen, Nachbarn und Verwandte: Sie alle werden zwar mitunter derb, aber immer solidarisch angepiekt.

Die Politiker kriegen ihr Fett weg. Bei „Helmut den Erssen“, „Willy den Erssen“ und „Onkel Häbät“ werden Kuddl und Natalje schon mal recht sarkastisch, ja heftig; und die Schwarzen bekommen selbstverständlich scharfe Schelte. Aber auch der „Rote Jochen“ wird nicht ausgespart. Besonders symphatisch ist, daß sie auch gegenseitig nicht mit liebevollen Spott sparen: meist behält Natalje aufgrund ihres schärferen Denkens und ihrer gedanklichen Konsequenz hier die Oberhand.

Kuddl Schnööf – Vonnas Leben enthält viele Geschichten, die bisher nicht gedruckt vorlagen, und einige, die in den 70er-Jahren nur als Zeitungsglosse erschienen sind.

Der Herausgeber Jens-Peter Steffen fand sie im Nachlaß von Jochen Steffen – und war begeistert: die „noiesten Gedankens“ waren spritzig wie die „ollen“, wenn nicht noch kritischer und witziger!

Dazu wählte er etliche der älteren Geschichten aus – als erfolgreiche und bei Lesungen immer wieder gewünschte „High-Lights“.

Der Autor

Karl Joachim Jürgen Steffen wurde am 19. September 1922 in Kiel als Sohn des Bankbeamten Karl Steffen und dessen Frau Else, geb. Schwitzer, geboren.

Schon in seiner Schulzeit nannte man ihn – damals allerdings noch wegen seiner rötlichen Haare – den „Roten Jochen". Nach Erlangung des Abiturs an der späteren Humboldt-Schule zu Kiel wurde er zur Marine eingezogen. Ein Lebensabschnitt, der ihn tief prägte, begann.

Steffen: *„Ich habe als sehr junger Mensch in meinem Verhältnis zur Hitlerjugend und als Soldat im Krieg gelernt, daß der einzelne, der das Ganze nicht billigt, aber auch nicht verhindern kann, wenigstens fortgehen oder die Finger davon lassen kann. Ganz gleich, ob man dann Ausgestoßener oder Spucknapf und Fußmatte für jedermann ist."*

Die ungeliebte Militärzeit endete zum Kriegsende mit dem Dienstgrad eines Obergefreiten. Noch während des Krieges lernte er seine spätere Frau, die 1921 in Teltow bei Berlin geborene Direktrice Ilse Annemarie Johanna Zimmermann kennen. Sie beschlossen schnell, zusammenzubleiben und heirateten am 11. Mai 1945.

Als Jochen Steffen aus britischer Gefangenschaft entlassen wurde, begann für ihn die Neuorientierung. Im Sommer 1946 nahm er das Studium der Politischen Wissenschaften an der Christian-Albrechts-Universität in Kiel auf. Später wurde er dort Assistent bei Prof. Michael Freund – zusammen mit seinem späteren politischen Kontrahenten Gerhard Stoltenberg. Schon im Mai 1946 fällte er eine folgenschwere Entscheidung: er trat in die SPD ein.

Nachdem 1954 der Sohn Jens-Peter geboren wurde, begann Jochen Steffen 1955, als Journalist zu arbeiten: er wurde Redakteur der SPD-Parteizeitung „Flensburger Presse".

Seine politische Karriere begann 1954 mit der Wahl zum Juso-Landesvorsitzenden in Schleswig-Holstein. Jochen Steffen polarisierte durch seine schlagfertige, analytische und polemisierende Persönlichkeit und durch seine marxistische Politik. Das hat Folgen: 1955 erhielt der "Rote Jochen" wegen seiner Kritik an dem SPD-Vorsitzenden Erich Ollenhauer und der Parteibürokratie Redeverbot von seiner Partei.

Doch mehr als die Anzahl seiner Gegner wuchs die seiner Anhänger: 1956 wurde Steffen Mitglied des Bezirksvorstands, 1958 erstmals Landtagsabgeordneter (was er bis 1977 blieb).

Steffens Interessen in der Landespolitik waren geprägt von seinem Verständnis der Bestimmung des Menschen als sozialem Wesen. „Und das die große Mehrheit der Menschen – zumindest auf zig Jahrzehnte hinaus – nur durch und von seiner Ware Arbeitskraft wird leben und zum Selbstwertbewußtsein kommen können. Und daß es meinem Verständnis vom Wert des Menschen zutiefst widerspricht, sie als seelenlose, möglichst mobile Verschiebemasse, als Material behandelt und bewertet zu sehen. Ich glaube vielmehr, daß Humanität auch nützlich ist. So war es verständlich, daß ich mich besonders interessierte: a) für den Klassencharakter der Agrarpolitik, b) für regionale und sektorale Stukturpolitik und c) Ausbildungspolitik. Mich erstaunte es nicht, daß ich bei dem Bauernverband dabei auf wenig Gegenliebe stieß."

Während er noch 1963 eine Kandidatur als stellvertretender Landesvorsitzender ablehnte, weil es nicht geklärt sei, „wieweit sich die Partei nach links hin für alle sozialistischen Kräfte öffnet, soweit diese auf dem Boden des Grundgesetzes stehen", wurde er 1965 als Nachfolger von Walther Damm zum Landesvorsitzenden der SPD gewählt. Er blieb es bis 1975.

Wiederholt machte Jochen Steffen durch seine scharfe Kritik am Kurs der Gesamtpartei von sich reden. So bemängelte er 1965 den Wahlkampf seiner Partei und wenig später hielt er es für "zumindest umstritten, ob die SPD eine sozialistische Partei ist. Ich fühle mich als Mitglied einer sozialen Reformpartei, die seit 100 Jahren auch einen sozialistischen Flügel hat...".Die politische Aufbruchstimmung Ende der sechziger Jahre, die auch ihren Durchschlag in der Partei fand, nahm er befriedigt zur Kenntnis. Auf dem Bundesparteitag in Saarbrücken 1970 erklärte er in einer beachteten Rede befriedigt, die SPD steuere nun endlich einen „Kurs nach links". Von 1966 bis 1973 war Jochen Steffen als Nachfolger von Wilhelm Käber Fraktionsvorsitzender und Oppositionsführer der SPD im schleswig-holsteinischen Landtag.

1968 wurde Jochen Steffen Mitglied des Bundesvorstands, später auch stellvertretender Vorsitzender der „Langzeitprogrammkommission". Als 1973 die „Grundwertekommisssion" eingerichtet wurde, übernahm Steffen den Vorsitz, obwohl er zunehmend die „antireformistische" Politik Helmut Schmidts und die Haltung der Parteispitze u. a. zur Energiepolitik kritisierte. Ebenfalls 1973 begann jedoch auch sein partieller Rückzug aus der Politik: er legte den Fraktionsvorsitz im schleswig-holsteinischen Landtag nieder.

Da Jochen Steffen ständig unzufriedener mit dem Kurs der Bundes-SPD wurde, trat er 1975 auch als Landesvorsitzender zurück.

Zu seiner politischen Grundüberzeugung führte er aus: „Ich bin Reformist. Unsere Praxis ist antireformistisch. Ich glaube zutiefst, daß es keine qualitativen Veränderungen gibt (im Sinne von Verbesserungen der gesellschaftlichen Beziehungen), die allein durch Mittel und Maßnahmen des Staates (die ich nicht gering schätze) zu bewirken wären. Ohne gleichzeitige qualitative Veränderung zu mehr Mitbestimmung des einzelnen, zu mehr gesellschaftlicher Selbstbestimmung, zu mehr "Menschlichkeit" im Umgang mit der Natur – d. h. Veränderungen der bisherigen Werte, der Organisation und der Kommunikation der Menschen, in ***einem*** Akt ***mit*** den staatlichen Maßnahmen – erreichen wir schließlich – in den Konsequenzen, nicht in der ursprünglichen Absicht – das Gegenteil von dem, was wir wollen. Ich bin kein „Staatssozialist". Unsere Praxis ist extrem „staatssozialistisch". Ich glaube, daß – unter diesen Bedingungen – alle ökonomischen Fortschritte Rückschritte in der Menschlichkeit (Beziehung Mensch, Arbeit, Gesellschaft, Natur) bedeuten müssen."

1977 beendete Jochen Steffen seine politische Karriere: zu seinem 50. Geburtstag gab er sein Landtagsmandat zurück und seinen Sitz im Bundesvorstand der SPD auf.

Die Kontroversen innerhalb „seiner Partei" verschärften sich, der Druck wurde größer – die Widersprüche schließlich unlösbar: im November 1979 trat Steffen aus der SPD aus.

Nach seinem Austritt sah Steffen eine Zukunft für die junge grüne Partei, denn „die grüne soziale Bewegung wird in der Bundesrepublik weiter wachsen. Dafür sorgen die Realpolitiker. (...) Die Grünen sind auf dem richtigen Dampfer. An ihnen liegt es, ob ihr Dampfer richtig fahren wird."

Nach Beendigung seiner politischen Laufbahn begann eine unerwartete Karriere als Kabarettist. Lesungen aus Texten seiner Figur Kuddl Schnööf im norddeutschen Missingsch führten selbst bis in die Schweiz und nach Österreich. Die Nachfrage führte zudem dazu, daß bis Mitte der achtziger Jahre neue Geschichten entstanden. Für seine kabarettistischen Auftritte als hintersinniger Werftarbeiter mit Meinungen zur Weltpolitik und dem täglichen Leben erhielt Steffen 1978 den Deutschen Kleinkunstpreis.

Den größten Teil seiner letzten zehn Lebensjahre lebte Jochen Steffen zusammen mit seiner Frau Ilse und ihren beiden Hunden „Kuddl" und „Hein" in Niederösterreich. Erst 1986 zogen sie zurück nach Kiel, wo Jochen Steffen am 27. September 1987 starb.

Der Herausgeber

Jens-Peter Steffen, geboren 1954, promovierter Politologe, arbeitet als Geschäftsführer der deutschen Sektion der IPPNW (Internationale Ärzte für die Verhütung des Atomkrieges, Ärzte in sozialer Verantwortung e.V.)

Er lebt mit seiner Lebensgefährtin Liz Crossley in Berlin-Köpenick.

Die Sprache

Dem aufmerksamen Leser wird nicht entgehen, daß in den Texten von Kuddl Schnööf die Schreibweise von Worten variiert. Kuddls Schreibweise ist nicht korrigiert worden, denn das Missingsch ist nun 'mal keine Schriftsprache. Eine behutsame Vereinheitlichung ist dennoch vorgenommen worden.

Der Dank

Hilfe und Unterstützung zu bekommen, ist eine schöne Sache; dafür ein großes DANKE SCHÖN auszusprechen, ist uns ein wichtiges Anliegen. Unser Dank gilt: Robert Müller, denn am Anfang stand die Idee; Siegfried Lenz für die wohlwollende Begleitung des Kuddl-Schnööf-Projektes und für das Vorwort; Ilse Steffen für die Unterstützung bei der Auswahl der Geschichten; Thomas Braun, Marc Hermann, Alexander Woitalla und Ulla Woitalla für ihre engagierte Arbeit am Manuskript; Liz Crossley für ihre treffende Schnööf-Karikaturen; dem Hoffmann & Campe Verlag für seine unkomplizierte Freigabe des Textes Jochen Steffen: „Von uns Art un Rasse" in: „Schleswig-Holstein. Land zwischen den Meeren", Hrsg. Hans-Joachim Bonhage & Hans-Helmut Röhring, © 1980 by Hoffmann & Campe Verlag, Hamburg und Gert Börnsen für freundliches Interesse und manch' guten Hinweis!

Der Inhalt

Vorwort

Schleswig-Holstein

Privatleben

Bedürfnisanstalt Schnööf

Ausse Ferne

Kultuä un Büllunk

Was ihn sons noch passiert

Modähne Zeiten

Ahbeitä, sie ihre Pahtei un Gewerkschaff

Polletik

Nachwort

Editorische Notizen

Christiane Barckhausen
Auf den Spuren von Tina Modotti
Broschur, 14 x 20 cm, 448 S.
DM 38; öSch 277,–; sFr 35,–
ISBN 3-931903-01-X

2. in der Druckqualität verbesserte Auflage!

Tina Modotti wurde in Udine/Italien in armen Verhältnissen geboren, folgte ihrem Vater in die USA und lernte dort Edward Weston kennen. Lange Zeit lebte sie in Mexiko. Dort entstanden viele ihrer weltbekannten Photographien. In den 30er Jahren hielt sie sich auch längere Zeit in Berlin und Moskau auf. Pablo Neruda berichtet: *„Eines Tages warf sie ihre Kamera in die Moskwa: Das Leben als Künstlerin und als Revolutionärin schien ihr unvereinbar.“* Sie engagierte sich in der Internationalen Roten Hilfe u. a. im spanischen Bürgerkrieg, bevor sie nach Mexiko zurückkehrte. Im Alter von 45 Jahren erlag sie einem Herzanfall.

Es ist unmöglich, sich dem Sog zu entziehen, den Tina Modotti auf den Betrachter ausübt

Tina Modotti –
Leben • Werk • Schriften
Hrsg. Christiane Barckhausen

Broschur, 21 x 28 cm, 112 S.
DM 30,–; öSch 219,–; sFr 27.50
ISBN 3-931903-02-8

Zum 100. Geburtstag Tina Modottis erschien unser Katalog. Er enthält über 60, zum Teil ganzseitige, Fotos.
Ergänzt wird er durch bislang unveröffentlichte Schriften und andere Dokumente der Revolutionärin und Photographin, die eine der faszinierendsten Persönlichkeiten unseres Jahrhunderts war. Ihr Geburtstag war und ist weltweit der Anlaß für Ausstellungen u.a. in Wien, Amsterdam, Paris, Brüssel, München, Frankfurt, Stuttgaht und San Francisco.

Außerdem erhältlich:
Auf 400 Exemplare limitierte, numerierte & signierte Luxusausgabe mit einem beigelegtem Photo

DM 58,–; öSch 423,–; sFr 52.50
ISBN 3-931903-08-7

Nach dem großen Erfolg: Die Modotti-Biographie von Christiane Barckhausen jetzt als **Luxusausgabe.** *Auf den Spuren von Tina Modotti* als gebundene Ausgabe mit Lesebändchen, in limitierter, numerierter & signierter Auflage. Ein Photo des Motivs Frau mit Fahne ist beigelegt. Jeder Band ist von Christiane Barckhausen signiert.

Ihre Fotos kennen viele. Kaum aber einer weiß, daß sie zu den teuersten der Welt gehören. Und wer war Tina Modotti?

Elfriede Brüning erzählt die authentische Geschichte der Schulze-Boysen-Harnack-Gruppe (von den Nazis „Rote Kapelle" genannt), die den Widerstand gegen das NS-Regime aufgenommen hat. Sie wird von der Gestapo zerschlagen. Doch die Mitglieder bewahren sich auch in den Gefängniszellen, in denen sie auf ihre Hinrichtung warten, ihre menschliche Würde – wie Hans Steffen und seine Frau Hilde, die im Gefängnis ihr Kind zur Welt bringt. Elfriede Brüning gelingt es meisterhaft, ein Stück Historie aus der anonymen Abstraktheit herauszuholen und in unmittelbar erfahrbare Realität zu verwandeln.

Elfriede Brüning
Damit Du weiterlebst

Broschur, 13 x 20 cm, 204 Seiten
DM 19,90; öSch 145,–; sFr 52.50

ISBN 3-931903-05-2

Wieland Herzfelde – Zum Klagen hatt' ich nie Talent
Hrsg. Elisabeth Trepte

Halbleinen, mit Lesebändchen
13 x 21 cm, 320 S.
DM 44,–;öSch 321,–; sFr 41.–

ISBN 3-931903-00-1

Wieland Herzfelde – Verleger des legendären MALIK-Verlages. Kurze, präzise und längere Notizen wechseln mit Aphorismen und Erinnerungen. Ob Brecht, Grosz oder Heartfield, Gorki, Piscator, Heinrich Mann oder Käthe Kollwitz: was Rang und Namen hat im Spektrum fortschrittlicher Kulturlandschaft der Moderne kommt vor in diesem sehr persönlichen Buch.
Zusammengestellt hat dieses bibliophil ausgestattete Buch Elisabeth Trepte, Herzfeldes langjährige Vertraute und engste Mitarbeiterin. Elisabeth Trepte schrieb schon in den 70er Jahren, und zunächst ohne Wissen Wieland Herzfeldes, Dinge auf, die nur ihr aus seinen Erzählungen bekannt waren.

Die dies schreibt heißt Vera Friedländer, Jahrgang 1928, aufgewachsen in Berlin. Ihr Vater war deutscher Katholik, ihre Mutter deutsche Jüdin. In ihrem autobiographischen Roman werden die letzten Jahre der NS- Herrschaft erschütternd lebendig, die Jahre, in denen Vera Friedländer und ihre große jüdische Familie immer mehr von Diskriminierung, Repression, Verfolgung und schließlich Ermordung bedroht ist.
Doch bei aller Trauer und Tragik vermittelt Vera Friedländer in ihrem Buch auch innere Kraft und Zuversicht, die sich auf die Leserin und den Leser überträgt. Denn sie erzählt auch davon, daß Mitmenschlichkeit, Zusammenhalt und menschliche Würde unverlierbar sind.

Vera Friedländer
Man kann nicht eine halbe Jüdin sein

Broschur, 14,5 x 20 cm, 272 S.
DM 25,90; öSch 189,–; sFr 24.–
ISBN 3–931903–07–9

Rüdiger Wurr • Irene Dittrich
Straßensozialarbeit und Jugendgewalt
Broschur, 14,2 x 19,7 cm,
200 S., DM 22,80;
öSch 166,–; sFr 21.–
ISBN 3–931903–10–9

Intoleranz, Ausländerfeindlichkeit und Rassismus zeigen sich derart in unserer Gesellschaft, so daß das Thema „Jugendgewalt", in Deutschland von äußerst beunruhigender Aktualität wird.
Das von Wurr und Dittrich konzipierte Gutachten liefert zum einen Erkenntnisse für die Umsetzung in der Straßenarbeit, zum anderen wird Kritik geübt, wo diese nötig ist, und Mängel und Inkompetenzen aufgezeigt, wo diese zum Hindernis werden. *„Ausgehend von der Hypothese,"* so Angelika Birk, Ministerin für Frauen, Jugend, Wohnungs- und Städtebau, *„daß komplexe gesellschaftliche Problemlagen,... nur im Zusammenwirken möglichst vieler gesellschaftlicher Kräfte gelöst werden können, sollte die Kooperation mit sozialen Diensten, gemeinwesenorientierten Einrichtungen, Polizei, Schule etc. gesucht werden."*

Jochen Steffen, ein sensationeller Fund:

Die autobiographischen Skizzen des früheren SPD-Spitzenpolitikers, Journalisten und Kabarettisten Jochen Steffen. Der *„Rote Jochen“* war als Querdenker innerhalb und außerhalb der SPD bekannt. Als langjähriger Oppositionsführer im Schleswig-Holsteinischen Landtag und Vorsitzender der SPD-Grundwertekommision hat der Marxist Steffen es sich und anderen nicht leicht gemacht. Steffen war Journalist und Kabarettist. Seine Werftarbeitergestalt *„Kuddl Schnööf“* und dessen gewitzte Gattin *„Natalje“* verbreiten keine Platitüden, sondern teils witzige, teils ernste Erkenntnisse. In seiner Autobiographie, die leider Fragment blieb, schildert Steffen seine Kindheit und Jugend auf dem Lande. Sein Studium, sowie seine Assistentenzeit bei Prof. Freund am Seminar für Wissenschaft und Geschichte der Politik an der Universität in Kiel werden dort genauso beschrieben, wie seine Soldatenzeit im 2. Weltkrieg. Interviews mit Jochen Steffen (u.a. von Golo Mann und Günter Gaus) und politische Portraits u.a. von Willy Brandt, Herbert Wehner und Helmut Schmidt aus Steffens eigener Feder, ergänzen diesen schön und bibliophil ausgestatteten Band.

Jochen Steffen
Personenbeschreibung – Biographische Skizzen eines streitbaren Sozialisten
mit einem Interview von Siegfried Lenz

Halbleinen, mit Lesebändchen,
14 x 20 cm,
250 Seiten, 40 Abb.
DM 39,90;öSch 291,–; sFr 37.–

ISBN 3–931903–09–5